『넷플릭스 딜레마』는 K-콘텐츠 성공 담론의 화려한 무대 뒤에 숨겨진 구조적 모순을 펼쳐 보인다. 넷플릭스가 기회의 땅이 될 거라는 기대와 달리, 예상치 않은 넷플릭스 시스템이 구축되는 역경을 만난 현상을 '딜레마'라며 단호하게 톺아낸다. 생산자의 생생한 기대, 실망, 낙담을 바탕 삼아 균형 잡힌 시각을 드러낸 이 책이 한국 방송영상산업의 튼실한 미래에 대한 귀한 통찰을 독자들에게 전해주리라 예상한다.

원용진(서강대학교 신문방송학과 명예교수)

'플랫폼 아비투스'라는 개념, 저자만의 독특한 시각이다. 이 개념으로 넷플릭스 시대 제작자들의 내면을 섬세하게 들여다봤다. 이론만 빽빽한 게 아니다. 사람냄새가 풀풀 풍긴다. 현장의 목소리를 한 자 한 자 인터뷰를 해서 담아냈다. 제작 시스템이나 노동 환경이 실제 어떻게 변했는지 밀도 있게 분석한 점은 이 책이 줄 수 있는 가장 큰 장점 중 하나다. K-콘텐츠 산업의 구조 변화를 '따뜻한 시선'으로, 그러면서도 깊이 있게 알고 싶다면 이만한 자료도 드물 것이다.

조영신(동국대학교 미디어연구소 C&X 대우교수)

저자가 플랫폼 아비투스라고 부르는 변화한 체질로 우리는 넷플릭스가 가져온 딜레마를 헤쳐 나갈 수 있을 것인가? 이것이 이 책의 핵심적 질문이다. 저자가 처한 직업적 위치, 즉 영상산업과 그것의 세계화인 한류를 근거리에서 다년간 관찰한 내용을 인터뷰이의 목소리를 빌려 세세히 기술했다. 그 결과 이 책은 1990년대부터 지금까지, IMF, 한한령, 넷플릭스를 거치면서 우리가 겪어온 급격한 환경과 산업, 정책의 변화를 일목요연하고도 쉽게 풀었고, 이를 위해 필요한 개념적 도구가 적재적소에 동원되어, 텍스트뿐 아니라 이 딜레마의 이론적 독이성을 높였다. 수없이 쏟아지는 넷플릭스를 제목으로 한 저작들의 차갑고 비관적인 분석보다 대안을 찾는 저자의 따스한 시선이 느껴져서 즐겁게 읽히는 책이다. "옴짝달싹 못하는 상황이야말로 비로소 상상력을 발휘해야 할 시작점일지 모른다는 미련스러운 기대"에 동참하게 만드는 이 책의 일독을 권한다.

홍석경(서울대학교 언론정보학과 교수 · 아시아연구소 한류센터장)

넷플릭스 딜레마

넷플릭스 딜레마
한국은 어떻게 넷플릭스의 하위 파트너가 되었는가

김아영 지음

차 례

머리말 ········· 7
왜 넷플릭스 딜레마인가? | 넷플릭스 딜레마, 무엇을 어떻게 다룰 것인가? |
격변기 미디어 문화연구자의 고민

1부 플랫폼 아비투스의 부상

1장. 공공성에서 자유주의로 ········· **29**
평판과 인지도라는 무기 | 히피와 여피 정신의 플랫폼 | 외주제작사에서 스튜디오로

2장. 코리안 뉴웨이브 ········· **51**
문화가 경제를 살린다 | 〈용가리〉는 나라의 미래? | '0'과 '1'의 마법 |
'방송영상 한류'의 지향 | 독립제작사 시대의 개막

3장. 엑소더스의 서막 ········· **75**
이탈의 막전막후 | 문제는 제도 내부에 있다 |
투쟁의 밑그림, 저작권은 어느 쪽에 있는가? | 드라마 시장의 신참자, 영화제작사 |
중국이라는 상수와 '용'의 등장 | 스튜디오의 나비효과

2부 넷플릭스화, 무엇이 어떻게 바뀌었는가?

1장. 〈킹덤〉과 넷플릭스, 헤게모니의 역전 ········· **109**
줌〔대합 전화적 | 상징권위를 얻은 〈옥자〉, 질서를 재편하다 |
'믿음'의 실체와 근본적인 전환 | 피와 공포 속에서 피어난 신세계 |
거듭된 실패를 학습비용으로

2장. "희안한 한 쌍", 영화와 방송 ················· **129**
　방송판에 들어온 영화 | '드라마'가 아니라 '시리즈'라고? |
　디지타이징, 경계는 이미 깨졌다 | 시즌제와 빈지워칭은 유효한가? |
　캐릭터, 타임라인, 내러티브 | 티켓과 구독의 동형성

3장. 글로벌 표준 감각 익히기 ···················· **159**
　쪼개지는 프로덕션 과정 | 퀄리티를 담보하다 |
　돈의 두께만큼 포섭되는 권리 | 확실한 포트폴리오 | IP 확보는 헛된 생각인가 |
　횡재세를 걷자? 욕망의 제어를 넘어 | 넷플릭스 젠트리피케이션

4장. '피크 넷플릭스' 그 이후 ···················· **195**
　피크 TV에서 피크 넷플릭스로 | 상징적 신용의 무대 |
　기술 위에 쌓아 올린 엔터테인먼트 | 알고리즘 역추적을 막아라

5장. 기묘한 파트너 넷플릭스 ···················· **219**
　세계체제로의 뒤늦은 편입 | 중심부 미국의 초대 | 모든 것은 영세성 탓? |
　데이터의 주도권은 누구에게 있는가? | 재상영분배금, 대안적 상상 |
　생태계라는 질문 | 리마스터링과 유통 에이전시의 필요성

맺음말 ··············· **249**

감사의 말 ············ **255**

부록 ················ **259**

찾아보기 ············ **273**

머리말

왜 넷플릭스 딜레마인가?

"한국은 넷플릭스의 성장을 견인할 전략적 거점이다."
— 리드 헤이스팅스, 2015년 9월 10일.

"〈오징어 게임〉이 콘텐츠의 새 시대를 열었다."
— 리드 헤이스팅스, 2024년 5월 27일.

넷플릭스의 한국 진출을 향한 과거의 한 장면에서 논의를 시작해보자. 2015년 9월 10일, 한국의 한 언론에서는 넷플릭스의 최고경영자 리드 헤이스팅스Reed Hastings가 "세계 가전 분야를 선도하고 있는 한국은 아시아를 넘어 세계 시장 확대를 가속화하고 있는 넷플릭스의 성장을 견인할 전략적 거점"이라고 밝혔다. 서울 삼성동 코엑스에서 열린 국제방송영상견본시BCWW 개막식에서 넷플릭스가 한국 진출을 공식 선언하면서 미국, 유럽, 브라질, 일본에 이어 한국 시장에 진출하겠다는 서비스 계획을 밝힌 날이었다. 그는 '초고속 인터넷 인프라와 수준 높은 콘텐츠 소비 방식을 지닌' 한국에서 '언제 어디서나 원하는 영화와 TV 콘텐츠를 마음껏 볼 수 있는 환경'에 넷플릭스 서비스가 그 중심에 있을 것이라고 전망했다.[1]

그로부터 다섯 달 뒤인 2016년 1월 6일, 넷플릭스는 미국 라스베이거스에서 열린 가전제품 전시회 CES 2016에서 한국을 포함한 130개 국가에서 서비스를 시작했다고 알렸다.[2] 곧이어 넷플릭스 한국 공식 홈페이지가 공개됐고, 첫 가입자에 한해 한 달 동안 무료로 사용할 수 있도록 구독자를 유치했다. 1년 넘도록 이어진 넷플릭스 한국 진출설에 바짝 긴장했던 국내 업계의 반응은 냉담했다. 대기업과 밀착된 언론은 부정적인 기사를 쏟아냈고, 넷플릭스가 생각보다 '별것 아니다'라는 정보를 퍼트리면서 이를 자기 위안의 재료로 삼았다. 넷플릭스가 보유한 1만 편 미만의 콘텐츠 수는 10만 편이 넘는 올레TV, LG유플러스TV 등 국내 IPTV 사업자에 비해 턱없이 부족하다는 것이 약점의 가장 큰 이유였다. 더욱이 인기 한국 콘텐츠를 시장 가격의 절반에 달라는 넷플릭스의 요구는 지상파 방송사뿐 아니라 콘텐츠 사업자, 이동통신 3사를 막론하고 어느 사업자든 선뜻 받아들이기 힘든 조건이었고, 이러한 분위기는 계약 결렬로 이어졌다. 이는 소프트뱅크, 후지TV와 제휴해 현지 가입자들이 선호하는 콘텐츠를 늘려가는 넷플릭스의 일본 진출 전략과 비교됐다.[3] VOD 사용자의 90%가 월정액이 아닌 건별 결제를 이용하는 만큼 넷플릭스에 쉽게 눈길을 돌리지 않을 것이라는 예측이었다.[4] "한국이 넷플릭스의 성장을 견인할 전략적 거점"이라는 리드 헤이스팅스의 말은 이렇듯 불안정한 상황에서 나온 것이었다.

그러나 5년 뒤, 넷플릭스는 〈오징어 게임〉을 통해 한국 진입 당시의 냉담했던 예상을 완전히 뒤엎었다. 넷플릭스가 제작비 전액을 투자해 만든 자체 제작 오리지널 시리즈 〈오징어 게임〉은 공개 6일 만에 전 세계 시청 순위 1위에 올랐고, 17일 만에 넷플릭스 최초로 1억 4,000만 시청 가구 수를 돌파했다. 글로벌 VODvideo on demand(시청자가 아무 때나 원하는 프로그램을 선택해서 볼 수 있는 시스템), OTTover-the-top media service(인터넷으로 영화, 드라마 등 각종 영상을 제공하는 서비스) 드라마·영화 시청률을 순위로 매겨 점수로 집계하는 플릭스패트롤FlixPatrol에 따르면 〈오징어 게임〉은 공개 이후 46일 연속, 총 53일간 83개국에서 TV쇼 부문 1위를 기록했다. 이는 넷플릭스 사상 최장기간 1위로, 시즌2 제작을 점치기에 충분한 지표였다. 2024년에 등장한 시즌 2는 공개 이틀 만에 93개국에서 1위에 올라 시즌 1의 기록을 갈아치웠고, 시즌3은 공개 직후 글로벌 1위를 차지하며 화제를 모았다. 잇달아 이례적인 성공을 거둔 한국 콘

1   넷플릭스, 「넷플릭스, 2016년 초 한국 시장 공식 진출」, 『뉴스와이어』 2015년 9월 9일 자. https://www.newswire.co.kr/newsRead.php?no=802909
2   E. Steel, "At CES, Netflix Adds Over 130 Countries to Streaming Service," *The New York Times* (2016. 1. 6). https://www.nytimes.com/2016/01/07/business/media/netflix-expands-its-streaming-service-worldwide.html
3   김민수, 「넷플릭스, 빈약한 콘텐츠로 한국 론칭 강행한 속내는?」, 『노컷뉴스』 2016년 1월 15일 자. https://www.nocutnews.co.kr/news/4532973
4   김구철, 「넷플릭스' 한국 진출 2주… 韓업체 제휴 실패·콘텐츠 빈약, 국내선 '시들'」, 『문화일보』 2016년 1월 20일 자. https://www.munhwa.com/article/10971210

텐츠는 사회 여러 부문에서 연쇄 반응을 불러일으켰다. 글로벌 팬들은 드라마 속 인물을 따라 그들만의 의상을 디자인했고, 무궁화 꽃이 피었습니다Red Light, Green Light 게임이 출시되는가 하면, 맥도날드의 '오징어 게임' 해피밀도 공개돼 마케팅 행렬이 이어졌다. 이는 넷플릭스조차도 예상치 못한 결과였다.[5] 출연 배우 이정재, 오영수가 골든글로브 시상식에 오르고, 한국 배우가 최초로 골든글로브 연기상을 받은 '사건'은 한국 콘텐츠가 글로벌 OTT 플랫폼인 넷플릭스 안에 편입됐기에 가능한 일이었다. 일찍이 DVD 유통을 접고 스트리밍 서비스를 개발해 넷플릭스를 세운 CEO 리드 헤이스팅스는 현대적 신화의 새 주인공이 되기에 충분했다.

넷플릭스가 미래를 내다본 집단과 미래를 내다보지 못한 집단을 양분하는 기준으로 작용하는 가운데 한국이 벌어들인 수익은 얼마나 되는지 궁금증을 불러일으키는 기사들이 속속 등장했다. 이 가운데 가장 화두가 된 것은 〈오징어 게임〉의 원천 지식재산권, 즉 콘텐츠 지적재산권Intellectual Property: IP[6]이다. 넷플릭스라는 해외 OTT에 〈오징어 게임〉 IP를 통째로 넘겨버렸기에 제작비만 받은 국내 제작사는 제작 이외에 발생하는 모든 수익을 넷플릭스가 가져간다는 것이 여러 보도의 요지였다. 그에 따르면, 〈오징어 게임〉의 2, 3차 가공물 즉 시즌2 제작이나 영화화 또는 해외 리메이크 권한도 넷플릭스의 몫이 된다. 콘텐츠 IP의 전권 소유에서 비롯한 문제가 방송영상 분야뿐 아니라 중대한 '사회적 의제'로 확대되면서 결국 비판의 화살이 넷플릭스로 향했다. '재주는 곰이 부리고 돈은 미국 왕서방이 벌었다'라는 평가가 이어지면서 '국뽕'의 열기는 아쉬움과 허탈감으로 바뀌어갔다.

위기 여론을 불식시키려는 듯 블룸버그는 2021년 10월 16일 넷플릭스가 자체 추정한 〈오징어 게임〉의 경제적 가치가 8억 9,110만 달러(약 1조 원)를 상회하는 수준이라고 보도하면서 스트리밍 시대의 메가 히트의 탄생과 '횡재'를 강조했다.[7] 그도 그럴 것이, 넷플릭스가 얻은 9억 달러에 가까운 경제적 가치는 〈오징어 게임〉 제작비 2,140만 달러(약 270억 원)의 마흔두 배에 달했다. 이는 넷플릭스의 개별 작품 가치평가 지표인 '임팩트 밸류impact value'로 산출한 수치를 담은 넷플릭스의 내부자료 분석 결과였다.[8] 실상 넷플릭스는

---

5   N. Sperling & J. YuYoung, "Netflix Hopes to Recapture 'Squid Game' Magic," *The New York Times* (2024. 12. 23). https://www.nytimes.com/2024/12/23/business/media/squid-game-season-2-netflix.html

6   한국 「지식재산기본법」 제3조에서 정의하는 지식재산권(Intellectual Property Rights)은 "법령 또는 조약 등에 따라 인정되거나 보호되는 지식재산에 관한 권리"다. 이는 지식재산을 개인이 '독점' 소유할 수 있는 권리이다. '독점'을 풀어 설명하자면, '개인이나 단체가 타 경쟁자를 배제하고 생산과 시장을 지배해 이익을 혼자 차지'할 수 있는 권리인데(국립국어원 우리말샘) 이 독점은 자본주의 국가에서는 인정되지 않는다. 기업 간 가격 담합이나 독과점 체제가 구축될 때 국가가 직접 제재에 나선다. 만약 단일 국가를 벗어나 국가 간 독과점 문제가 발생한다면, 이는 세계무역기구(WTO)가 앞장서서 규제한다. 그런데 독특하게도 'IP'만큼은 '배타적 독점'에 해당해 예외로 분류된다. 기존 IP에 대해 그 누구도 같은 권리를 주장할 수 없다는 점에서 국가 사이에 발생하는 IP 권리 분쟁은 WTO의 규제 밖에 있다. 결국 "IP는 자본주의 사회에서 아주 특별한 권리"에 해당하는 것이다. 김종균, 「콘텐츠 지식재산권(IP), 정의, 보호, 활용」, 『한류·테크놀로지·문화』(서울: 한국국제문화교류진흥원, 2022), 72-91.

7   L. Shaw, "Netflix Estimates 'Squid Game' Will Be Worth Almost $900 Million," *Bloomberg* (2021. 10. 17). https://www.bloomberg.com/news/articles/2021-10-17/squid-game-season-2-series-worth-900-million-to-netflix-so-far

블룸버그의 보도 보름 전인 2021년 9월 말, 한국 콘텐츠에 투자함으로써 유발되는 경제적 효과가 얼마인지를 발표했다. 딜로이트 컨설팅이 발간한 「넷플릭스 코리아의 사회경제적 임팩트 보고서」에서는 2016년부터 2020년까지 한국 콘텐츠 시장에 7,700억 원을 투자해 총 5조 6,000억 원의 경제적 파급효과와 1만 6,000개 일자리 창출 효과를 거뒀다고 공개했다. 이 숫자는 국내 언론과 지하철 광고판에 대대적으로 소개됐다. 콘텐츠 기획부터 촬영, 후반작업과 배급에 이르는 모든 과정을 한국 파트너사와 함께하고 있고, 한국 내에서 다양한 후방효과가 창출되고 있다는 그들의 주장은 "넷플릭스가 한국 콘텐츠 시장의 포획자가 아니라 창작자를 키우고 생태계를 성장시키는 동반자"임을 어필하려는 캠페인이었다.[9] 그 언설은 한국을 비롯한 수많은 제작자에게 당신의 콘텐츠도 〈오징어 게임〉처럼, 넷플릭스를 통해 도약할 수 있다는 희망을 심어주었다.

그런데 제법 타당해 보이는 이러한 넷플릭스의 설명 이면에는 여전히 해명이 필요한 맹점이 있다. 2017년 〈옥자〉의 투자사로 닻을 올려 2019년 〈킹덤〉으로 한국 오리지널 콘텐츠에 지속 투자해 그 결실이 〈오징어 게임〉 시즌제에서 연달아 정점을 찍은 현실에 동반돼야 하는 논의가 있기 때문이다. 이 논의에는 먼저 2016년 한국에서의 넷플릭스 등장과 이후 5년간의 투자 진화로 탄생한 80여 편의 한국 작품, 그리고 〈오징어 게임〉이 어떻게 넷플릭스에 귀속될 수 있었는지, 달리 말해 한국 방송영상산업이 넷플릭스 체제에 어떻게 편입될 수 있었는지 그 과정에 대한 구체적인 이야기가 생략돼 있다. 한국 영상물의 전무후무한 글로벌화 성과를 계기로 '이

기회에 한국이 다시 한번 콘텐츠 강국으로 거듭나야 한다'는 여러 논자의 주장은 역설적으로 넷플릭스가 가장 환영할 만한 이야기이다. 두 번째로 간과된 논의는 넷플릭스가 국내에서 로컬 스튜디오 시스템을 확보해가는 가운데 한국 방송영상산업에 막대한 영향을 가함으로써 발생하는 역작용에 대한 것이다. 단적인 예로, "넷플릭스에서 뭐 찍는다 그러면 다 그리로 가"고 "디즈니에서 찍는다 그러면 이리로 가"는 제작 인력의 양극화[10] 추세에서 이러한 현상이 향후 어떠한 결과를 가져올지, 나아가 그 바탕에 깔린 정서와 경험을 어떻게 해석해야 할지 충분히 논의돼왔다고 보긴 어렵다.

바꿔 말하면, 넷플릭스는 한국 방송영상 제작자(사)에 막대한 제작비와 제작 자율성을 제공하고, 넷플릭스 오리지널 콘텐츠를 만든 한국 제작자와 출연 배우들을 전 세계에 알렸으며, 그만큼 한국 콘텐츠의 가치를 높여주었다. 이와 더불어서 한류 콘텐츠가 수백억 원에 팔렸다는 소식이 하루가 멀다고 기사화되고, '넷플릭스와 협업해야 한국 방송영상산업이 산다'는 심리가 사회 전 영역을 가로지르도록 했다. 이는 넷플릭스뿐 아니라 디즈니+, 애플TV+ 등

---

8   김윤지, 「드라마 산업적 관점에서 본 〈오징어 게임〉」, 『오징어 게임과 콘텐츠 혁명: 세계를 열광시킨 K-콘텐츠의 비밀』(서울: 인물과사상사, 2022), 247-248.

9   김윤지, 「'수익 독차지' 비판 의식해 국내 유발효과 부풀린 듯」, 『한겨레』 2022년 1월 7일 자. https://www.hani.co.kr/arti/economy/economy_general/1026385.html

10 노지민, 「"사람 취급 안해주니까 지상파 안가고 넷플릭스 가긴 하지만"」, 『미디어오늘』 2022년 1월 4일 자. https://www.mediatoday.co.kr/news/articleView.html?idxno=301540

더 많은 글로벌 OTT 플랫폼에 '킬링 콘텐츠'를 누가 더 빨리, 더 많이 제공할 수 있는가에 주목하도록 했다. 넷플릭스와 협업한 국내 제작자들이 강조하는 '막대한 제작비'와 '제작 자율성의 확대'는 국내 방송영상 장의 종속과 재편을 가능케 하는 밑바탕이 됐다. 압도적인 제작비를 내세운 경제적 층위는 넷플릭스에 종속된 반면, '자랑스러운 한국'이라는 문화적 층위의 긍정적 낙인을 국경 안팎으로 퍼뜨릴 수 있게 한 것이다.

물론 '종속'이라는 단어의 어감이 부정적인 느낌을 줄 뿐 아니라 윤리적인 차원에서 논의되기도 한다는 점에서 '종속'의 개념을 명확히 밝힐 필요가 있다. 여기서는 한국 방송영상산업과 넷플릭스와의 관계에서 발생하는 종속의 개념을 제작자들의 제작 자율성 종속이 아닌 '제작자본'과 '유통방식'의 종속으로 한정한다. 넷플릭스 오리지널 제작자는 자신의 기획과 작업 방향을 조율하는 데서 어느 정도 주도적인 결정권을 쥐고 있기 때문이다. 결과적으로 이 책에서 언급하는 '종속' 개념은 '국내 제작자본의 자주성이 없어 넷플릭스의 제작자본에 딸려 붙는 것', '글로벌 규모의 국내 OTT가 부재해 그에 상응하는 플랫폼에 유통을 맡기는 것'으로 간주한다. 이는 서구 제국주의의 침탈이나 문화적 내용의 종속을 설명할 때의 의미와는 다른 개념적 활용이라 할 수 있다.

리드 헤이스팅스의 말에 주목하는 이유는 다른 데 있지 않다. 짧게는 5년, 길게는 9년 사이에 점점 더 달라진 그의 언술 행위는 넷플릭스의 한국 진출과 그 성과를 둘러싼 지금까지의 변화를 명징하게 반영한다. 일시적 거점으로 선택된 한국이 넷플릭스의 콘텐츠 엔진을 촉진하는 위치로 변모한 것, 나아가 넷플릭스의 하위 스튜디오 시스템으로 변화되는 이행 과정을 분명하게 보여주고 있기 때문이다. 이 변화 논의에서 중요한 것은 MBC를 떠나 홀로서기 한 김태호 피디의 말처럼, 넷플릭스가 제작자들의 숙원인 제작 "창작 자율성"을 보장하는 핵심 주체가 됐지만, 그에 못지않게 혼란의 조건으로도 작용했다는 점이다. 오늘날 방송영상산업의 현실은 "KBS는 왜 〈오징어 게임〉을 만들지 못하는가?"라는 한 국회의원의 국정감사장 발언에도 집약되어 있다. 선의로 해석하면, 〈오징어 게임〉과 같이 '경쟁력 있는' 콘텐츠를 한국이 만들었음에도 왜 '한국의 소유가 될 수 없는가'로 이해할 수 있다.[11] 앞서 설명했듯 2021년 코로나19로 인한 마비와 대혼란을 뚫고 전 세계를 뜨겁게 달구었던 〈오징어 게임〉, 〈지옥〉, 〈D.P.〉 등은 감독, 배우, 스태프, 장소 등 거의 모든 요소가 한국발發이었지만, 법적으로는 넷플릭스의 소유이기 때문이다.

    그러나 한국이 만든 콘텐츠가 궁극적으로 한국의 소유물이 될 수 없고, 그것이 넷플릭스의 권력화 결과라는 주장만으론 여전히 허전한 구석이 있다. 넷플릭스의 전폭적인 제작비 지원은 그만큼 자유롭고 풍요로운 제작 환경을 만들었지만, 다른 한편으로는 콘텐츠의 제작-유통-배급이 넷플릭스에 일임되는 독점 구조를 공고

---

11 이승한, 「"KBS는 '오징어 게임' 못 만들어?"…국감이 부른 '명텐도' 추억」, 『한겨레』 2021년 10월 15일 자. https://www.hani.co.kr/arti/society/society_general/1015383.html

히 했다. 〈오징어 게임〉을 보려면 넷플릭스에, 〈무빙〉을 접하려면 디즈니+에 가입할 수밖에 없는 중앙집중식 플랫폼을 피해 갈 수 없게 되는 것이다. 여기에는 분명 스트리밍 시장의 흐름을 주도하고 고지를 선점하려는 빅테크 기업의 미래지향적인 플랫폼 전략이 존재한다. 하지만 간과하거나 무시해선 안 될 것은 그러한 전략 역시 기업의 이윤율을 최전선에 내세움으로써 가능하다는 점이다. 넷플릭스가 제시하는 미래가 아무리 아름답다 해도, 자사의 성장을 견인하는 실질적인 힘은 전 세계 구독자, 그리고 '킬러 콘텐츠'의 생산을 담보하는 '한국 콘텐츠'라는 사실은 적어도 우리에게는 빅테크 플랫폼들이 필수적으로 고려해야 할 사항이다.

이 글은 세계체제 속 넷플릭스의 등장과 성장을 권력화 경향으로 간주하고, 그 하위 파트너가 된 한국 방송영상산업을 살펴본다. 이를 위해 넷플릭스를 둘러싼 국내 방송영상제작자들의 제작 경험과 인식을 경유함으로써 변화를 추동하는 물질적 힘과 이념을 파악하고자 한다. 여기서 '변화'는 '넷플릭스의 하위 스튜디오화로의 이행기'를 지나고 있는 한국 방송영상산업의 역동을 말한다. 넷플릭스의 등장 전후로 한국 방송영상산업[12]에는 어떤 일이 벌어졌는가? 글로벌 OTT의 유입 이전 국내 방송영상 환경은 어떠한 상황에 있었으며, 넷플릭스 유입 이후 국내 제작 시스템에는 어떠한 변화가 나타나고 있는가? 이러한 질문은 한국이 넷플릭스의 전략적 거점이 되고, 한국 콘텐츠가 넷플릭스의 성장 엔진이 될 수 있었던 배경과 그 변화가 언제, 어디에서 기인했는지를 알 수 있게 해준다.

그간 한국 방송영상산업은 케이블TV, 종합편성채널 등 다채널이 등장하는 과정에서 여러 차례의 사회적 갈등을 거쳐 제정된 각종 미디어 정책의 영향을 받았다. 그 과정에서 국내 사업자들은 콘텐츠를 직접 소유함으로써 다양한 사업을 펼치는 '스튜디오 시스템화'의 단계를 지나왔으며, 이러한 움직임은 넷플릭스의 국내 유입을 기점으로 더욱 뚜렷해졌다. 킬러 콘텐츠 제작을 위해 넷플릭스와 협업한 국내 여러 주체보다 더 큰 전환의 계기를 만들어낸 것은 사실 넷플릭스였다. 다양한 연령대를 사로잡으며 일상 속으로 스며든 넷플릭스는 이제 불가역적인 힘으로 자리매김했다. 넷플릭스를 빼놓고는 한국의 방송영상 제작판을 제대로 이야기할 수 없는 지경에 다다른 것이다. 그렇기에, 지금 이 상황을 들여다보고 고찰하는 일은 그 어느 때보다 중요하다. 넷플릭스의 투자 확대 약속에도 더는 웃지 못하는 국내 제작사들과 폭등한 제작비로 작품 수가 줄어 배달 아르바이트[13]를 나가는 스태프들의 탄식이 꽤 오래 이어질 것이라는 우려 때문이다.

12 여기서 '방송영상산업'은 레거시 미디어를 대표하는 텔레비전과 방송채널사용사업자, 인-하우스 드라마 제작사, 영화제작사, 독립제작사를 통합하는 용어이다. 오늘날 방송영상물의 생산, 유통, 이용이 이미 다양한 플랫폼을 넘나들며 융합하는 방식으로 이루어지고 있고, 드라마, 영화 창작자 역시 장르를 오가며 활동하고 있다. 이 책에서는 위의 함의를 전제해 플랫폼이나 장르를 제한하지 않고 '방송영상산업'이라고 지칭한다.
13 오수미, 「"일 없어 쿠팡 아르바이트까지" 위기의 드라마 스태프들」, 『오마이뉴스』 2024년 4월 27일 자. https://star.ohmynews.com/NWS_Web/OhmyStar/at_pg.aspx?CNTN_CD=A0003025112

넷플릭스 딜레마, 무엇을 어떻게 다룰 것인가?

넷플릭스 딜레마를 이해하기 위해 이 글은 크게 두 가지 과정에 주목한다. 1990년대 후반과 2016년 사이, 2017년과 2025년 사이의 시차를 두고 펼쳐지는 한국 방송영상산업의 변화 궤적이다. 1부에서는 넷플릭스의 국내 진출 전후로 한국 방송영상산업이 어떤 변화를 겪었는지를 살펴보기 위한 기초 논의를 편다. 30여 년간 진행된 한국 방송영산산업의 글로벌화 궤적을 좇는 입체적 서술이 오늘날 넷플릭스 이후 변화된 산업에 대한 풍부한 이해를 도울 수 있기 때문이다. 이는 곧 넷플릭스 도입 앞뒤로, 한국 방송영상산업의 다양한 행위자들이 동시다발적으로 벌인 행동과 선택이 이후 사건에 어떠한 연쇄작용을 낳았는지를 살펴보는 것이기도 하다. 이로써 넷플릭스가 변화의 원인이 된 결정적 사건임을 선언하는 데 그치지 않고, 세계화와 정보화라는 거대한 구조변동 물결 속에서 한국 방송영상산업이 어떠한 독특한 역사적 경로를 거쳐왔는지를 알 수 있게 된다. 세부적으로 '코리안 뉴웨이브'라는 이름 아래 IMF 이후 문화산업이 어떻게 전개돼왔는지, 한국 방송영상산업이 좁은 내수시장이라는 근본적 약점을 넘어 '한류'를 지향하면서 어떤 일이 벌어졌는지, 지상파 피디들의 탈주와 그 결과는 무엇인지를 살펴본 것이 1부 2장까지의 내용이다.

1부 3장에서는 한국 방송영상산업의 구조확장과 헤게모니 변화를 다룬다. 방송영상산업에 새로운 주체가 더해지면서 지상파 중심의 헤게모니에 균열이 일어났다. 이 글은 해당 시기의 한국 방송영상산업이 지상파와 외주제작사라는 두 주체의 대결 구도만으로 설명될 수 있다고 보지 않는다. 외주제작 의무비율 정책, 신규 종편채널로의 제작요소 이동 가속화, 세상에 없던 사업자 스튜디오의 등장은 영화·방송·엔터테인먼트 산업의 뒤섞인 경쟁과 맞물려 돌아간다. 이를 밝히기 위해 지상파의 쏠림 구조가 빠르게 해체되는 과정을 그려내고, 방송영상산업이 또 다른 국면으로 접어들면서 어떠한 구조확장을 보이는지를 질문한다.

 2부에서는 한국 제작자들이 넷플릭스와 같은 글로벌 OTT로 인해 어떤 변화를 겪고 있는지 살펴본다. 지배적 사업자가 된 넷플릭스가 한국을 대상으로 콘텐츠 투자를 지속하자 제작자와 구독자는 양면에서 호응했다. 스튜디오가 다양한 장르물로 글로벌 시장을 겨냥해 한국 방송영상산업의 글로벌화에 한발 다가갔다면, 넷플릭스는 그 전환을 공세적으로 추동하면서 미디어 장 내 역학관계 변화를 극적으로 끌어냈다. 대규모 제작비와 제작 자율성을 보장해 주면서 현재 수익과 미래 가치까지 담보하는 넷플릭스 앞에서, 국내 방송산업에 적용되는 각종 규제는 제작자에게 시장과 자본의 운동을 제한하는 강박적 조치였다. 같은 콘텐츠라도 방송에서 전송되면 방송심의로, 모바일에서 전송되면 통신심의로 넘어가는 규제제도는 OTT 시대 제작자들에게 제구실을 하지 못하는 제도의 표류 상태를 보여주었다. 이로써 '자율성'과 '풍요로움'의 아비투스 habitus를 규정짓고 공유할 수 있는 중심부 제작자들을 중심으로 넷플릭스와의 협업이 연일 회자됐다. 2부 2장부터 3장까지는 플랫폼 아비투스가 어떠한 과정을 통해 확고하게 자리매김했는지를 묻고,

제작 시스템 변화의 특징을 하나씩 짚어볼 것이다. 특히 물과 기름처럼 따로 돌았던 영화와 방송이 어떻게 섞이게 됐는지를 살펴보는 한편, '돈의 두께'만큼 포섭되는 IP 권리와 글로벌 OTT의 막강한 데이터 권력, 그로써 나타나는 넷플릭스 젠트리피케이션의 명암을 들여다볼 것이다.

2부 4장은 피크 TVPeak TV에서 '피크 넷플릭스'로 접어든 과포화 상태의 글로벌 OTT 시장과 한국 방송영상 장의 현재적 전략을 들여다본다. 해외발 OTT 공세를 넘어서기 위해 쟁투해온 한국 방송영상산업이 추구하는 미래는 일정한 방향으로 수렴되는 양상을 보인다. 그것은 웨이브, 티빙과 같은 'K-OTT'의 합병과 넷플릭스 이외의 유통 채널 확보다. 이들을 진단하는 과정에서 국제 시상식과 같은 상징적 신용의 무대 위에 글로벌 OTT 작품이 어떻게 드러나고 있는지를 살펴보고, 데이터 권력으로 대표되는 넷플릭스의 자산 축적 기제를 논의할 것이다. 이들은 피크 넷플릭스의 징후를 보여주는 짧은 소묘와도 같다.

2부 5장에서는 한국 방송영상산업의 구조변동에 대한 종합적인 이론화를 시도한다. 궁극적으로 이 글은 한국 방송영상산업이 '세계체제로의 뒤늦은 편입'에 합류하는 과정, 구체적으로는 넷플릭스와 한국 방송영상산업 간 수직적 분업 관계를 제시하고자 한다. 사회학자 이매뉴얼 월러스틴Immanuel Wallerstein의 세계체제론은 1970년대 말경 한국에 수입되었다는 점에서 이론적 재검토기 필수적이지만, 이것만큼 한국의 방송영상산업 환경을 분명히 보여주는 유의미한 기반도 없다. 이 장에서는 넷플릭스 체제를 장기간 유지하도록 돕는 것이 지배-예속관계에 자발적으로 뛰어들면서 중심부를 향해 나아가는, 한국이라는 반주변부일 수 있음을 드러낼 것이다. 더욱이 이러한 흐름이 미국의 착취와 완전한 종속이 아닌, '중심부 미국의 초대'에 의해 이루어진다는 점을 주장할 것이다. 이로써 '하청기지' 담론을 탈피해 글로벌 산업화의 확대일로에 있는 한국 방송영상산업은 앞으로 무엇을 고민해야 하는지를 들여다본다. 오늘날 한국 방송영상산업의 모습은 체제 위기와 글로벌 OTT 유입이라는 새로운 질서의 탄생 사이에서 이행기를 살아가는 것과 같다. 결국 이행기의 현 상태는 '한국 방송영상산업의 글로벌 밸류체인으로의 갈아타기'로 설명할 수 있으며, '세계체제로의 뒤늦은 편입'으로 규정할 수 있다.

격변기 미디어 문화연구자의 고민

이 책에 등장하는 많은 자료는 2022년 초부터 2025년 초까지 3년 가까이 간헐적으로 진행한 현장연구를 통해 얻었다. 박사학위 논문을 준비하던 2022년 초, 방송영상 현장 제작자와 관계자 17인을 인터뷰한 내용과 이후 2025년 초, 그들 중 일부를 다시 만나 나눈 인터뷰 자료가 그에 해당한다. 이들이 실제 어떠한 이슈를 중요하게 생각하는지 살펴보면서 넷플릭스와 글로벌 OTT의 국내 유입에 따른 제작자 인식, 노동과정을 포함한 제작 시스템의 변화를 들여다봤다. 당초 인터뷰 계획은 일차적으로 모집된 참여자들을 통해

주변 제작자나 지인을 소개받아 추가 참여자를 모집하는 눈덩이 표집 방법을 적용하고자 했다. 하지만 이 과정은 녹록지 않았다. 참여자 모집이 난항을 겪은 근본적인 이유는 연구 제목에 기재된 '넷플릭스'라는 단어 자체에 대한 부담감 때문이었다. 실제 섭외한 인터뷰 대상자 가운데 넷플릭스와 협력했거나 오리지널 콘텐츠를 납품한 경험이 있는 제작자는 제작비와 관련한 질문에는 대부분 입을 다물었다. 넷플릭스가 계약사항을 철저히 비밀에 부치고 있고, 계약상대자가 이를 외부에 발설할 경우 제작비의 몇 배를 배상해야 하는 까다로운 조건이 전제되었기 때문이다.

발언의 민감성은 넷플릭스뿐 아니라 국내 드라마 제작사에 종사하는 인터뷰 대상자도 크게 다르지 않았다. 국내 대형 스튜디오에 소속된 드라마 작가 혜정 역시 정식 인터뷰가 아예 처음부터 불가능하다고 전했다. 이는 미디어 생산자 연구의 어려움을 보여주는 대목이기도 하다. 대체로 일반 연구자가 생산자와 밀접한 관계를 맺기 쉽지 않고, 만남이 허용된다 해도 자기 생각이나 관행을 쉽게 드러내지 않으려는 경향이 두드러지기 때문이다.[14]

이러한 점에서 이 글의 인터뷰 대상자는 사회학자 어빙 고프먼 Erving Goffman이 말한 "일상의 연기자"로 간주할 수 있다. 고프먼은 배우가 연극 무대에서 자기 역할을 수행하듯 사람들도 특정 목표에 따라 자아를 의도적으로 표현한다고 주장한다. 무대 전면의 공시 영역과 무대 이면에 숨은 영역이 있다면, 이 책의 다수 인터뷰 대상자는 연출이 전연 배제된 날것의 메시지를 전달했다기보다는 자신의 이미지를 의도적으로 통제해 만들어내는 '사회적 자아'[15] 정체성을 담지했다고 볼 수 있다. 결국 혜정과는 '논문'이라는 공식적 기록에 대한 상호 부담이 전제되지 않도록 합의한 후 대면할 수 있었고, 발언을 녹취하거나 메모를 적을 수 없어 업계 동향을 청취하는 정도로만 만남이 이뤄졌다.

녹취된 텍스트 형태의 원자료는 참여자의 경력, 직군, 세부업무 등 개인적인 특성 정보를 비롯해 질문의 주제 영역에 따라 분류해 면밀하게 재검토했다. 예를 들면 '한국방송영상산업의 변동과 제작자 인식'이라는 주제 영역은 한국 방송영상산업의 변화를 추동한 핵심 동인(인적/물적 요소), 넷플릭스 도입 초기와 현재의 인식, 한류(한국 대중문화의 글로벌 흥행)에 대한 인식과 같은 하위영역으로 세분화해 코딩했다. 코딩 키워드의 추출은 자료에서 개념으로 제시되는 중심 생각과 속성, 속성의 변화 범위를 살펴 귀납적으로 범주화했다. 이 과정에서 인터뷰 자료들은 직접 인용하거나 분석할 내용으로 나누었고, 이를 다시 주제 영역별로 정리했다.[16] 이러한 과

---

14 강진숙·이광우, 「문화예술 프로그램 생산자에 대한 문화기술지 연구: EBS〈문화공감〉제작진을 중심으로」, 『한국언론학보』 56권 4호(2012): 339-364; 이기형, 「갈등의 시대, '민속지학적 상상력'과 (미디어) 문화연구의 함의를 되묻기」, 『커뮤니케이션이론』 5권 2호(2009): 6-533; 이오현, 「텔레비전 다큐멘터리 프로그램의 생산과정에 대한 민속지학적 연구 KBS〈인물현대사〉의 인물선정과정을 중심으로」, 『언론과 사회』 13권 2호(2005): 117-156; 원용진, 「문화연구의 미디어 논의의 반성과 전망」, 『한국방송학보』 16권 2호(2010): 304-335.
15 어빙 고프먼, 『자아연출의 사회학』, 진수미 옮김(서울: 현암사, 2016), 34.
16 Anselm Strauss & Juliet Corbin, 『근거이론의 단계』, 신경림 옮김(서울: 현문사, 2001), 122-142.

표 1. 심층인터뷰 참여자의 특성

참여자	직군(세부직군/파트)	장르	경력	성별
대현	제작	드라마	25	남
진혜	감독	드라마	10	여
주연	제작	영화	11	여
철민	감독	영화(다큐멘터리)	13	남
원재	감독	예능	15	남
선미	기획피디	드라마	21	여
민종	감독	영화	21	남
향미	피디	(웹)예능	26	여
범수	게임	게임, 영화, 애니메이션	25	남
승권	촬영감독	드라마	25	남
민성	피디	예능	10	남
형주	피디	예능	20	남
민영	자막	영상 일반	16	여
기욱	감독	예능	13	남

정은 질적 연구방법 중 근거이론ground theory과 유사한데, 이 연구가 근거이론을 채택하지 않은 이유는 근거이론을 활용하지 않은 질적 연구에서도 유사한 결과가 도출되는 경향성 때문이다. 복잡한 코딩 과정으로 연구자의 자유로운 해석을 제한하는 근거이론 패러다임 모형을 적용해도 새로운 연구결과를 제시하지 못한다면, 근거이론의 활용은 "시간과 노력의 낭비"라고도 볼 수 있다.[17] 따라서 이 글은 근거이론의 코딩 절차를 상기하되 강박적인 코딩 과정을 거치기보다는 인터뷰의 내용을 어떻게 해석하고 구성할 것인가

에 집중했다. 자료를 반복적으로 코딩할수록 더 이상 새로운 개념이 제시되지 않았는데, 이를 코딩 완료 시점으로 보았다. 이른바 '이론적 포화saturation'에 이르렀을 때 인터뷰를 종료했다. 인터뷰 참여자들의 특성을 정리하면 〈표 1〉과 같다.

17　김은정, 「보다 나은 질적연구 방법 모색기: 근거이론 연구 수행의 실패와 갈등 경험」, 『문화와 사회』 26권 3호(2018): 273-318.

1부
플랫폼 아비투스의 부상

1장 공공성에서 자유주의로

평판과 인지도라는 무기

이 글은 글로벌 OTT를 매개로 맞닥뜨린 제도와 구조를 살펴보기 위해 방송영상제작자들의 인식과 경험을 살펴본다. 글로벌 OTT와 협업 경험이 있는 이들은 넷플릭스를 무소불위의 권좌로 밀어 올린 최측근이다. 이들이 없었다면 넷플릭스의 한국 투자와 성공을 쉽게 긍정하기 어렵기 때문이다. 연쇄 고리처럼 따라오는 질문은 이것이다. 과연 국내 방송영상산업 현장에는 무슨 일이 벌어지고 있는가? 넷플릭스 이전과 이후 생산자(제작자)의 위치와 이들의 전략적 행위는 구체적으로 어떻게 달라졌으며, 제작 시스템의 변화와 특징은 무엇인가? 이를 규명하려면 먼저 '미디어 생산자'에 대한 이해가 필요하다. OTT 플랫폼의 유입 이전과 이후에 포착되는 한국 방송영상산업의 특수성에 대한 문제의식, 그 특징과 구조적 한계를 생산자의 언술을 통해 밝혀낼 수 있다는 점에서다.

 이 책에서 등장하는 '방송영상 제작자'는 피디, 감독과 같은 '전문 제작자'를 말한다. 이들은 영국의 미디어 노동 연구자인 데이비드 헤스몬달프David Hesmondhalgh의 창의노동자[1]이기도 하다. 헤스몬달프와 베이커는 창의노동자가 가장 중시하는 덕목을 '창의적 자율성'이라고 명명하고, 프로페셔널리즘을 핵심 요건으로 삼은 전문가적 자율성professional autonomy²을 강조했다. 미디어 종사자에게 잘 들어맞는 이 자율성은 각 산업 현장에서 전문가 규범을 제 나름의 형태로 발전시키고, 그들 고유의 문화를 만들어주는 핵심 요소다.³ 현대 창의노동자들은 "자신만의 작업실에 앉아 영감이 떠오르길 기다리는 예술 노동자도, 경제적 이익이나 관객의 반응에 크게 영향을 받지 않아도 되는 비영리활동 예술가도 아니"다. 이들 역시 시장과 '소비자'로부터 자기 독창성과 영감의 가치를 인정받아야 하며, 이를 통해 노동시장에서 인지도와 명성을 다져간다. 생계유지의 조건이 창의노동이라면, 경제적 보상은 외면할 수도, 외면해서도 안 되는 필수값이다.⁴

창의노동자의 자율성은 예산의 제약이나 조직의 요구, 효율성과 같은 현실적 제약에 부대끼며 변화를 겪지만, 최대치의 자율성을 얻기 위한 노력은 계속된다. 이러한 노력을 추동하는 주요 동인은 '정체성 노동identity work'이다. 예컨대 피디, 작가와 같은 창의노동자들은 드라마, 영화 등 특정 산업의 전문가로서 자신의 주체성을 '능동적'으로 변화시키면서 상황적 맥락에 따라 '가변적'으로 자신의 정체성을 확립해간다. 이때 중요한 것은 더 높은 인지도와 더 나은 평판을 축적하는 일이다. 이 두 가지가 담보될 수 있다면 여러 상황적 제약은 더는 변수가 아니게 된다.⁵ 더구나 창의노동자는 창작자 권리를 공증하는 '엔딩 크레딧ending credit'을 그 어느 산업보다 중요하게 여긴다. 자신의 이름과 직함이 작품에 기록되는 당연한 조치만으로 여러 현실적 제약은 극복된다.

이 글은 정체성 노동을 담지한 방송영상산업 창의노동자의 주된 활동 무대를 '방송(영상) 장'으로 간주한다. 피에르 부르디외Pierre Bourdieu 사회학의 핵심 용어인 장field은 "한 사회 속에서 오랜 차별화 과정을 거쳐 형성된 사회적 영역"이다.[6] 그는 여러 저서를 통해 예술 장, 문학 장, 과학 장, 종교 장, 정치 장 등 다양한 사회 영역을

1 창의노동(creative labor) 개념은 "문화산업에서 주로 발견되는 상징적 가치를 만드는 일(symbol-making)을 주로 하는 직업군"으로 정의할 수 있다. 사라 베이커, 데이비드 헤스몬달프, 『창의 노동과 미디어 산업』, 안채린 옮김(서울: 커뮤니케이션북스, 2016), 15. 창의노동자가 만드는, 많은 사람들이 높은 가치를 부여하는 미학적·표현적·소통적 형식의 노동이 창의노동인 것이다. 여기서 창의노동자(문화생산자)는 여타 직업군과 비교했을 때 창의적 생산물을 만들어내는 역량을 지닌 "특권적 주체"를 말한다. 그들의 생산물은 여러 채널을 통해 미디어 수용자 또는 소비자인 다수 대중에게 전달되고 통용된다. 이것이 창의노동(자)에 대한 기본적인 정의다.
2 이러한 자율성은 미학적 자율성과는 다르다. 미학적 자율성은 예술가가 지닌 창의성의 자유로운 발현이 상업적 목표 아래에서 속박되는 현실을 비판할 때 요긴하게 활용되는 개념이다. 창의적 자율성은 생산 과정에서 예술적 가치와 상업성 사이에 발생하는 충돌이 불가피함을 받아들일 뿐 아니라, 애초에 '상업적인 성공을 목표'로 생산에 임한다. 현대적 의미에서의 창의노동자를 설명하기 용이한 개념은 후자다. 사라 베이커, 데이비드 헤스몬달프, 『창의 노동과 미디어 산업』, 23.
3 이상규, 「디지털 창의 노동자는 어떻게 불안정성에 대응하는가?: 한국의 게임 개발자들을 중심으로」, 서울대학교 대학원 박사학위논문(2018), 58.
4 안채린, 「창의 노동자의 다중정체성과 창의적 자율성 간의 상관관계: 한국 예능 프로그램 PD의 사례를 중심으로」, 『예술경영연구』 41집(2017): 37-65.
5 M. Alvesson, K. L. Ashcraft & R. Thomas, "Identity matters: reflections on the construction of identity scholarship in organization studies," *Organization* 15(5): 5-28; 안채린, 「창의 노동자의 다중정체성과 창의적 자율성 간의 상관관계: 한국 예능 프로그램 PD의 사례를 중심으로」, 『예술경영연구』 41집(2017): 37-65.

'장'으로 표현한 바 있다.[7] 이러한 문화생산 장의 성격을 면밀히 파악하려면 '대량생산의 하위 장'과 '제한생산의 하위 장'을 분별해 이해할 필요가 있다. 대량생산의 하위 장에서 미디어 생산자의 경제자본 축적 방향성은 상업적인 성공에 있다. 이와 달리 제한생산의 하위 장에서 활동하는 미디어 생산자들은 인정, 명예와 같은 상징자본의 축적을 상업적 성공보다 우선시한다. 후자가 소수의 동료 생산자를 염두에 둔 '자율적 생산 영역'이라면, 전자는 다수의 외부 수요와 이윤 추구, 경쟁이라는 시장논리에 천착한 '타율적 생산 영역'이다.[8]

그런데 안타깝게도, 현대 문화산업의 중추인 방송 장에 대한 설명은 그간 미술, 음악, 출판 분야에서 진행된 장 연구와는 달리 부르디외의 문제인식에서 찾아볼 수 없다. 1996년 장 이론을 통해 텔레비전을 조명한 『텔레비전에 대하여』라는 저작이 존재하지만, 여기서 텔레비전은 방송이 아닌 언론을 향해 있다.[9] 부르디외의 장이론이 드라마, 예능 등 여러 장르를 아우르지 못하는 한계는 한국 방송영상산업을 탐구 대상으로 삼은 이 책에 도전성을 부여한다. 그가 이야기했듯이 문화물의 생산과 유통은 경제적 이해관계로 환원되지 않는다. 물론 그렇다고 해서 경제적인 문제가 간과되지는 않는다. 경제적 결정인자가 상징적 이해관계에 의해 매개되고, 이것이 중층 작용해 문화물은 탄생한다. 이러한 과정 일체가 장에서 일어난다는 점에서, 장은 다양한 외부요인들이 굴절되어 형성되는 하나의 공간임을 암시적으로 드러내주는 개념이다.[10] 결국 '장'은 아비투스를 성립시키는 전제조건인 셈이다. 그렇다면 넷플릭스로 대표되는 글로벌 OTT의 유입 이전과 이후 한국 방송영상산업의 장(이하 방송 장)을 어떻게 개념화할 수 있을까? 방송 장을 가능하게 하는 행위자의 아비투스는 어떻게 설명할 수 있을까? 다음에서는 이를 논하고자 한다.

히피와 여피정신의 플랫폼

부르디외는 사회적 활동과 행위를 '전략'의 측면에서 접근한다. 경제적, 상징적 이해관계가 틈입된 행위자들의 실천은 자신이 처한

---

6   피에르 부르디외, 『텔레비전에 대하여』, 현택수 옮김(서울: 동문선, 1998), 50; 이상길, 「미디어와 문화산업」, 『언론과 사회』 14권 4호(2006): 70-100.

7   이원, 「프랑스 방송장의 구조 변동과 지상파 방송사의 헤게모니」, 『방송과커뮤니케이션』 20권 4호(2019): 5-49.

8   이상길, 「미디어와 문화산업」, 『언론과 사회』 14권 4호(2006): 70-100.

9   이 대목에서 각자의 연구 영토에서 부르디외를 인용해왔던 선행 연구자들의 공헌을 발판 삼아 장 이론을 방송 영역에 적용해볼 만하다. 그중에서도 이원의 연구는 '방송 장'을 전면에 언급했다. 그는 프랑스 방송 장의 구조변동을 분석하면서 방송 장 안에서 주도권을 지닌 주체들이 누구인지, 그들이 추구하는 경제자본과 상징자본이 어떤 식으로 분배되고 있는지를 구조적으로 따져봤다. 예컨대 공영방송 장은 공적 기능이나 평판이 매우 중요하며, 이를 토대로 수신료의 정당성을 획득하거나 수신료 인상을 요구한다. 또한 방송 장에서는 시청률과 같은 상징자본이 광고 판매의 기준이 되므로, 이러한 상징자본이 경제자본과 상호 호환되는 시장이라는 특수성을 지닌다. 부르디외가 미디어 장을 두고 "이용률을 매개로 경제 장의 영향을 받는 특수한 장"(이원의 위의 글 25쪽에서 재인용)으로 설명한 것은 그런 이유에서다.

10 이상길, 「문화생산과 지배: 피에르 부르디외의 '장이론'에 대한 비판적 고찰」, 『언론과 사회』 9권 1호(2001): 7-46.

상황에서 최대한의 이익을 추구한다는 점에서다. 하지만 행위자가 일을 꾸미고 이뤄가는 방법이 늘 합리적이고 의식적으로 계산된 산물은 아니다. 합리적 행위와 무의식적 전략은 뒤섞이기 마련이다. 바로 이 대목에서 '아비투스' 개념의 쓰임새가 발견된다. 아비투스는 구조와 행위자의 문제를 변증법적으로 제시한다. 계급 행동의 전략적 선택이 구조에 의해 어떻게 지속 재생산되는지, 동시에 행위자는 그 구조적 조건에 따라 어떻게 일정한 한계를 겪게 되는지를 설명하기 위한 개념적 도구다. 행위자들의 내면 깊숙이 축적된 성향 체계인 아비투스는 특정 상황과의 관계 속에서 현재화된다.[11]

이 글은 전통적인 방송 장의 공공성 아비투스가 OTT 플랫폼이라는 새로운 방송 장의 자유주의 아비투스로 변화하는 과정을 탐구한다. 그 전에, 콘텐츠의 핵심 공급처였던 텔레비전이 플랫폼에 자리를 내어주게 된 권력 이동의 배경부터 따라가 보자. 과거 안테나를 타고 들어온 텔레비전 방송은 전파 희소성의 논거로 공공의 이익을 위해 사용돼야 한다는 공익성을 보편적 가치로 삼았다. 그 어떤 매체보다도 광범위한 수용자를 대상으로 했다는 점에서 영화와도 달랐다. 텔레비전은 특정 공간에서만 상영 가능한 영화관의 물리적 한계를 넘어 무선기술과 영상기술을 결합한 대중매체로 발전했다. 하지만 안방에 놓인 이야기꾼이 시대를 주도했던 텔레비전을 이제는 레거시legacy 미디어라 부른 지 오래다. 이후 '뉴미디어'라는 말이 등장했지만, 이마지도 식상해질 정도로 새로운 매체들이 생겨났고, 콘텐츠 유통과 수용 환경도 급변했다. 과거에는 텔레비전 메시지를 받기 위해 방송이 시작하는 그 순간까지 기다려야

했고, 방송이 끝나면 수신이 불가능했다.[12] 늘 정해진 시간에 일정한 장소에서 전달되는 내용을 봐야만 했던 '시청자'들은 이제 자신이 원하는 시간에 다양한 창구를 통해 수천 개의 콘텐츠를 볼 수 있는 '구독자'로 변모했다. 내 손안의 만능상자 스마트폰, 인터넷 프로토콜 텔레비전IPTV은 구독자의 시간과 취향을 선점한다. 이런 변화를 이끄는 매체에 'OTT 플랫폼'이라는 이름이 부여됐다.

텔레비전에서 플랫폼으로 매체 주도권이 옮겨가는 상황에서 점검해볼 것은 플랫폼의 숨은 뜻이다. 본래 플랫폼은 승객들이 역에서 기차를 타고 내리는 승강장을 의미한다. 구획된 땅 플랫plat과 형태form의 합성어 그대로, 경계가 없던 땅에 구획이 생기면서 용도에 맞는 집을 짓고, 건물을 세우고, 도로가 열리는 공간을 상징적으로 표현한 단어다.[13] 더욱 중요한 점은 플랫폼이 "영리한 두뇌 체제"를 통해 작동된다는 사실이다.[14] 구글, 애플, 페이스북, 아마존Google, Amazon, Facebook, Amazon: GAFA이 '인공지능'에 기반을 두고 자사 플랫폼을 통해 해당 사업 영역에서 절대적인 위치에 오른 것을 보아도 그 영향력이 증명된다. 알고리즘은 사용자의 검색을 플

---

11 피에르 부르디외, 로제 샤르티에, 『사회학자와 역사학자』, 이상길, 배세진 옮김 (서울: 킹콩북, 2019), 92-101.
12 노명우, 『텔레비전, 또 하나의 가족』(서울: 프로네시스, 2008), 46.
13 윤상진, 「승강장에서 SNS까지, 플랫폼이란 무엇인가」, 『참여연대』. http://www.peoplepower21.org/Magazine/1627534
14 원용진, 「플랫폼 시대의 매체 문식성(미디어 리터러시)」, 『새국어생활』 29권 2호 (2019): 29-45.

랫폼의 답변으로 전환하는 컴퓨터 처리 과정으로, 개별 사용자로 하여금 맞춤화된 검색 결과를 제시할 수 있게 만드는 동력이다. 예컨대 구글은 사용자 행동 데이터를 구글이 매긴 순위하에, 구글이 제공하는 여러 서비스를 통해 받아보게 함으로써 수익을 확보하는 "자기실현적self-fulfilling" 전략을 보여준다.[15] 넷플릭스 역시 이와 다르지 않다. 1998년 DVD 대여 서비스로 시작한 넷플릭스는 이미 오래전부터 고객 대여 정보를 기반으로 영화를 추천하는 알고리즘을 구축했다. 기계학습이 적용된 인공지능을 활용해 구독자가 좋아할 만한 영상을 추천하고, 추천율이 적중할수록 구독자는 더 오랫동안 넷플릭스에 머무르며 자체 알고리즘을 발전시켜왔다.

　수억 명, 수만 개의 영상을 보유한 플랫폼에 모여드는 것은 구독자만이 아니다. 현재 '넷플릭스 입성'은 방송국의 희망사항을 지나 현실이 됐다. 이유는 자명하다. 연간 1조 원에 달하는 '통 큰' 제작비가 투입된 '고퀄리티' 콘텐츠가 수요 측 규모의 경제[16]를 통해 전 세계 구독자에게 도달되기 때문이다. 이미 구축된 넷플릭스 플랫폼 안에서 수많은 콘텐츠가 유통되고 더 많은 사람이 유입되기에 제작자들 역시 사람들이 많이 모이는 판에 자신의 콘텐츠를 올려두길 원한다. 넷플릭스에 공개된 타이틀 1만여 개를 원하는 시간에, 원하는 장소에서, 원하는 만큼 볼 수 있고, 수많은 사람이 열광하는 콘텐츠가 "오직 넷플릭스에서" 독점 공개된다면 그를 원하는 사람들은 플랫폼에 '묶이게' 된다. 이 자물쇠 효과lock-in effect는 수많은 제작자가 '넷플릭스 오리지널'이라는 이름으로 형성된 네트워크에 뛰어들도록 부추긴다.

이렇게 매체의 시대에서 플랫폼 시대로의 진입은 방송영상제작자들의 플랫폼 의존도를 높였다. 이들은 마치 자유분방한 히피 정신과 여피young urban professional: yuppie 정신으로 무장한 듯 보인다.[17] 디지털 기술을 동력 삼은 넷플릭스가 제작자의 제작 자유를 신장시킨다는 점에서 국가의 불필요한 규제 권력은 축소돼야 한다는 주장은 그 어느 때보다 강하다. 이에 더해, 국내 방송영상제작자들이 자신이 제작한 콘텐츠를 방송사 편성이 아닌 '플랫폼'에 탑재되길 원할 때 개입되는 정치적 판단은 상당 부분 자본의 논리를 따른다. 방송의 힘이 약해지고 OTT 플랫폼의 힘이 강해진다는 것은

15 박승일, 『기계, 권력, 사회: 인터넷은 어떻게 권력이 되었는가?』(경기 고양: 사월의책, 2021), 278.
16 C. Shapiro & H. R. Varian, *Information Rules: A Strategic Guide to the Network Economy* (Boston, MA: Harvard Business School Press, 1999), 168.
17 한국 방송영상제작자들이 넷플릭스 진입을 희망하며 플랫폼 아비투스를 형성하는 모습은 미국 서안의 히피적 전통을 지닌 테크 전문가들이 자본가와 결합한 양상과도 유사하다. 1960년대 미국 서안 캘리포니아만에 거주하는 급진주의자들은 세계 전역에 걸친 신좌파(New Left) 운동과 문화적 양식을 선봉했다. 캘리포니아만 급진주의자들의 삶의 방향은 두 가지로 나뉘었다. 일부 히피는 과학기술적 진보를 부정하고 자연으로 돌아가는 길을 택했고, 다른 히피는 상업과 집회의 중심지인 그리스의 아고라를 떠올리며, 미디어, 컴퓨터, 통신과 같은 과학기술을 활용해 전자 아고라(electronic agora) 이상을 펼쳐보였다. 특히 후자는 마셜 맥루언의 영향을 받은 기술애호광(technophiliacs)이자 하이테크 장인들로, 기술 인텔리겐차(intelligentia)들은 패배한 과거 선배들과는 달리 "개인 자유는 기술적 진보의 한계와 자유시장 속에서 일함으로써만 획득될 수 있다"며 우경화의 길을 걷게 된다. 하이테크 기업가와 장인들의 결합으로 출현해 작가, 해커, 예술가 등 이데올로그(ideologue)들에 의해 뒷받침되는 이념을 바브룩(Richard Barbrook)과 캐머런(Andy Cameron)은 "캘리포니아 이데올로기(Californian Ideology)"라 칭했다. 이재현, 『인터넷』(서울: 커뮤니케이션북스, 2013), 99-102.

'공익과 공공성'을 말하던 방송영상 장이 '캘리포니안 이데올로기'를 가진 장으로 바뀌어감을 뜻한다. 경쟁중심주의, 능력주의로 요약되는 오늘날의 한국 방송영상 장은 글로벌 OTT 플랫폼이 주도한 산물이다.

이 글은 공익을 강조했던 방송 장이 플랫폼 진입을 이상적인 목표로 설정하는 상황을 플랫폼 아비투스로 규정하고자 한다. OTT 플랫폼의 공세라는 특정한 사회적 상황에 아비투스라는 개념을 적용할 때 미디어 장 변화의 일단을 읽어낼 수 있기 때문이다. 달리 강조하자면, 방송영상산업에 잠재한 "열린 성향 체계", 즉 아비투스는 오늘날 플랫폼을 만나 그 인지와 판단 전략이 어떻게 '갱신'되는지를 알 수 있게 해주는 핵심 개념이다.[18] 장의 규칙과 개인적 실천, 즉 구조와 행위자를 모두 끌어안은 아비투스의 방정식은 특정 장의 작동 원리와 그에 속한 행위자들의 실천논리가 닮은 모습을 보이도록 한다. 여기에서 "체화된 이해embodied understanding"가 중요한 이유는 그것이 "규칙에 대한 수동적인 복종"이 아닌, "개인이 사회문화적으로 주어진 규칙을 주체적으로 평가하고 효과를 판단"해 실천하는 "동의 과정"에 근거를 두기 때문이다.[19] 결국 개인들은 장의 규칙이 유지되어야만 장 속에서 자신들의 이득을 취하고 삶을 영위해갈 수 있으므로 그 규칙을 받아들인다. 그리고 그 과정은 특정 장에서만 적용되는 의미나 신념, 가치들을 체계적으로 생산·재생산한다.[20] 생산·재생산은 아비투스의 장이 그 원리를 유지하는 강력한 요소로, 게임에 참여한 이들 사이의 "공모" 속에서 지속된다. 장 안에 속한 개인과 장이 합심해 장 고유의 의미와 가치를 생산하는 것이다. 스스로 장의 규칙에 참여하고 지배의 정당성을 받아들여 내면화하는 과정이 되풀이되면서 개인의 성향과 실천체계인 아비투스가 생성되고, 이 아비투스는 다시 개인에게 흡수되어 장의 규칙을 강화하게 된다. 따라서 동일한 사회적 궤적을 공유한 방송영상제작자들에게 특정한 정신구조의 체화는 어느 정도 공통적인 모습을 드러낸다고 볼 수 있다. 다만 아비투스 앞에 넷플릭스가 아닌 플랫폼이라는 수식어를 붙인 이유는 그것이 훨씬 더 넓은 범주를 품고 있기 때문이다. 이 책은 1990년대 IMF 이후의 문화산업부터 시작해 현재의 넷플릭스 시대에 이르는 30여 년의 시간을 논의의 범위로 삼는다. 단지 글로벌 OTT에 호응하는 제작자들만을 이야기하는 게 아니라 글로벌 OTT 이후 보다 전면화된, 플랫폼을 향한 전 사회적인 낙관적 기대를 포괄해 논의한다는 점에서 이러한 현상을 가로지르는 전체적인 경향을 플랫폼 아비투스로 명명하고자 한다.

그런데 넷플릭스 전후 한국 방송영상산업의 구조변동을 독해하기 위해 부르디외의 장 개념을 그대로 적용할 경우 큰 문제점에 봉착하게 된다. 부르디외의 장 이론은 '장기적이고 역사적'인 계급

---

18 피에르 부르디외, 로제 샤르티에, 『사회학자와 역사학자』, 이상길, 배세진 옮김 (서울: 킹콩북, 2019), 103.
19 김예란, 「디지털 아비투스: 플랫폼을 넘나드는 콘텐츠 소비문화」, 『방송문화연구』 17권 2호(2005): 67-109.
20 피에르 부르디외, 『예술의 규칙: 문학장의 기원과 구조』, 하태환 옮김(서울: 동문선, 1999), 185.

재생산 이론이라는 점에서 글로벌 OTT의 유입에 따른 '격변' 속 한국 방송영상산업의 변동을 탐구하기에는 난점이 존재한다. 따라서 보완적으로 이 글은 닐 플릭스틴Neil Fligstein과 더그 맥아담Doug McAdam의 전략적 행위장Strategic Action Fields: SAF 이론을 경유한다.[21] 전략적 행위장 이론은 중범위 수준의 사회적 질서meso-level social order로 근대의 정치적·조직적 삶을 이루는 구성 요소를 가리킨다. 이는 장의 구성원 간에 공유된 이해에 따라 사회적으로 구성된다. 전략적 행위장 이론의 핵심 개념 중 하나는 바로 기득권자incumbent와 도전자challenger이다. 기득권자는 장 안의 자원에 대한 불균등한 분배로 이익을 얻는 이들로, 이들의 이해관계나 이익에 따라 장이 형성된다. 기득권자에 의해 특정 관점이 공유되면, 해당 분야에서 이들의 특권적 지위가 합법적으로 지지된다. 반면 도전자는 장 내에서 거의 영향력을 행사하지 않는다. 이들은 기득권자의 지배적인 논리를 인지하면서 우세한 질서에 '순응'한다. 그렇다고 해서 도전자가 시스템의 구조와 논리에 아예 도전하지 않는 것은 아니다. 규칙을 전환할 대안적인 비전을 제시하면서 지배적인 연합에 맞서기도 한다. 계급적 배경에 따라 형성된 아비투스가 개인이 어느 장에 위치할 것인지를 결정하고, 그를 안정적으로 재생산한다는 부르디외의 결정론적 시각과는 차별적이다.

한편 전략적 행위장 이론가들의 중요한 통찰 중 하나는 장의 출현이 '사회운동'과 유사하다고 보았다는 점이다. 이들은 1980년대 시민운동의 전개와 미국의 대기업 형성 과정에서 사회학적인 유사성을 발견했다. 이를 통해 발생하는 갈등과 변화의 역학을 설명하기 위해 새로운 장, 새로운 사회적 공간social space 형성에 대한 일반화된 이론 모형을 만들고자 했다.[22] 이 대목에서 '집단 행위자collective actor'에 의한 사회적 공간의 등장이나 변화가 중시된다. 장에 속한 개별 또는 집단 행위자들은 상호 공통된 이해에 근간해 전략적 관계를 형성하고 상호작용한다. 이들은 장 내에서 사람과 환경을 읽고, 이성과 감성을 활용해 사람들을 동원하는 고도로 발달한 인지능력, 즉 사회성social skill을 발휘해 집단적인 행동선을 구축한다. 플릭스틴과 맥아담은 바로 이 대목에서 부르디외가 상대적으로 침묵한다고 말한다. 부르디외가 프랑스 문학 장의 출현과 관련해 집단행동에 대한 암묵적인 견해를 일시적으로 내놓기는 했지만, 이 역시 '개인'의 위상과 권력에 중점을 두었음을 부인하긴 어렵다는 것이다. 부르디외 장 이론이 더 큰 사회적 영역에서 다른 사람들을 끌어들여 집단을 구축하고 여러 갈등 속에서 자신의 위치를 변화시키기 위해 전략적으로 행동하는 행위자들을 설명하기 어려운 이유다. 달리 말해 전략적 장 이론과 가장 근접한 부르디외의 아비투스 장 이론이 현대 사회에서 발생하는 근본적인 구조의 출현과 변화, 안정, 파열, 해결, 전환과정과 같은 당면 과제를 분석하기에는 적절하지 않다는 것이다.

따라서 이 글은 전략적 행위장 이론을 빌려 부르디외 장 이론에

---

21 N. Fligstein & D. McAdam, "Toward a General Theory of Strategic Action Fields," *Sociological Theory* 29(10)(2011): 1-26.
22 임동균,「잠재적 전략적 행위장 이론: 촛불집회 사례를 중심으로」,『담론201』 22권 1호(2019): 121-156.

서 상대적으로 간과된 장 자체의 형성과 변화를 탐구한다. 나아가 집합적 행위자들이 연대해 장을 생성시키고 변동시키며 위기를 일으킨 사회적 과정이 무엇이었는지 살펴보고자 한다. 이렇게 되면 한국방송영상산업 안에서 벌어지는 지배자와 신참자 집단의 권력투쟁과 그 구조 형성을 볼 수 있을 뿐 아니라, 국가 정책과 시장이라는 제도적 논리 사이에서 섞임과 경합이 어떤 형태로 발생했는지를 관찰할 수 있다.[23] 또한 행위자들이 어떠한 혁신과 대응 논리를 통해 한국 방송영상 장의 변화를 가져오고 있는지를 통합적으로 확인할 수 있다. 텔레비전 방송이 시작되었을 때 신기술의 경이로움과 경계의 시선을 소란스럽게 보냈던 것처럼 플랫폼에 대한 낙관적 견해와 더불어 걱정스러운 대목도 읽어내는 것이 이 책에 부여하는 임무이기도 하다. 이로써 글로벌 OTT로 대표되는 플랫폼 아비투스 세상이 어떠한 모양을 하고 있는지 꼼꼼하게 되짚어 보는 전기가 마련되리라 기대한다.

외주제작사에서 스튜디오로

국내 주요 미디어 기업이 보유한 스튜디오는 글로벌 OTT의 핵심 파트너로 기능해왔다. 달리 말하자면, 이들 스튜디오는 자사 OTT 플랫폼뿐 아니라 외부 플랫폼과 적극적으로 연계되어 수익을 극대화하는 방편을 선택하고 있다. 이제 제작사를 넘어 스튜디오라는 단어가 일상화된 상황에서 그 기원을 어디에서 찾을 수 있을까? 그

것은 바로 할리우드 스튜디오 시스템studio system이다. 1910년대 이후 할리우드 제작자들은 그로부터 50년 동안 자동차 산업에서 유래한 포디즘fordism을 영화 생산과 판매에 적용했다.[24] 영화 제작 편수가 방대해지고 제작비 부담이 늘면서 이를 적절히 통제할 수 있는 메커니즘이 필요했기 때문이다. 예컨대 미국에서는 1920년 750편의 장편영화를 상영했고, 매주 3,500만 명이 영화 관람을 위해 극장을 찾았다. 1922년에서 1930년 사이 영화산업의 전체 투자액은 78만 달러에서 850만 달러로 11배 가까이 올랐고, 매년 약 1,000여 편의 영화가 제작됐다. 이러한 배경 아래서 할리우드가 새로운 제작 시스템, 즉 제작-배급-상영 지배 패러다임을 고안한 것을 두고 '스튜디오 시스템'이라고 일컫는다.[25] 당시 할리우드 대형 스튜디오들은 가장 저렴한 엔터테인먼트를 제공함으로써 1차 세계대전과 대공황으로 심리적 공황상태에 빠진 대중에게 위안을 주었다. 유럽 영화산업이 전쟁으로 몰락한 틈을 타 미국 영화산업은 각종 기술 도입과 발전으로 큰 성장을 이루며 세계 영화의 중심지가 될 채비를 갖추고 있었다. 이 과정에서 탄생한 이른바 '빅 파이브big five'(파라마운트, MGM, 폭스, 워너, RKO), 그리고 빅 파이브와는 달리 극장을 소유하지 못한 '리틀 스리little three'(유니버설, 컬럼비아, 유나이

---

23 신진욱·정보영, 「한국 시민사회의 확장, 위기, 혁신의 삼중과정: 전략적 행위자 이론에 기초한 구조변동 분석」, 『시민과세계』 통권 40호(2022): 97-140.
24 신강호, 「할리우드 스튜디오 시대의 황금기」, 『영화연구』 8호(1991): 97-118.
25 강현두·원용진·전규찬, 「초기 미국영화의 실험과 정착: 1920~30년대 헐리우드」, 『언론정보연구』 34호(1997): 79-117.

티드 아티스츠)는 훗날 8개 메이저 스튜디오가 되어 미국 전체 영화 산업을 통제하고 장악했다.[26] 제작을 총괄하는 대형 스튜디오는 대규모 세트를 소유하고 이른바 '대작 영화'를 제작해 비즈니스를 영위해갔다. 중요한 사실은 스튜디오가 생산, 유통, 상영을 비롯한 영화제작의 모든 측면을 제어했다는 점이다. 배우와 제작스태프, 감독, 작가 등 모든 인력이 스튜디오와 계약하면서 할리우드식 조립 생산 공정에 자본과 인력이 집중됐고, 이를 효율적으로 배분하는 일면도 생겨났다. 스튜디오가 내세운 할리우드식 조립 생산 공정은 영화산업의 양질 성장을 주도했지만, 2차 세계대전 이후 평화가 찾아오면서 스튜디오 시스템은 '반독점법'이라는 암초를 만나게 된다. 1938년에 시작된 미 법무성의 일명 '파라마운트 소송'은 1948년 8개 메이저 스튜디오가 극장 체인을 소유하고 블록 딜block deal로 불리는 유통방식을 취한 것을 두고 '영화산업의 발전을 막는 독점'이라고 판결했다. 빅 파이브 스튜디오는 판결에 따라 극장 체인을 매각했고, 회사가 소유했던 IP 수익의 상당수를 실제 창작자인 제작진과 배우들에게 나누어야 했다.[27] 이로써 메이저 스튜디오의 전속 감독들은 스튜디오 밖으로 나와 독립영화사를 설립했고, 미국이 주도하는 영화산업에 반발한 프랑스의 누벨바그nouvelle vague 운동과 같은 새로운 영화 사조도 생겨났다.[28] 물론 파라마운트 판결이 아니더라도 텔레비전의 등장으로 할리우드 스튜디오의 황금기는 붕괴될 운명이었지만, 영화산업에서 생성된 노하우와 문법이 오늘날의 OTT까지 이어지는 산업구조 형성에 큰 기여를 했음은 분명해 보인다.

비교적 최근에 이르러서는 할리우드 스튜디오들이 최고의 기술을 자랑하는 실리콘밸리 IT 기업들과 제휴하면서 이른바 실리우드Siliwood로 탈바꿈했다.[29] 디지털 기술은 영상물 전송의 시공간적 제약을 극복할 뿐 아니라 다양한 형태로 무한복제할 수 있도록 했다. 아날로그 배급망을 통제해왔던 할리우드 배급업자들은 디지털 배급망을 구축함으로써 영화 개봉 이후의 유통 창구를 다양화했다. 텔레비전, 홈비디오, CD-ROM 타이틀, VOD에 이어 테마파크, 가상현실게임, 뮤지컬, 캐릭터까지 원작을 변주해 시장을 공략하는 이른바 '원 소스 멀티 유스one source multi-use' 전략이 보편화된 것은 물론이다. 특히 주문형 비디오 VOD는 비용이 저렴하고 접근성이 높아 영상물의 주된 유통 창구가 됐다. 실제 스튜디오들은 넷플릭스, 아이튠스, 훌루Hulu, 아마존과 케이블 VOD 서비스를 포함한

---

26 더글라스 고머리, 『할리우스 스튜디오 시스템』, 이용관 옮김(서울: 예건사, 1992), 113.
27 송승은, 「할리우드 영화산업의 독과점에 대한 법적 대응: 파라마운트 판결을 중심으로」, 『법이론실무연구』 7권 4호(2019): 133-154.
28 당시 미국 영화감독 존 포드(John Ford, 1894~1973)는 할리우드식 영화 제작 경향(스타 위주 제작, 지나친 오락성, 시나리오 발굴 없이 문학 원작에 의존하는 "게으름")과 스타시스템의 약점을 꼬집으면서 다음과 같은 말을 남겼다. "대사를 검토할 새도 없이, 또한 그것에 대한 자신의 느낌을 얘기할 시간도 없이, 감독은 영화작품의 제작을 지시받는다. 스튜디오에 도착하자마자 그냥 촬영할 콘티를 받는다. 때로는 제작자들보다도 스토리를 더 모르기도 한다. 그날의 작업에 관해 한 시간 정도의 검토만으로 곧이어 촬영에 임하고, 그것이 끝나면 다음 날 할 일에 대해서는 전혀 모르는 채 귀가한다." 이용관, 『영화작가주의의 역사와 실천』(서울: 집문당, 1997), 73.
29 김상배, 「실리우드의 세계정치: 정보화시대 문화제국과 그 국가전략적 함의」, 『국가전략』 12권 2호(2006): 5-34.

넓고 다양한 디지털 플랫폼을 영화를 배급할 가장 실용적인 방법으로 떠올렸다. 요컨대 실리우드의 부상은 산업구조 측면에서 미국의 스튜디오가 이전 시기와는 다르면서도 복합적인 제작·배급 방식을 이끌어내고 있다고 볼 수 있다. 미국식 스튜디오 시스템의 흐름은 다음과 같은 사안을 부여한다.

1) 영화 제작절차의 표준화를 통해 영화를 대량생산해낼 수 있는 일괄조립 라인체계의 형성
2) 흥행 보장을 위한 주연배우 기용 위주의 스타 시스템의 채택
3) 대중적 이야기 유형을 지향하는 장르 시스템
4) 영화의 제작-배급-상영의 각 부문을 통합시키는 수직통합
5) 자본의 참여

이 다섯 가지가 복합적으로 어우러져 확립된 것이 바로 미국의 스튜디오 시스템이다.[30]

미국 스튜디오 역사와 성장 배경을 한국 상황에 직접적으로 대입할 수는 없지만, 적절한 맥락화가 이루어진다면 한국 외주제작사가 스튜디오라는 이름을 부여받게 된 이유를 파악하는 데 유용하다. 할리우드 스튜디오 시스템을 확립시켰던 스타, 장르, 수직통합, 자본은 오늘날 한국 스튜디오에도 유사하게 적용되는 요소이기 때문이다. 1991년에 시행된 외주비율 의무화정책 도입은 수직결합된 지상파 방송사의 독과점 해소, 수용자 복지 향상, 방송산업의 국제경쟁력 강화를 목표로 시작되었다.[31] 정부의 정책적 노력 덕분에 1991년 이전까지 8개뿐이었던 외주제작사는 1997년까지 70개로 늘었고, 외주제작 비율이 20% 이상으로 증가한 1998년부터

는 3년 동안에만 전체의 65% 정도에 해당하는 159개사가 설립됐다. 정책 시행 초기 3%대에 지나지 않았던 방송사의 외주 비율은 1993년 10% 이후 연평균 3%씩 증가했고, 2001년에 이르러 31%에 달할 만큼 외형적으로 그 숫자가 크게 늘었다.[32] 하지만 외주제작 정책은 외주제작사를 통한 방송영상물의 국제경쟁력 강화, 해외시장 진출이라는 소기의 정책목표를 달성하는 데서 그다지 정교하게 고안된 제도는 아니었다. 외주제작정책 자체의 결함과 한계는 물론, 방송사와 외주제작사 간 불공정거래와 정책의 임의 적용, 변칙이 정책의 허술함을 지목하는 요인이기도 했다. 결과적으로 외주제작사가 만든 영상물은 지상파 채널로 단순 유통되는 수준에 그쳤고, 영상물의 IP는 방송사에 귀속됐다.

무엇보다 외주제작사의 외형적 성장 이면에는 흥행을 보장하는 스타 배우와 작가 군단의 자산화가 동원됐다. 2000년대에 들어서면서부터는 수많은 외주제작사가 지상파 납품을 두고 치열한 경쟁을 벌였는데, 납품 우위를 선점하자면 유명 배우와 감독, 작가 섭외가 필수적이었다. 배우와 작가의 몸값이 치솟으면서 제작비가 크게 올랐고, 제작비 전액에 한 자릿수 정도의 이윤을 보장해줬던 방송사는 외주제작사에 제작비의 70~80% 정도만을 지급하는 수

30 홍종규, 「미국의 영화산업과 스튜디오 시스템」, 『강원사학』 23호(2008): 353-372.
31 장하용 외, 「외주정책 산정기준과 의무편성비율 종합개선방안 연구」(서울: 방송통신위원회, 2008), 16.
32 박은희·노동렬·이정훈, 「외주정책 성과평가 및 외주제작사의 비즈니스모델에 관한 연구」(나주: 한국전파진흥원, 2010), 46.

준에 머물렀다. 적자를 면해야 했던 외주제작사는 드라마 간접광고PPL나 협찬을 끌어오는 데 주력했고, 무리하게 삽입한 간접광고로 경고를 받는 일도 빈번했다. 외주제작사 처지에서는 제작비 지불 능력마저 현저히 떨어진 방송사를 유일한 출구로 여길 수는 없었다. 외주제작사들은 자연스럽게 국내외 판권을 판매해 IP 부가 수익을 거둘 계획을 세워 실행했다. 2000년에서 2010년대 〈겨울연가〉, 〈별에서 온 그대〉 등 히트 드라마의 방송사 방영이 종료된 후 일본, 중국을 중심으로 해외 판권이 판매되어 제작사에 수익이 분배된 것은 외주제작사에 결정적인 성공 경험이 됐다. 과거에 지상파 방송사의 기획물을 단순히 위탁받는 데 머물렀던 외주제작사는 점차 가용 자원과 제작 능력 면에서 고도화됐다. 경쟁을 피할 수 없는 방송영상산업에서 몇몇 대표 외주제작사를 중심으로 작가, 연기자, 감독 등 생산요소시장이 점유[33]된 이후에는 미디어법 통과에 따른 종합편성채널과 케이블 채널로 요소시장 이동이 속도를 더했다. 하지만 이때까지만 해도 한국 방송영상산업은 생산 이익을 국내 시장 내부에서 공유하면서 그 파이를 키워온 '1차 스튜디오'화 과정에 놓여 있었다.

2010년대 중반 이후 한국 방송영상산업이 글로벌화라는 근본적인 구조변화 압력에 처하면서 국내 시장 자체의 수익 확대 논리를 상당 부분 탈피하는 모습을 보인다. 변화의 징후는 제작-편성-판매를 방송사 안에서, 방송사가 모두 도맡았던 과거로부터의 탈피다. 전통적인 방송 장을 벗어나 제작과 방송사가 분리되고, 방송사가 아닌 스튜디오가 콘텐츠를 만들어 콘텐츠 IP를 보유하는 한편

방송사는 콘텐츠를 구매해 광고수익을 얻는 데 집중하게 된다. 방송사의 '드라마 제작부문이 분할'되어 자회사로 설립된 스튜디오드래곤, JTBC스튜디오 등에는 '외주제작사'라는 이름 대신 '스튜디오'라는 이름이 전면에 붙었다. 방송사-외주제작사 간 단순거래를 넘어 전문화, 대형화한 스튜디오는 전에 없는 특징을 보여주었는데, 이를 요약하면 다음과 같다.

1) 콘텐츠 기획·IP 확보·유통 전략을 스튜디오에서 총괄하며, 독립 혹은 연계된 제작본부와 제작사는 자율성이 담보된 창작활동을 펼친다.
2) OTT 플랫폼이 등장하면서 유통처가 확대되는 가운데 스튜디오는 다수 제작사와 플랫폼 사이의 매개자가 되어 주도권을 확보했다. 이 과정에서 과거 외주제작사들이 방송사에 의존했던 구조는 자연스럽게 사라졌다.
3) IP를 확보한 스튜디오는 콘텐츠의 국내외 유통과 IP의 활용, 즉 부가시장의 다변화를 자유롭게 꿈꿀 수 있게 되었다.

과거 외주제작사가 제작에만 초점을 맞췄다는 점에서 IP를 활용한 사업다각화를 챙기는 데 한계가 있었지만, 스튜디오는 기획에서 IP 활용까지 아우르면서 체계적인 사업 운용과 합리적인 경영을 현실화시킨다.[34]

---

33 노동렬, 「수직적으로 해체된 드라마 시장에서의 전략적 생산요소 결합방식에 관한 연구」, 『미디어 경제와 문화』 6권 3호(2008), 7-50.
34 이성민, 「방송한류: 거대한 지각변동」, 『2020 한류백서』(서울: 한국국제문화교류진흥원, 2020), 34-55.

전에 비해 다양한 방송영상물을 제작할 수 있는 기반이 구축되고, 기획-제작-유통 역량이 특정 제작사나 특정 장르를 뛰어넘어 다양한 연계로 뒤섞이는 가운데 스튜디오는 그 중심에서 핵심 권력으로 작용하고 있다. 레거시 미디어에서는 시도할 수 없었던 장르적 시도와 스타 배우의 빈틈없는 연기는 물론 스튜디오 소속 작가와 감독 작품의 글로벌 흥행, 그리고 이것을 가능하게 하는 수백억 원의 제작비는 스튜디오 시스템의 가능성을 확장한다. 무엇보다도 관심의 초점은 스튜디오가 보유한 제작 편수와 콘텐츠 IP 수의 확대이다. 스튜디오는 이제 더는 특정 방송사만을 위한 사유물을 만들지 않으며, 그만큼 독립적이다. 스튜디오 시스템을 통해 지리적으로 정의할 수 없을 만큼 세계 각국의 영화산업을 장악한 꿈의 공장 할리우드처럼, 글로벌 OTT를 경유한 한국 방송영상물 역시 새로운 차원의 꿈의 무대를 그려가고 있다. 이 글은 국내 스튜디오가 글로벌 OTT의 하위 생산자로 편입되는 상황을 '2차 스튜디오화'로 명명하고자 한다. 이로써 코리안 뉴웨이브의 등장부터 피크 넷플릭스까지 이어지는 역사적 흐름에 한국 방송영상산업이 1차 스튜디오화, 2차 스튜디오화라는 이중구조로 편입되는 과정을 살펴볼 수 있다.

2장 코리안 뉴웨이브[1]

문화가 경제를 살린다

1900년대 후반 한국 미디어 장은 문제적 탐구공간이다. 1997년 IMF 구제금융이라는 경제 몰락의 결정적 위기를 창의성으로 극복하려는 국가의 의지는 최고조에 달했다. 그 의지는 정보통신기술이라는 제도적 맥락을 만나 한류를 발아시킨다. 미디어 장에 새로이 진입한, "긴가민가한 용어로 괜히 우리끼리 들떠서 하는 말이 아닌가 하는 느낌"[2]이었던 '한류'라는 현상은 얼마 지나지 않아 '국가

---

[1] 사실상 '코리안 뉴웨이브'는 1980년대에 일어난 한국영화의 세대교체를 의미한다. 〈칠수와 만수〉(박광수), 〈성공시대〉(장선우), 〈개그맨〉(이명세), 〈남부군〉(정지영) 등 1980년대 후반의 다소 유화적인 사회적 분위기 속에서 등장한 새로운 감독군과 작품 경향을 지칭하는 용어다. 이후 1990년대 중반부터 한국 영화는 '포스트 (코리안) 뉴웨이브'로 명명된다. 정종화, 『한국영화사』(서울: 한국영상자료원, 2008), 232. 하지만 한국 영화와 방송, 한류의 '태동'에 걸친 핵심적 특성을 살펴보는 2장의 특성상 '이후', '다음'을 뜻하는 '포스트'는 이 장의 제목으로 어울리지 않는다고 판단했다. 한류로서의 방송은 1990년대 후반부터 '태동기'에 접어들었고, 한류로서의 영화 역시 1990년대 중반 이후에 이르러 가시적으로 드러났기 때문이다. 따라서 1990년대에서 2000년대 중반까지 방송, 영화, 한류를 함께 살펴보는 2장을 '코리안 뉴웨이브'로 묶어 이르는 것이 가장 적절하다고 판단했다.

경쟁력'과 같은 값으로 간주됐고, 이는 방송영상 영역에서 '독립제작사 육성'이라는 외주정책제도의 활성화로 이어졌다. 여기에 국가에 강하게 결속됐던 검열제도가 허물어지자 미디어 장의 행위자들은 더 큰 자유를 향해 격돌하고 경쟁했다. 다음 말은 그 변화의 핵심을 가로지른다.

극심한 경제난에 위축된 시대. 문화투자를 얘기하면 "무슨 배부른 소리냐"고 할지 모른다. 그러나 문화는 그 자체로 매우 효과적인 경제난 극복 수단. 이미 지구촌 곳곳에선 '문화로 경제를 살린다'는 기치 아래 치열한 문화산업 경쟁이 벌어지고 있다.[3]

IMF 이후 문화산업은 삶의 질을 넘어선 생존의 조건이 되었다. 2001년 김대중 대통령은 제56주년 광복절 경축사를 통해 "빛의 속도만큼이나 빠르게 변화하고 있는 지식정보화 시대에 있어 우리의 성장잠재력을 극대화하기 위한 개혁에 전력을 다해야겠다"면서 "반도체, 조선, 자동차, 철강, 섬유에 의존해왔던 수출을 첨단정보통신IT·생명산업BT·문화컨텐츠CT·환경산업ET·나노기술NT과 같은 차세대 성장산업을 병행해 발전해 나가야 한다"고 말했다.[4] 이는 IMF 시대를 기점으로 부의 창출 원천이 노동력과 하드웨어에서 지식과 창조력으로 변하고 있음을 강조하는 것이었다. 세계 시장 속에서 "일류상품"의 숫자가 미국, 중국, 일본, 내만에 크게 뒤지고 있다는 위기감은 "국민의 지적능력과 저력"이 담긴 문화산업으로 새로운 동력을 마련하자는 주장에 힘을 실어줬다.

문화가 국제경쟁력을 갖게 하자는 사회적 의지는 시장 규제 완화로 이어지더니 급기야 기업이 문화산업을 직접 지원하고 육성하도록 이끌었다. 1990년대 중반 삼성, 대우, 현대, 럭키금성(현 LG), 선경(현 SK) 등 재벌 기업들은 가전제품과 멀티미디어 하드웨어 생산에 주력하면서도 영상 소프트웨어 산업에 적극 뛰어들거나 참여할 채비를 갖추고 있었다. 대기업의 문화산업 공략으로 가장 널리 알려진 사례는 삼성영상사업단이다. 삼성그룹은 1995년 9월 제일기획, 삼성전자, 삼성물산으로 흩어져 있던 문화산업팀을 삼성영상사업단으로 통합해 인력을 600명 규모로 충원하고, 대치빌딩 12개 층에 해당하는 공간을 영상 업무 확충에 할애했다.

설탕과 밀가루 제조회사인 제일제당 역시 당시 자사 연매출의 20%가 넘는 3억 달러를 투자해 미국 드림웍스SKG의 대주주가 되었고, 투자 배당금 이외에도 일본을 제외한 아시아 지역의 판권 보유와 영화배급, 마케팅, 재무관리 등 할리우드의 운영 노하우를 지원받기로 합의했다.[5] 조직력, 정보력, 자금력을 보유한 대기업이 충무로 영화인들과 제휴하고, 식품기업이 스티븐 스필버그Steven

---

2 김아영, 「한류 직문직답 이창동」, 『한류와 문화정책』(서울: 한국국제문화교류진흥원, 2018), 27.
3 동아일보, 「문화산업으로 경제난 극복 가능」, 1998년 6월 6일자.
4 머니투데이, 「[일반] 김대통령 광복절 경축사 전문」, 2000년 8월 15일자. https://n.news.naver.com/mnews/article/008/0000086380?sid=101
5 노정동, 「"누나, 문화가 우리의 미래야"…CJ 이재현 회장이 털어놓은 1995년 '그날'」, 『한국경제』 2019년 5월 31일 자. https://www.hankyung.com/economy/article/201905313246g

Spielberg, 제프리 카젠버그Jeffrey Katzenberg가 세운 미국 기업과 투자 계약을 성사시키는 일은 문화산업의 제작과 유통에 걸쳐 규모의 경제 효과를 도모하려는 전략이었다.

당시에는 IMF 한파로 영화 제작 편수가 크게 줄어들었고, 상영관을 정상 운영할 만큼의 영화를 충분히 확보하는 게 녹록지 않았다. 1년의 5분의 2인 146일, 즉 '국산 영화 의무 상영 일수'인 스크린쿼터[6]를 채우는 것이 큰 과제일 정도였다. 그럼에도 '설탕왕'으로 불린 제당기업이 본업 밖으로 눈을 돌린 이유는 '새로운 먹거리 사업'에 거는 기대 때문이었다. '부가가치 창출', 그것은 영상사업을 포기하지 않도록 하는 구호였다.[7]

외환위기 이후 상당수 대기업이 영화산업에서 잇따라 철수[8]했지만, CJ 제일제당은 영화제작과 투자, 극장사업을 지속했다. 일신창업투자, 미래에셋 등 금융권의 투자도 본격화됐다. 특히 1998년 4월, 'CGV강변11'의 개관은 영화산업의 일대 전환기를 불러왔다. 6개 이상의 스크린을 갖춘 종합문화공간, 즉 '멀티플렉스 극장'은 자동차산업 발전에서 필수요소인 '고속도로'에 비유되곤 했는데, CGV강변11은 한국 제일제당그룹, 홍콩 골든하베스트사, 호주 빌리지로드쇼 3개국이 합작해 건설해 더 큰 관심을 모았다. 제일제당 영화관련 자회사였던 CJ골든빌리지사는 2001년까지 전국 150개 스크린을 목표로 1998년 광주 6개관, 일산 9개관 등 전국 주요 도시에 멀티플렉스를 차례로 개관했다. 극장이 온가족이 함께 즐기는 문화공간으로 탈바꿈한다면 한국 영화도 크게 발전할 것이라는 기대감이 반영된 결과였다.

비슷한 시기 동양제과도 영화 전문 유료 케이블TV 채널인 캐치원(채널31)을 인수함으로써 기존 영화채널 OCN, 만화채널 투니버스, 바둑TV 등과 함께 모두 네 개의 케이블TV 방송을 갖게 됐다. 동양제과는 1988년 미국 UIPUnited International Pictures(유니버설과 파라마운트가 합작한 배급전문회사, '직배사')[9]의 미국 영화 직접배급 반대 운동으로 몸살을 앓았던 논현동 시네하우스 극장을 인수한 데 이어 영상산업에 1,000억 원 투자 계획을 밝혔다. 또 미국 타임워너

6   2000년대 들어 대형 국내 영화배급사가 설립되고 한국영화의 질적 도약이 이뤄지면서 스크린쿼터제에 의구심을 갖는 논자들도 늘었다. 2006년 3월 정부는 스크린쿼터를 146일에서 절반인 73일로 줄이는 영화진흥법 시행령 개정안을 확정했고, 이에 대한 찬반 논란과 함께 영화인들의 반대 시위가 이어졌다.
7   이현진, 「문화에서 산업으로, IMF 이후 한국영화의 위상 변화와 인식의 전환」, 『현대영화연구』 제18호(2014): 179-205.
8   이전 시기, 이러한 변화를 추동한 주체는 폐쇄된 한국영화 제작풍토에 신선한 자극제가 된 1970년대 학번의 문화원 세대다. 이들은 1970~1980년대 주한 외국문화원이 소장한 영상자료를 섭렵하면서 영화적 감수성을 길렀다. 이상길, 「1990년대 한국 영화장르의 문화적 정당화 과정 연구 영화장의 구조변동과 영화 저널리즘의 역할을 중심으로」, 『언론과 사회』 13권 2호(2005): 63-116.
9   UIP 코리아는 2018년 12월 31일로 한국에서 퇴장했다. 이듬해 유니버설 영화를 직접배급하는 유니버설픽처스인터내셔널코리아(UPI)가 설립됐고 파라마운트의 영화는 CJ엔터테인먼트가 독점으로 배급하기 시작했다. 이들이 CJ엔터테인먼트와 손을 잡은 데는 영화사 드림웍스를 2018년에 파라마운트가 사들이면서 협력관계를 다진 것이 주된 요인이 되었다. 드림웍스는 CJ가 창업주로 참여해 아시아지역 독점 배급권을 확보한 곳이다. 극장이 없는 파라마운트로서는 한국 영화시장을 견인하면서도 극장 체인까지 계열사로 연결된 CGV엔터테인먼트를 통해 배급할 수 있다는 점에서 더할 나위 없는 선택이었다. 김소민, 「직배사 새틀짜고 한국영화 반격」, 『한겨레』 2019년 10월 20일 자. https://www.hani.co.kr/arti/culture/culture_general/183607.html

사와 전략적 제휴를 맺고, 엔터테인먼트 사업에 강한 의지를 보였다.[10] 영세한 한국 영화 제작사들이 할리우드의 대규모 자본에 의해 설 자리를 잃을 것이라는 우려, 외국문화의 일방적인 유입으로 한국 영화산업의 정체성이 위협받게 된다고 비판했던 미국 영화 직배 반대운동은 역사 속으로 잊혀갔다.

〈용가리〉는 나라의 미래?

자본의 역동성과 맞물려 정부 역시 문화산업에 대한 전략을 달리하게 된다. 재벌과 함께 국가경쟁력 강화 담론을 지탱하는 핵심 권력은 단연 정부였다. 1994년 문화체육부에 '문화산업국'이 신설됐고, 문화산업에 관한 담론은 규제와 간섭의 대상이 아닌 '지원과 육성'의 대상으로 탈바꿈되었다.[11] 1993년 김영삼 정부가 외쳤던 국제화·세계화 기조는 김대중 정부 들어서 더욱 강조됐고, 2002년에는 상영금지를 당하기 일쑤였던 영화 등급분류 보류제를 폐지해 창작의 자유를 일부나마 보장했다.[12] 1985년 상반기까지 존재했던 '칼질과 가위질'이라 불린 검열제도가 이후 사전심의제, 상영등급보류 규정 등으로 진일보하기는 했지만, 2000년 이후에 와서야 비로소 문화예술인을 옥죄던 족쇄가 조금이나마 풀린 것이다.

　1990년대 말에 이르면 1980년대 말 이래 본격화된 '영화의 문화적 정당화 과정'이 안정기에 접어들고, '영화의 산업으로의 전환' 또한 성숙기에 이른다. 1995년 통상산업부는 영화업을 서비스 업

종에서 제조업에 준하는 산업으로 분류했고, 삼성영상사업단이 영화사업 출시를 앞두고 마지막으로 투자한 영화 〈쉬리〉(1999)의 성공은 '한국형 블록버스터'의 탄생을 알렸다. 이후 정부는 신자유주의적 경제논리를 영화생산 장에도 관철시켰다. 1999년 민간투자 활성화를 모색하는 '영상산업발전정책' 추진과 영화진흥법 개정과 같은 법제도적 배열이 그것이다. 영상산업 육성 정책의 주체가 정부라는 개입 논리를 통해 미디어 장에 지속적으로 영향력을 행사한 것이다.[13] 주지하듯이, IMF 구제금융 상황에서 청와대에 들어간 김대중 대통령은 집권 초기부터 문화와 지식정보화IT를 강조하면서 문화산업과 창의산업이 21세기의 미래임을 내세웠다.

문화산업을 육성해야 합니다. 21세기는 경제와 더불어 문화의 시대입니다. 문화 상품이 공업 제품 못지않게 그 중요성이 커지고 있습니다. […] 그리고 관광 산업, 예술 교류 등이 경제 발전에 아주 중요한 역할을 할 시대가 온 것입니다. '가장 한국적인 것이 가장

10 정주호, 「식품회사들, 영상산업으로 '진격'」, 『연합뉴스』 1999년 12월 15일 자. https://n.news.naver.com/mnews/article/001/0004488140?sid=101
11 신현준, 「문화의 산업화에서 산업의 문화화로: 한국 대중문화 생산 패러다임의 변화 1996~2006」, 『계간 문화예술』(나주: 한국문화예술위원회), 36.
12 장신기, 「아시는가, 김대중이 '한류 개척자'였다는 사실을」, 『오마이뉴스』 2022년 8월 18일 자. https://www.ohmynews.com/NWS_Web/Series/series_premium_pg.aspx?CNTN_CD=A0002857734
13 이상길, 「1990년대 한국 영화장르의 문화적 정당화 과정 연구 영화장의 구조변동과 영화 저널리즘의 역할을 중심으로」, 『언론과 사회』 13권 2호(2005): 63-116.

세계적인 것과 만나는' 문화 산업의 개발에 힘써야 합니다.[14]

기존 보수 정부가 고수했던 문화정책 기조의 전복은 여러 지표에서 발견된다. 김대중 대통령은 1998년 12월 5대 국정지표에 지식기반 확충과 문화관광 진흥을 과제로 내세우고 이 과제를 각종 정책으로 뒷받침했다. 1998년 문화일보 회견에서 문화산업진흥기본법 제정 및 문화산업진흥기금 조성계획이 천명됐고, 1999년 2월 문화산업진흥기본법이 제정된 후 3월에는 문화산업진흥 5개년 계획이 수립됐다.[15] 문화산업진흥기본법은 1999년부터 2004년까지 5년간 5,000억 원을 목표로 방송영상진흥기금, 영화진흥금고 등 문화산업 관련 기금과 자금을 문화산업진흥기금으로 일원화해 수출 전략 상품을 제작하기 위한 방편이었다.[16] 이러한 흐름 속에서 김대중 정부에서 처음 설계한 1999년 예산 중 문화 부문 예산은 전년 대비 37.1% 늘었고, 이듬해에는 45%가 인상되어 2000년에는 정부 예산의 1.02%를 차지하기에 이른다. 이 전후 시기인 1994년에서 2011년까지 문화콘텐츠 예산을 금액으로 단순 비교했을 때 "17년간 약 56배"에 달할 만큼 그 비중이 커진 것이다.[17]

문화산업에 대한 정부의 지향점은 '신지식인 운동'으로 갈음된다. 1999년 제2의 건국 캠페인 일환으로 심형래를 신지식인 1호로 선정한 것이 대표적인 사례다. 감독 심형래의 〈용가리〉는 개봉 전 칸영화제 필름마켓에서 272만 달러(약 37억 원)의 수출계약을 체결했는데, 국정홍보처는 이것이 나라의 미래임을 강조했다. "이제 안 된다는 소리는 마십쇼. 못 해서 안 하는 게 아니라 안 해서 못 하는 겁니다. 자기만의 새로운 아이디어가 있다면 당신도 신지식인입니다"라고 외치는 광고 속 심형래의 모습은 신지식인에게 나라 발전을 감당하라고 요구하는 국가적인 미션이었다. 이는 "한국 경제가 문화산업 없이는 성장의 출구를 찾기 힘든 상태로 진입"[18]했음을 알렸다.

이러한 정책적 변화 이외에도 영화 관련 기업의 코스닥 상장 역시 IMF 이후 영화산업 이미지 변화에 결정적인 역할을 했다. 당시 언론에서는 영화 관련 업체의 연 20% 고도성장을 전망하고, 영화산업을 유망 업종으로 평가했다. 2001년 11월 하나은행이 시네마서비스, 로커홀딩스와 손잡고 '하나 시네마 투자신탁 1호'를 출시했는데, 이는 일반고객의 신탁자금을 영화제작에 투자해 흥행실적에 따라 수익금을 배당하는 신탁상품이었다.[19] CJ엔터테인먼트는 영

---

14 장신기, 「아시는가, 김대중이 '한류 개척자'였다는 사실을」, 『오마이뉴스』 2022년 8월 18일 자. https://www.ohmynews.com/NWS_Web/Series/series_premium_pg.aspx?CNTN_CD=A0002857734&SRS_CD=0000015489
15 양재완, 「21세기 새로운 문화비전 '창의한국' 건설」, 『나라경제』 제168호(2004). https://eiec.kdi.re.kr/publish/naraView.do?cidx=4739
16 이대현, 「문화산업진흥기금 '그림의 떡' 안돼야」, 『한국일보』 1999년 1월 18일 자. https://www.hankookilbo.com/News/Read/199901190052356641
17 김규찬, 「한류 20년, 문화산업 정책」, 『사드, 그 이후의 한류』(서울: 한국국제문화교류진흥원, 2017), 19-43.
18 신현준, 「문화의 산업화에서 산업의 문화화로: 한국 대중문화 생산 패러다임의 변화 1996~2006」, 『계간 문화예술』(나주: 한국문화예술위원회, 2006), 36.
19 김두영, 「[금융]하나은행 '시네마투자신탁' 판매」, 『동아일보』 2009년 9월 18일 자. https://www.donga.com/news//article/all/20011128/7763878/9

화사로서는 처음으로 코스닥 심사에 통과해 일반 투자자의 자금을 유치할 수 있게 됐다. 이 두 사건은 한국 영화산업이 제작과 투자비용을 은행권과 코스닥을 통해 안정적으로 확보할 수 있는 산업화의 초읽기 단계에 진입한 것으로 평가됐다.[20] 이 무렵 영화 투자자를 위한 전문 교육 프로그램도 속속 개설됐는데, 시네마테크 부산이 대표적이다. 이들은 한국 영화산업과 영화경제학 개론, 영화 제작, 자본, 유통, 마케팅, 정책론, 세계영화시장, 투자전략을 종합적으로 소개하는 영화산업 투자론 강의를 처음으로 열었다. 영상문화와 대중문화를 향한 전 사회적 열정은 "문화를 팔자"라는 문화산업 그 자체, 즉 경제를 최우선의 가치로 추켜세우는 방향으로 이끌었다.

'0'과 '1'의 마법

IMF 사태라는 복병에서 유의해서 봐야 할 또 다른 사건은 바로 '방송의 디지털화'다. 방송기술이 기존의 아날로그에서 디지털 방식으로 전환되는 기술적 변화는 영상, 음성, 문자, 그래픽, 데이터, 제어신호 등 모든 정보를 0과 1의 두 가지 상태(비트)만을 사용해 동일하게 처리할 수 있는 신호처리 방식을 의미한다. 여기에는 두 가지 이점이 있다. 첫째, 디지털 신호는 아날로그 신호에 비해 잡음에 강하다. 신호 전송에 필요한 주파수 범위를 크게 압축할 수 있고, 이는 곧 많은 채널에 여러 가지 정보를 제공하는 데 용이하다. 연장선에서 다채널화, 고선명화, 고기능화가 가능해진다. 이는 방송사 업자에게 새로운 사업기회를 확대하고, 전자·영상소프트 업계에도 큰 파급효과를 일으킬 것으로 예측됐다. 하드웨어와 소프트웨어 두 분야가 동반성장함으로써 산업 고도화와 국제경쟁력 강화를 견인할 것이란 기대감이었다.[21] 2010년 이전과 이후를 가르는 텔레비전의 기술적 차이에서 핵심은 SDStandard Definition(표준화질)에서 HDHigh Definition(고화질)로의 전환이었다.

1999년부터 디지털TV 실험 방송을 시작했던 정부는 2000년 디지털방송 추진위원회를 구성하고 방송의 디지털화를 알렸다.[22] 가장 적극적인 의지를 보인 곳은 민영방송사 SBS였다. 2001년 SBS는 HD급 오디오, 비디오 콘텐츠를 제공해 컬러TV 이후 한 차원 높은 영상을 보여주는 데 앞섰다. 하지만 방송의 디지털화에서 중요한 것은 머리카락 한 올 한 올의 움직임까지 선명하게 볼 수 있는 가시적 속성이 아니다. 디지털 기술이 유무선 통신기술과 접목되어 방송의 경계를 허물고, 시청자의 생활환경을 급속히 바꿔놓는 것이야말로 더욱 큰 파급력을 예고했다. 전통적 개념인 방송broadcasting은 다매체 다채널화로 협송narrow-casting 단계를 거쳐 시청자 개개인에게 필요한 메시지를 선별해 이용할 수 있도록 하는 개송person-

20   김학수, 『한국 영화산업 개척자들』(서울: 인물과사상사, 2003), 150.
21   강상현, 「방송의 디지털화와 공영방송의 매체전략」, 『한국방송학보』 10호(1998): 7-51.
22   정천기, 「디지털방송 추진위원회 구성」, 『연합뉴스』 2000년 7월 11일 자. https://entertain.naver.com/read?oid=001&aid=0000014384

표 2. 디지털화에 따른 방송산업의 특성 변화

구분	아날로그 구경제 (실물재화 경제)	디지털 신경제 (지식기반/네트워크 경제)
경영환경	예측 가능성	복잡계 경영
방송 통제권	방송사	이용자(고객)
주요 방송시간대	프라임타임	상시
방송의 주요 재원	광고	이용자 부담
광고 경향	과장, 과대	내용 위주
편성 기준	극적 효과	정보 중심
편성 비용	고비용	천차만별
산업영역	매스미디어	개별화된 미디어
방송사업 안정성	안정적	가변적
성공 요건	건실 경영	예측 경영

출처: 강상현, 「방송의 디지털화와 공영방송의 매체전략」, 『한국방송학보』 10호(1998): 7-51; 돈 탭스콧, 『디지털 경제를 배우자』, 김종량, 유영만 옮김(경기: 물푸레, 2000), 15-70; 김종한, 「디지털 경제시대의 도래와 경제학의 새로운 과제」, 『상경연구』 15권 2호: 265-289.

al-casting 단계로까지 발전할 것이라는 전망이 충분히 의미가 있었던 셈이다.[23] 모든 신호처리와 전달 기술이 디지털로 수렴되면서 방송망과 통신망 전송체계가 통합되는 추세는 '수동적 시청자'를 누구든지, 언제나, 어디서나, 어떤 것이든 접근해 이용할 수 있도록 만드는 '적극적인 이용자'로 변모시켰다.[24] 이를 지탱하는 구조, 즉 디지털화에 의한 산업경제구조의 변화를 '구경제old economy'로부터 '신경제new economy'로의 이행으로 본다면, 1990년대 후반부터 2000년대 초반까지 일어난 방송산업의 구조변화는 아래와 같이 도식화된다.[25]

종합해 볼 때 IMF 외환위기 이후 김대중 정부 시기에 이르러 '문화의 산업화' 담론은 새 시대 패러다임이 되었다.[26] 조선, 반도체, 철강, 자동차 등 사회 전반에서 대규모 노동과 자본을 투여해야 하는 경직된 대량생산체제인 포드주의 시대는 점차 효용가치를 잃어갔다. 그 대신 유연하고 네트워크화된 생산에 기반해 혁신을 통해 생산성 증대를 지향하는 포스트 포드주의로의 이행은 점차 속도를 더했다. 그 중심에는 지식노동으로서의 문화산업이 전제됐다. 이는 탈산업사회에 의해 재구조화된 세계경제 양상을 반영한 결과이자 1990년대를 풍미했던 경제 서사인 '지식기반경제'의 발현과도 같았다.[27]

여기서도 핵심은, 정보통신산업을 필두로 한 신경제 시대 방송영상산업의 디지털화가 매스미디어 방송산업의 독과점 체제를 벗

---

23 강상현, 「방송의 디지털화와 공영방송의 매체전략」, 『한국방송학보』 10호(1998): 7-51.
24 이종권, 「디지털기술과 방송환경 변화」, 『방송문화』(서울: 한국방송협회, 1996), 14-17.
25 김종한, 「디지털 경제시대의 도래와 경제학의 새로운 과제」, 『상경연구』 15권 2호 (1999): 265-289.
26 서동진, 『자유의 의지 자기계발의 의지: 신자유주의 한국사회에서 자기계발하는 주체의 탄생』(서울: 돌베개, 2010), 100.
27 지주형, 『한국 신자유주의의 기원과 형성』(서울: 책세상, 2011), 245.

어나 개별화된 미디어를 통해 더 많은 채널, 더 많은 시청자에게 도달할 채비를 갖췄다는 데 있다. 프라임타임대에 몰렸던 방송 편성과 광고는 디지털 시대로 진입하면서 '비자발적 징수' 또는 '자발적 구독'에 의존하는 미래를 예견케 했다. 이미 이 시기 디지털 영상기술의 발전을 두고 '필름 없는 영화', '인터넷 영화관', '안방 영화관'의 보편화[28]가 전망됐는데, 이는 넷플릭스 이후의 환경과 놀랍도록 닮아 있다.

'방송영상 한류'의 지향

텔레비전 방송을 통해 아시아 지역에서 유통된 드라마가 한류의 효시 격이라는 사실은 널리 알려져 있지만, 영화는 한류 논의에서 반발짝 물러나 있었다. 극장 개봉을 넘어서는 해외 배급망이 마련되지 못했고, 해외 수출이라 해도 주로 아트하우스 영화에 국한된 탓에 대중적 팬덤이 형성되는 데도 한계가 있었다. 그럼에도 2000년대 초반부터 '한국영화의 새 물결'이 회자되면서 영화가 '한류 콘텐츠'로 언급되는 계기가 마련됐다. 영화제작사 청어람의 최용배 대표는 한 언론사와의 인터뷰를 통해서 박찬욱 감독의 〈공동경비구역 JSA〉(2000)나 강제규 감독의 〈쉬리〉(1999) 이후 "오랜만에 한국영화를 봤는데 재미있더라는 관객평이 나오곤 했다"면서 "속된 말로 때깔이 좋은 영화가 한국에서도 제작되기 시작했다"고 언급한 바 있다.[29] 주지하듯이 한국영화의 양질 도약 계기가 된

일군의 영화들은 새로운 정책집단이 "검열과 과감히 작별"[30]하면서 등장한 콘텐츠임을 기억할 필요가 있다. 당시 강제규 감독은 "할리우드에 대적할 만한 블록버스터를 만들겠다"며 출사표를 던졌는데, 〈쉬리〉는 "할리우드 영화 메이킹 다큐멘터리를 통해 가능한 것과 불가능한 것을 가려 찍은 작품"이었다. 결국 〈쉬리〉는 개봉 21일 만에 전국 620만 관객을 동원했고, 당시 최고 흥행작이었던 할리우드 블록버스터 〈타이타닉〉 제작비의 100분의 1도 안 되는 비용으로 큰 성공을 거뒀다. 외환위기의 상처를 치유한 김대중 정권의 국민영화는 일본 시장에서도 처음으로 100만을 동원하며 한국영화 해외수출의 물꼬를 텄다.[31] 여기에 홍상수, 김기덕, 이창동, 박찬욱, 봉준호 등 영화감독이 해외 영화제를 통해 이름을 알리면

---

28 이명조·김인철·정열, 「〈밀레니엄 특집〉 ②디지털 시대의 대중예술」, 『연합뉴스』, 1999년 12월 24일 자. https://m.entertain.naver.com/home/article/001/0004499843
29 이대희, 「한국영화 100년, 이대로는 미래 어둡다」, 『프레시안』 2019년 11월 1일 자. https://www.pressian.com/pages/articles/263505
30 이전 시기 한국문화는 "경제발전을 위한 이데올로기적 통제 장치"로 간주됐다. 정종은, 『한류 맥 짚기』(서울: 진인진, 2023), 14. 또한 문화정책은 '국풍 81'과 3S(Sex, Sprots, Screen) 정책이 상징하듯이 군사독재로 인한 민심의 반발을 억제하고, 급속한 경제성장의 톱니바퀴 역할로 지친 국민들에게 위로와 여흥을 제공하는 장식품으로 취급됐다. 검열과 무시로 점철됐던 '개발주의 문화정책' 시대가 저물고, 팔길이 원칙(자유/자율성의 원칙)과 국가기간산업화 담론에 기초를 둔 '신개발주의 정책 시대'가 열리면서 한류는 21세기 대한민국이 이뤄낸 최대 성취로 지목됐다. 정종은, 같은 책, 57-63.
31 정종화, 「한국형 블록버스터 '쉬리' … 영화 한류, 그 시작을 알리다」, 『서울신문』 2019년 10월 7일 자. https://en.seoul.co.kr/news/entertainment/movieN/gks/2019/10/08/20191008022001

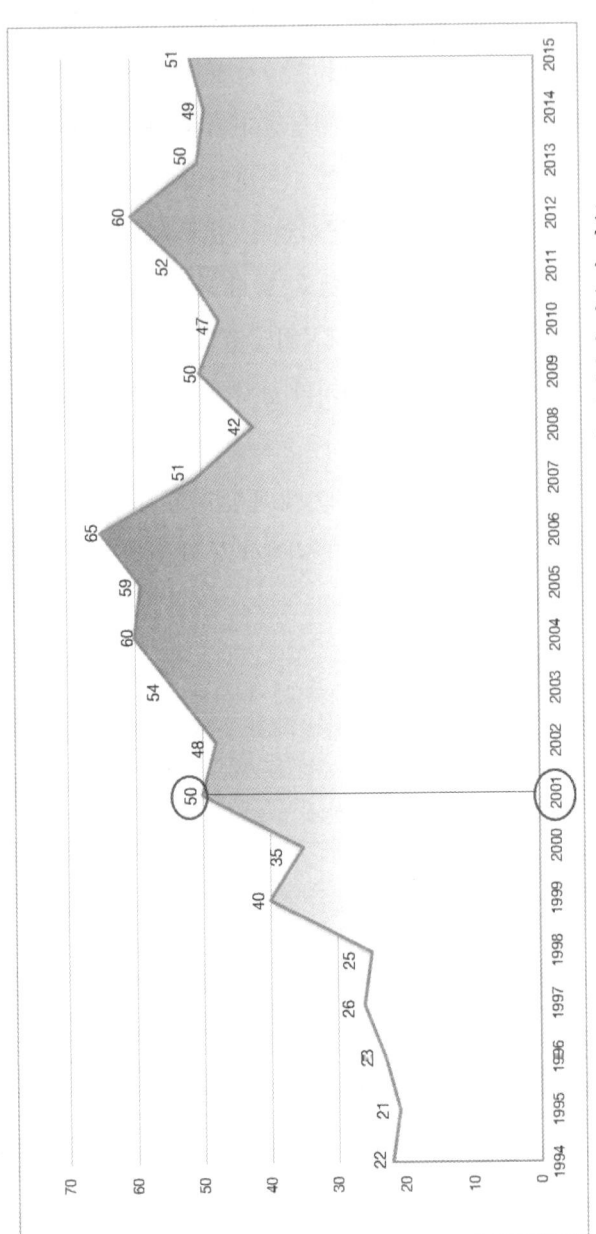

그림 1. 한국 영화의 국내 영화시장 점유율(1994~2015) (단위: %, 소수점 첫째자리 반올림 적용)
출처: 영화진흥위원회 <한국영화연감> 각 년도, 영화관입장권통합전산망.
https://www.kobis.or.kr/kobis/business/stat/them/findYearlyTotalList.do

서 '한국영화의 누벨바그'를 일으킨 것으로 평가받기 시작[32]할 무렵 한국 영화 점유율도 급속도로 상승했다. 〈그림 1〉에서 확인할 수 있듯이 1998년까지만 해도 20~25% 수준에 머물렀던 한국 영화 점유율은 2001년 이후 50% 안팎을 유지했고, 이러한 경향은 근 20년 가까이 이어졌다.

독립제작사 시대의 개막

방송영상 한류를 논할 때, 해당 시기 한국 방송영상산업에 중요한 정책적 개입이 이뤄졌음을 기억할 필요가 있다. 바로 외주제작의 무편성비율 정책의 시행이다. 기존의 수직적 통합구조에서 주축은 방송사였다. 작가와 연출자, 연기자 모두가 방송사 내부에 소속되었고, 각 영상물은 이들을 적절히 결합해 제작됐다. 그런데 이러한 구조는 1991년 외주제작의무비율 정책 시행을 계기로 해체되기 시작했다. 외주제작 의무규정에는 두 가지 목적이 있었다. 하나는 방송사의 편성 자유를 제한함으로써 자연독점의 폐단을 줄이고, 관련 사업자의 시장 참여를 보장해 제작 기반을 확장하려는 목적이다.[33] 하지만 그에 못지않게 중요하게 고려된 다른 하나는 방송영

---

32 이지현, 「2000년대 한국영화의 국제 교류에 관한 연구: 국내와 해외의 국제영화제와 영화의 한류에 관하여」, 『현대영화연구』 30호(2014): 139-178.
33 한진만, 「외주정책의 현황과 대책」(서울: 독립제작사협회, 2003), 2.

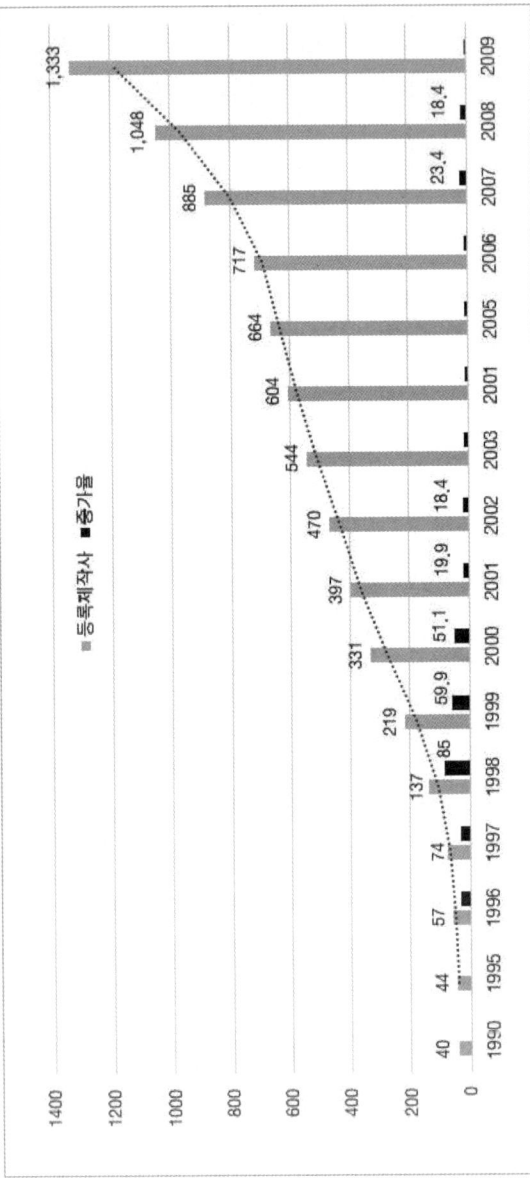

그림 2. 문화체육관광부 등록 외주제작사 수(1990~2009) (단위: 개)
출처: 문화체육관광부 〈등록제작사 신고현황〉 각 년도; 박은희·노동렬·이정훈, 「외주정책 성과평가 및 외주제작사의 비즈니스모델에 관한 연구」(나주: 한국전파진흥원, 2010), 23.

상 수요 시장의 확대를 통한 '국제경쟁력 제고'였다.[34] 앞서 언급했듯이 1990년 종합유선방송의 등장으로 프로그램 수급이 긴요해진 상황은 다매체·다채널 시대로 규정되었다. 시장 환경 역시 이에 걸맞게 조성돼야 한다는 주장은 외주정책 도입을 통한 '한국 방송물의 국제경쟁력 향상' 논의와 직결됐다. 달리 말해, 미래 방송산업을 전망할 때 다매체·다채널 환경에 유연하게 대응해야 한다는 인식, 새로운 채널에 실어 나를 프로그램이 수급되지 않는다면 외국 프로그램 의존도가 높아져 문화종속을 초래할 수 있다는 우려가 외주정책을 추동한 것이다.[35] 그중 〈겨울연가〉는 2000년대 초중반부터 본격적으로 쏟아져 나온 외주제작 드라마 중에서 가장 성공적인 해외시장 진출 사례로 간주됐다. 총 제작비 40억 원 가운데 마케팅 비용에 3억 원이 투입됐고, 다양한 부가사업이 최초로 성공했다. 이는 외주제작사의 쾌거라 마땅히 여겨질 만했고, 게다가

---

[34] 김재영, 「국내 외주제작 정책에 대한 평가와 반성」, 『방송문화연구』 15권 2호 (2003): 161-184. 물론 방송사 자체의 수출 노력이 없었던 것은 아니다. 1990년에서 1991년에 걸쳐 각 방송사에서는 방송사 이름에 사업단, 프로덕션(KBS영상사업단, MBC프로덕션, SBS프로덕션)이라는 단어를 붙여 지상파 드라마의 수출을 늘려가기 위해 애를 썼다. 하지만 이들이 해외 진출을 온전히 감당하기에는 역부족이었다. 가령 88올림픽 이후 대만, 홍콩을 중심으로 한국 방송의 해외 수출 바람이 일기 시작했는데, 1993년만 해도 국제규격에 맞는 프로그램 수는 만화영화, 다큐멘터리 등 스무 편에 지나지 않았다. 김윤지, 「낭만의 시대에서 투자의 시대로」, 『한겨레』 2022년 9월 13일 자. https://www.hani.co.kr/arti/economy/economy_general/1058383.html

[35] 박은희·노동렬·이정훈, 「외주정책 성과평가 및 외주제작사의 비즈니스모델에 관한 연구」(나주: 한국전파진흥원, 2010), 19.

KBS에서 나와 팬엔터테인먼트로 자리를 옮긴 윤석호 피디의 첫 드라마였기에 그러한 성공의 파급 효과가 더욱 강렬했다. 사고의 한계가 깨지고 다양한 기획의 포문이 열리는 계기가 마련된 것이다.

〈겨울연가〉 등장 시기와 가까운 2000년에는 독립제작사 창업이 급격히 늘었다. 같은 해 방송법 개정이 발효되면서 방송환경 변화에 대한 기대감이 구체화됐기 때문이다. 1990년 8월 방송법 제정 이후 외주제작사 수는 시행 전 44개에서 2009년 1,333개로 약 30배 늘었고, 외주정책이 일정 부분 정착된 1999년부터 2008년까지 외주제작사 수는 약 5배 증가했다(〈그림 2〉). 특히 1998년부터 2000년까지 연간 증가율은 전년 대비 최대 85%를 보일 정도로 급증했고, 이러한 수적 증가는 외주정책이 달성한 최대 성과로 간주됐다.[36] 외주제작 프로그램 편성 비율도 1991년 도입 초기에는 전체 방송시간의 3%로 한 자리 수준에 그쳤지만, 2년 만에 10%대로 조정되었고, 정책이 자리 잡은 2000년대 초반 이후에는 약 40%대로 껑충 뛰어 그 비율이 20년간 지속적으로 늘었다.[37] 2003년 이후 비율은 의무편성비율을 초과한 것으로 해당 시기부터는 지상파 방송사의 외주편성이 법적 의무를 충족하려는 것을 넘어 방송사 내부의 필요에 의한 것으로 간주된다.[38] 특히 저녁 7시부터 밤 11시까지 주 시청 시간대 외주편성 비율Prime Time Access Rule: PTAR이 별도로 적용되면서 외주 프로그램 비율은 더욱 상승했다. 정책 도입 초기에 방송 3사 평균 약 20%대였던 주시청시간대 편성비율은 2003년에 이르자 28%(KBS1, KBS2, MBC), 40%(SBS)를 넘어섰다.[39] 프라임타임은 광고물량 집중에 따른 방송사 수익 증가뿐 아니라 시청자의 여가와 관련해서도 매우 중요하다. 이 프라임타임 편성비율 변화는 곧 외주제작 프로그램에 대한 인식 변화에 청신호가 켜진 것과 같았다.

큰 틀에서 외주정책은 1994년에 마련된 방송위원회의 선진방송정책자문위원회의 선진방송진입을 골자로 했고, 이는 문화부 정책에 따라 조응했다. 1998년 10월 '방송영상산업 진흥대책'으로 방송영상산업을 국가 전략산업으로 선정했던 문화관광부는 2001년 6월 '디지털 시대 방송영상산업진흥 추진전략'을 통해 방송영상 한류 육성의 정점을 향했다. 2005년까지 방송영상선진국에 진입하기 위해서는 독립제작사 육성이 필수라며 세운 전략이었다. 이에 따라 지상파 외주비율을 2002년 35%, 2003년 40%로 끌어올리고, 2003년부터는 매출액의 일정액을 외주제작에 투자하도록 하는 제작비 쿼터제 시행을 제안했다.[40]

하지만 방송영상의 국제경쟁력 제고는 외주제작 정책만으로는

---

36   같은 글, 22-23.
37   권호영, 「외주정책의 새로운 지평 탐색」, 『코카포커스』(나주: 한국콘텐츠진흥원, 2013), 1-16.
38   박은희·노동렬·이정훈, 「외주정책 성과평가 및 외주제작사의 비즈니스모델에 관한 연구」, 23.
39   박소라, 「지상파 방송사의 외주제작 프로그램 거래 과정 특성에 관한 연구」, 『방송과 커뮤니케이션』 2권(2001): 75-112.
40   박소라·양현모, 「외주정책이 제작시장과 외주제작 공급 및 프로그램 다양성에 미친 영향에 관한 연구」, 『한국방송학보』 20권 1호: 50-95.

달성하기 어려운 정책 목표였다. 문화부는 이미 방송 한류가 가시화되기 이전부터 '수출지원 정책'을 준비해왔다. 앞서 언급했듯이 문화산업국이 설치된 1994년은 우루과이라운드UR 타결로 문화산업 분야의 시장개방이 본격화된 때이고, 이듬해 세계무역기구 WTO 체제의 출범은 외국 자본의 국내 문화시장 진입을 수월하게 했다. 영화인들은 1997년 외국 직배사의 점유율 상승이 국내 산업의 위축을 가져올 것이라며 영화관에 뱀을 풀어 시위로 맞대응하기도 했다. 뒤집어 말하자면 국내 산업의 취약성이라는 한계가 해외시장 개방에 대한 거부감으로 발현된 셈이다.

그렇다면 정부의 수출지원 정책은 어떤 방식으로 전개됐을까. 오늘날 널리 알려진 글로벌 방송영상 마켓인 밉티비MIP-TV와 밉콤MIP-COM은 1995년부터 시작됐다. 한국 정부는 이들 마켓에 전시부스 설치와 참가비를 지원해왔다. 2001년 11월 부산에서 열린 제1회 국제방송영상물견본시는 1996년에 시작된 부산국제영화제나 부천국제판타스틱영화제와 달리 수출입 상담과 매매 계약을 통한 영상물 '거래'가 이뤄지는 첫 국제견본시였다. 영국 BBC 월드와이드, 일본 NHK, 중국 CCTV, 독일 도이치벨레, 미국 내셔널지오그래픽, 디스커버리, 호주의 그라나다 등 외국의 주요 방송사뿐 아니라 전 세계 25개국 110개 회사의 미디어 전문가 1,000여 명이 참여한 제1회 국제방송영상물견본시는 한국 방송 프로그램이나 영화의 질적 수준이 할리우드나 외국 작품에 뒤지지 않는다는 믿음 아래 진행됐는데, 당시 첫 행사에서 거둔 프로그램 거래액은 600만 달러(약 80억 원)에 달했다.[41] 특히 자본과 네트워크가 제한적인 독립·중소제작사의 경우 국제 마켓을 통해 피칭 기회를 확보하고 해외 바이어와 연결되어 가시적인 성과를 낼 수 있다는 점에서 그 의미를 찾을 수 있다.

41 김병억, 「〈제1회 국제 방송영상물 견본시〉 아시아 최대 콘텐츠 마켓을 주시하라」, 『전자신문』 2001년 11월 14일 자. https://www.etnews.com/200111130056

3장 엑소더스의 서막

한국 방송영상물의 해외시장 진출 가능성을 어느 정도 확인하게 되자 외주제작사들은 복잡한 심사 절차가 생략된 우회상장을 통해 거래소에 입성하기 시작했다. 갑작스레 맞이한 한류에 대응하기 위해 더 많은 자본을 조달해야 했기 때문이다. 2004년 IHQ, 2005년 올리브나인, 2006년 JS픽쳐스, 키이스트, 삼화네트웍스, 2007년 김종학프로덕션이 코스닥 시장에 입성했고, 〈겨울연가〉의 팬엔터테인먼트는 2006년 드라마 제작사로서는 최초로 직상장을 통해 증권시장에 진입했다. IHQ, 팬엔터테인먼트, 삼화네트웍스, 초록뱀 등 주요 드라마 제작사 4사는 2011년 12월 종합편성채널이 출범한 이후 적게는 20%에서 많게는 50%까지 주가가 상승했고, 지상파 3사와의 가격 협상에서도 유리한 위치를 점하게 됐다. 이들은 코스닥 우회상장을 계기로 기업의 투명성을 확보하는 동시에 제작 산업 전반에 긍정적인 효과가 미칠 것을 기대했다.

하지만 기대와 달리 대다수 외주제작사는 만성 적자를 벗어나지 못했다. 우회상장을 목표로 무리하게 외형을 확장하면서 부실이 커진 것이다. 코스닥 상장 독립제작사 중 2006년부터 2008년까지 지속적인 흑자를 보인 제작사는 단 한 곳도 없었다. 장외에서 꾸

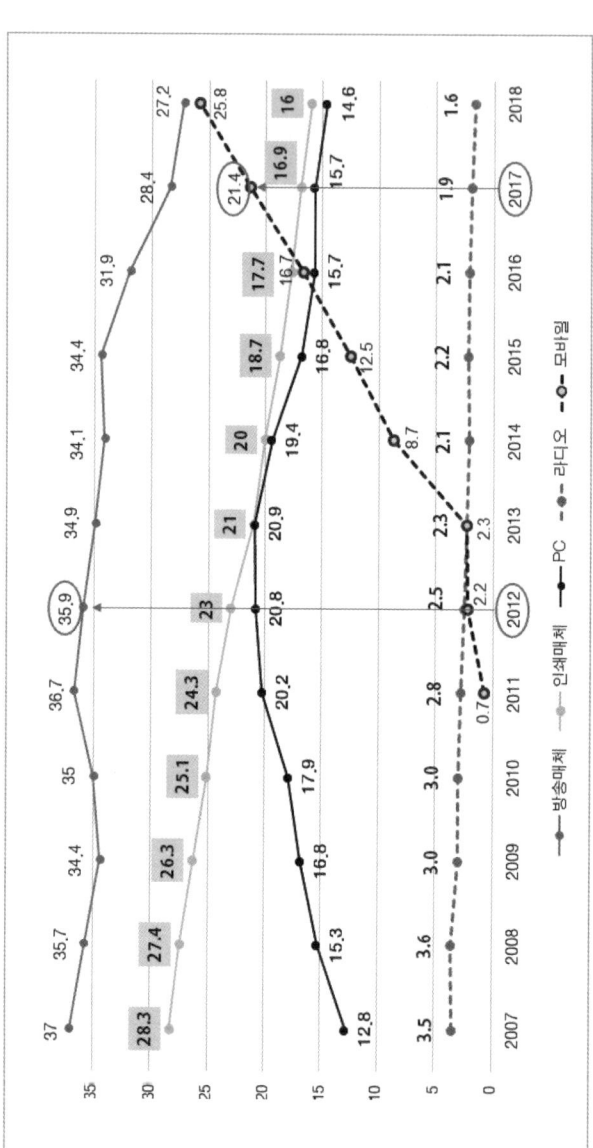

그림 3. 주요 매체별 광고비 비중 추이(2007~2018) (단위=%)
출처: 제일기획 「광고연감」 각 연도, 방송통신위원회, 「2019 방송시장경쟁상황평가」(경기: 방송통신위원회, 2019), 172.

준히 수익을 냈던 엔터사도 대부분 적자로 돌아섰다. 2008년 예당 엔터테인먼트는 561억 원, 김종학프로덕션은 126억 원의 적자를 기록했고, 〈주몽〉의 공동제작사 올리브나인과 초록뱀은 자본잠식률 50% 이상이라는 사유로 한국거래소로부터 관리종목으로 지정되었다.[1] 영업 적자가 누적되어 이익 잉여금이 마이너스가 되자 누적된 적자로 상장 폐지되거나 해외 기획사에 매각되는 일도 일어났다. 2010년 올리브나인의 상장 폐지에 이어 〈올인〉, 〈추노〉를 제작한 초록뱀미디어는 적자 경영을 이어오다가 2014년 12월 중국 공연기획사에 매각됐다. 한때 바이오 종목군과 함께 코스닥 시장의 한축이 됐던 이들의 화려한 꿈은 무색하게 사그라들었다.

총매출액의 80% 이상을 방송사가 거둬들이는 수익배분 구조 아래에서 외주제작사들은 제작비를 맞추지 못해 적자를 떠안는 악순환을 반복했다. 이를 "시한폭탄"에 비유한 〈주몽〉의 최완규 작가의 말처럼 한국 방송영상산업은 한류라는 겉보기의 화려함에 비해 영세성을 쉽게 벗어나지 못했다. 총 제작비의 60~70% 수준만을 감당했던 방송사 예산만으로는 이른바 '웰메이드 드라마'를 만들기 어려웠고, 외주제작사는 제작협찬과 브랜드 로고를 노출시키는 간접광고로 제작비를 조달할 수밖에 없었다. 더구나 인터넷, 케이블TV와 같은 뉴미디어의 인기가 높아지면서 방송광고시장 전반이 위축됐다.[2] 〈그림 3〉과 같이 방송매체의 광고비 비중은 2011년

---

1 이지은, 「주몽·태사기 제작사의 이유있는 '몰락'」, 『아이뉴스24』 2009년 8월 21일 자. https://www.joynews24.com/view/437117

표 3. 주요 드라마 제작사 연도별 순이익(2006~2011) (단위= %)

구분	2006	2007	2008	2009	2010	2011	대표작 (*특이사항)	시청률
IHQ	(54.2)	14.4	(166.7)	(47.9)	(79.1)	8.1	뿌리깊은 나무 (SBS)	25.4%
초록뱀	(86.6)	(186.3)	(31.1)	(95.0)	(63.9)	8.7	오작교 형제들 (KBS)	33.3%
팬엔터	35.8	3.9	(0.8)	429	73	3.8	해를 품은 달 (MBC)	23.4%
삼화 네트웍스	13.5	(23.4)	16.7	27.3	49.57	(14.5)	폼나게 살거야 (SBS)	10.4%
제이에스 픽쳐스	-	-	-	6.9	2.64	4.84	피아노 (SBS)	40%
올리브 나인	(109.2)	(43)	(84)	(76.3)	(33.4)	상장폐지	프라하의 연인 (SBS)	28%
김종학 프로덕션	3.8	(386.4)	(126.2)	(35.62)	(2.46)	(140.0)	풀하우스 (KBS)	40%
예당 컴퍼니	(324.9)	(220.5)	(561)	0.0003	(6.83)	7.1	*바나나컬쳐로 변경	-
스타맥스	(6.9)	5.6	(148.8)	상장폐지			*삼성그룹 지원	-
옐로우 엔터	(141.7)	(1.2)	(69.2)	바이오산업체로 변경			-	-

출처: 금융감독원 전자공시시스템, ABG닐슨미디어리서치.
* 전국 최고시청률 기준.

36.7% 이후 일관된 하락세를 보인 반면 같은 해 0.7%로 시작된 모바일 비중은 급속도로 커져 2017년을 기점으로 20%를 넘어섰다.[3] 2000년 이후 전체 광고시장에 비해 방송광고 비중이 줄어드는 가운데 방송사를 상대로 드라마를 공급해 이를 주 매출원으로 삼았던 외주제작사들은 가혹하게 휘청였다. 방송사의 광고 수익은 외주제작사의 제작비와 직결되기 때문이다.

그렇다면 방영권과 저작권, 시청률 상승에 따른 상징자본 획득

표 4. 지상파 사업자별 방송사업 매출 및 영업손익(2011~2016) (단위=억 원)

구분		2011	2012	2013	2014	2015	2016
KBS	방송사업 매출	14,157	15,040	14,855	14,833	15,324	14,714
	영업손익	(651)	(380)	(274)	(455)	(211)	16
MBC	방송사업 매출	8,672	7,836	8,051	7,966	8,434	8,294
	영업손익	740	152	160	(270)	114	22
SBS	방송사업 매출	7,028	7,357	6,901	7,775	7,517	7,775
	영업손익	827	407	284	(128)		(89)

출처: 방송통신위원회 「방송산업 실태조사 보고서」 각 년도.
* 영업손익: 매출액에서 영업비용을 차감한 값.

과 추가 광고 수익까지 모두 보유한 방송사는 어땠을까? 아이러니하게도 방송사 역시 적자를 면치 못했다. 〈표 4〉가 보여주듯이 KBS는 2011년 651억 원을 시작으로 줄곧 적자를 보였고, 2014년부터는 MBC와 SBS 모두 크게 적자를 냈다. 방송사들은 외주제작사 선정과 관리감독에도 소홀했다는 평을 받았다. 방송은 끝났지만, 스태프에게 인건비를 주지 못하는 외주제작사도 있었고, 드라마 경험이 전무한 제작사에 제작을 맡기는 일마저 벌어졌다. 제작사 내에 전문 인력이 부재한 상황에서 울며 겨자 먹기 식으로 일하는 배우와 스태프가 있는가 하면, 급기야 출연료 미지급 사태마저

2 노동렬·박종구·강신규·이수엽, 「간접광고 도입 등에 따른 협찬제도의 효과적 규제방안 연구」(서울: 한국방송광고진흥공사, 2013), 86.
3 정보통신정책연구원, 「2019 방송시장경쟁상황평가」(경기: 방송통신위원회), 35.

심심치 않게 터져 나왔다. 제작비가 제대로 쓰이고 있는지, 출연진이나 스태프가 임금을 제대로 받고 있는지는 방송사의 관심 밖이었다. 2000년대 내내 드라마 시장에는 '제작할수록 손해'라는 말이 유령처럼 떠돌았다. '파산 카운트다운'에 돌입한 드라마계의 문제는 외주제작제도라는 정책적 개입을 무색하게 만들었다. 그 제도의 과실이 소수 방송사에도, 다수 외주제작사에도 분배되지 않는 기이한 현상이 계속된 것이다.

시장규모가 작고 분배할 자원이 부족한 상황에서 승자의 저주현상The Winner's Curse은 반복됐다. 경제주체가 합리적인 낙찰가를 적고 싶어도 다른 경쟁자 모두가 비합리적인 행동을 한다면 경매에서 승리할 수 없다. 혹여 사업 분야를 다른 방면으로 옮길 마음이 없다면, 입찰자는 경쟁에서 이기기 위해 터무니없는 단가로 도전하게 된다.[4] 프로그램을 제작하면 할수록 적자를 보면서도 계속 수주하는 상황, 외주제작시장이 그랬다. 코스닥 우회상장 실패, 늘어만 가는 제작비, 여기에 부가수익까지 외면할 수 없었던 외주사는 방송사와의 협상에서 우위를 점하기 위해 스타급 작가와 연기자에 도박하듯 배팅했다. 명성 높은 제작진을 섭외해 제작에 들어가는 순간부터 손실을 보는 비극은 승자의 저주현상과 같았다.

스타급 출연자를 여럿 섭외함으로써 편당 제작비가 상승하는 위험 요인은 지상파가 아닌 외주제작사가 떠안았다. 이들은 적자를 보면서도 당장의 위험을 분산시키기 위해 스타 연기자, 스타 작가 투입에 열을 올렸다. 이유는 명확했다. 해외시장 진출을 목표로 했거나 부족한 제작비를 벌충하는 광고 수주를 고려해야 했기 때문이다. 이왕이면 한류스타 또는 스타성이 높은 배우를 캐스팅할 수밖에 없는 현실이 외주제작사가 처한 '포트폴리오 딜레마'였던 셈이다.[5] 그 과정에서 작가, 연기자와 같이 '유동성이 높은 생산요소factors of production'뿐 아니라 유동성은 낮지만 핵심 생산요소에 해당하는 연출자마저 외주제작사로 대거 이동하는 "제작자 엑서더스" 시대의 서막이 열렸다.[6]

〈표 5〉에서 볼 수 있듯이 1990년대 후반에서 2000년대 초반에 걸쳐 김종학, 이관희, 이진석, 이장수 등 방송 장의 주요 행위자들은 각각 자신의 이름을 딴 프로덕션(김종학프로덕션, JS픽쳐스, 로고스필름)을 세우거나 외주제작사를 찾아 떠났다. 이 중 이른바 '스타군단'을 가장 탄탄하게 보유했던 곳은 김종학프로덕션이었다. 전도연, 이정재, 최민수, 박상원, 송윤아, 한재석뿐 아니라, 사극 전문 이병훈 피디의 '드림팀' 이순재, 전광렬, 조경환, 정욱, 김혜선, 송재호, 박인환, 견미리, 임현식, 임호, 송채환 등도 가세해 "어려울 때 도움을 주는" 인물들이 편입되어 있었다. 이들은 드라마가 일상성의 미학을 넘어 영화와 같이 하나의 예술로 인정받으며 등가적 자리를 점유할 수 있는 첫머리를 열어젖혔다. 〈원더풀 라이프〉, 〈러

---

4   리처드 탈러, 『승자의 저주: 경제현상의 패러독스와 행동경제학』(서울: 이음, 2007), 80-100.
5   노동렬, 「수직적으로 해체된 드라마 시장에서의 전략적 생산요소 결합방식에 관한 연구」, 『미디어 경제와 문화』 6권 3호(2008): 7-50.
6   정준희, 「신규 복합 미디어 기업의 부상과 제작자 엑서더스: 종합편성채널 승인 이후 방송제작 부문의 창의성 재배치 동학」, 『언론정보학보』 66권 2호(2014): 28-58.

표 5. 1990~2000년 지상파 피디 이적 현황

특징	이름	이적소속	과거소속	이적연도*	대표작
외주제작활성화	김병욱	SBS	MBC (라디오국)	1990	오박사네 사람들, 거침없이 하이킥
	성준기	SBS, 프리랜서	KBS	1995	옥이이모, 은실이, 소문난 여자
	김종학	김종학프로덕션	MBC SBS	1999	수사반장, 모래시계, 태왕사신기
	이승렬	김종학프로덕션	KBS	1999	-
	최윤석	김종학프로덕션	MBC	1999	종합병원, 종합병원 the movie, 천일동안
	이장수	로고스필름 ('20 카카오 인수)	MBC	2000	러브, 천국의 계단
	황인뢰	제이알엔(대표)	MBC	2000	여자는 무엇으로 사는가, 꽃을 든 남자(영화)
	장용우	프리랜서	MBC	-	사과꽃 향기, 왕초, 호텔리어
	이관희	이관희 프로덕션	KBS	1997	전원일기, 육남매, 엄마야 누나야
	이진석	JS픽처스 ('13 CJ ENM 인수)	MBC	1999	별은 내 가슴에, 체인지(영화), 러브스토리 인 하버드
	이창순	JS픽처스, 프리랜서	MBC	2001	애인, 신데렐라, 추억
	윤석호	프리랜서	KBS	2000	가을동화, 겨울연가
	오종록	JS픽처스	SBS	2001	째즈, 줄리엣의 남자, 피아노, 첫사랑 사수 궐기대회(영화)
	송창의	조이TV, tvN 공동대표, 코엔미디어 대표	MBC	2000	일요일 일요일 밤에, 남자셋 여자셋

* 이적 연도는 지상파 피디들이 이적한 해 또는 이들의 독립제작사 설립 연도에 해당된다.

브스토리 인 하버드〉 등을 제작한 JS픽쳐스 역시 MBC 출신 선후배들인 장수봉, 이창순, 이창한 등 피디 라인업을 구축했다. 김정은, 김재원, 감우성, 원미경, 채림, 김소현, 오대규, 김효진, 이근희, 박철, 김인권, 박광현, 최준용 등에 이르는 스타군단은 이진석 사단의 일원이었다. MBC 제작국장 출신 유수열 사장을 축으로 MBC 출신 이장수 피디가 대표를 맡은 로고스필름은 신인 김태희를 발굴해 매니지먼트까지 병행하며 배우와 드라마를 동시에 성공시켰다. 〈천국의 계단〉 등 김태희 출연작 대부분이 로고스필름에서 제작됐다는 것은 주지의 사실이다.[7]

외주제작사의 성공 여부를 가늠하는 가장 중요한 요소가 '크리에이티브 그룹'에 있다고 해도 과언이 아닐 정도로 역량 있는 피디, 그리고 그와 막역한 배우와의 인맥은 이른바 '잘나가는 외주제작사'가 지녀야 할 주요 덕목이었다. 2000년대 이전의 외주제작사들이 지상파 방송국의 간부급 피디가 독립해 개인사업자 수준으로 다큐멘터리와 교양물을 만드는 정도의 영세성을 극복하지 못했다면, 김종학프로덕션 이후 외주제작사들은 소속 배우와 피디를 핵심 무기 삼아 방송국의 메인 장르인 드라마와 예능을 만드는 단계로 진화했다고 볼 수 있다. 물론 이는 방송국 피디들의 엑소더스가 생성해낸 스냅숏임은 두말할 나위가 없을 것이다.

---

[7] 일요신문, 「외주프로덕션 인맥 엿보기」, 2005년 3월 20일 자. https://ilyo.co.kr/?ac=article_view&entry_id=12784

이탈의 막전막후

그런데 앞선 시기 '외주제작제도'에 이어 피디 대탈주를 또 한 번 추동한 외부 요인이 있다. 바로 '종합편성채널의 신규승인'이다. 종편 채널은 2009년 2월 당시 여당이었던 한나라당이 임시국회에서 미디어 관련법 개정안 상정을 합의하면서 시작됐다. 미디어법은 신문법과 방송법을 각각 개정해 신문방송 겸영을 허가하고, 신문사와 대기업의 방송사 지분 소유 허용을 골자로 한다. 이는 방송통신 산업의 성장 촉진, 미디어 산업의 글로벌 경쟁력 강화, 일자리 창출이라는 명목 아래 추진된 이명박 정부의 '전략'이었다. 의결 절차에 대한 위법성이 인정됐음에도 불구하고 미디어법이 무효라는 야당의 청구 취지는 기각됐다. 결국 2008년 7월 22일, 방송법, 신문법, IPTV법 등 세 가지 미디어법이 국회 본회의를 통과했다. 이로써 신문사와 대기업은 지상파 방송의 10%, 종편채널과 보도전문채널은 각각 30%까지 지분을 소유할 수 있게 됐다.[8]

이처럼 지난한 사회적 갈등을 거쳐 2009년 미디어법이 통과된 이후 신문·방송 겸영이 부분적으로 허용됐고, 이듬해 신규 보도채널 연합뉴스와 JTBC, MBN, TV조선, 채널A 등 종합편성채널 네 개가 승인됐다. 2011년 12월 종합편성채널 4개사 개국 이후 한국 방송영상산업은 1990년대 초반 외주제작제도와 지역 민영방송 허가 시점 이상으로 요동쳤다.[9] 무엇보다 절차적 정당성이 결여된 상황에서 일방적으로 추진된 미디어법은 초국적 자본과 신방겸영 대기업의 이중권력을 인정하게 했다. 이는 '공적 서비스'라는 아비투스에 가까웠던 기존의 방송 장을 경제 장으로 향하도록 방향타를 조정해 나가기에 충분했다. 시장경쟁을 촉진하고, 금전적 수익 논리를 앞세우며, '국제경쟁력 강화'[10]를 지배적인 패러다임으로 불러들임으로써 국내 방송영상산업의 전환 골조를 짰다.

방송가의 술렁이는 분위기와 변화의 파급력은 피디들의 이적 열풍과 맞물려 돌아갔다. MBC의 간판급 예능 피디들은 일찍이 MBC 출신인 주철환 교수를 방송제작 본부장으로 끌어들인 JTBC로 이동했다. 〈황금어장-무릎팍도사〉의 여운혁, 〈우리 결혼했어요 시즌 1〉의 임정아, 〈느낌표〉의 성치경의 JTBC로의 이직행렬이 대표적이다. KBS에서는 〈개그콘서트〉 연출자 김석현 피디와 〈해피선데이-남자의 자격〉을 총괄했던 이명한 피디가 차례로 CJ ENM에 스카우트됐다. 〈올드미스 다이어리〉의 김석윤 피디, 〈해피선데이-1박2일〉의 초기 기획자 김시규 피디 등은 JTBC로 이적했다. 이적

---

8   이보라, 「2월 26일 종편은 어떻게 탄생했나」, 『경향신문』 2019년 2월 26일 자. https://m.khan.co.kr/national/national-general/article/201902260002001#c2b

9   정준희, 「신규 복합 미디어 기업의 부상과 제작자 엑서더스: 종합편성채널 승인 이후 방송제작 부문의 창의성 재배치 동학」, 『언론정보학보』 66권 2호(2014): 28-58.

10   이 대목에서 등장하는 '국제경쟁력'은 외주정책 찬성론자와 반대론자 모두가 공유하는 인식이자 궁극적 지향점이었다. 외주정책 찬성론자는 국제경쟁력을 수용자 복지와 지상파 방송사의 독점구조, 불공정 거래 해소와 연관지었다면, 반대론자들은 그를 시장 상황을 도외시한 정부 정책의 미비, 지상파 방송사의 제작역량 강화, 프로그램의 질적 다양성 제고와 엮어냈다. 후자의 입장에서는 외주정책이 오히려 다양성 감소로 수용자 복지에 역행하는 결과를 초래했다는 주장을 펼쳤다. 이처럼 한국 방송영상산업의 '국제경쟁력 확보'는 좌우 진영이나 당파적 이해를 막론하고, 하나의 독보적인 존재로서 추구되는 과제임을 알 수 있다.

피디의 연봉이 늘 화두이듯 당시 이들은 대체로 10억 원 안팎의 '몸값'을 받고 옮긴 것으로 알려졌다.[11]

　기존 미디어 장에서 지배자의 위치를 점유했던 관리자들의 시선은 곱지 않았다. 길환영 KBS 사장은 2013년 10월 국회 미래창조과학방송통신위원회 KBS 국정감사 과정에서 나영석과 같은 예능 피디 이적과 관련해 "방송계의 상업화 물결 속에 (그들은) 공영방송보다는 개인적인 측면을 택한 것 같다. 모두 높은 스카우트 비용과 보수를 받고 떠났는데, KBS는 그들을 붙잡을 만큼의 임금체계를 갖고 있지 않다"고 말해 지상파 피디의 이탈을 개인의 문제로 치환하기도 했다. 하지만 피디들의 이직을 자신이 몸담은 조직에 대한 배신이나 배반으로만 받아들이기는 어렵다. 이들의 이직 과정은 일반 회사라면 통상적으로 이루어지는 '스카우트'에 해당한다.[12] 경제적 보상이라는 직접적 요인 외에 제작 자율성, 표현의 자유, 제작 기회의 확대 등을 포함한 제작여건과 같은 간접적 보상에 영향을 받은 것은 물론이다. 더 근본적으로, 피디 스카우트 전쟁의 막전막후에는 미디어 장의 분위기가 민간 미디어 사업자를 중심으로 조성되는 배경도 무시할 수 없었다. 예능 피디 중 '민간 엔터테인먼트 기업' CJ ENM의 이미경 부회장에게 식사 초대를 받지 못한 사람은 무능한 피디라는 말이 방송업계에 떠돌았을 정도였으니 말이다(부록 〈표 1〉 참조).[13]

　종편 채널이 충성 시청자를 모아 브랜드의 힘을 키워가면서 벌어진 지상파 피디의 이탈 현상은 이전 시기 생산요소가 개별 이동했던 양상과는 차별적인 특징을 보인다. 내로라하는 지상파 방송

인력이 과거와 같이 단순히 외주제작사로 자리를 옮긴 게 아니라는 이야기다. 앞서 언급했듯이 나영석, 신원호, 김원석, 이윤정 등은 CJ ENM 계열의 케이블 오락채널(tvN, Mnet)로, 여운혁, 임정아, 성치경은 제작-편성-유통을 수직계열화한 JTBC로 이동했다. 이는 방송사에서 방송사로의 이동이 아닌 '플랫폼으로의 이동'과 같다.[14] 소수의 'A급' 생산요소를 향해 쏠림현상이 발생하는 방송영상산업은 수요와 공급의 안정성을 잃었고, 이는 핵심 요소가격, 즉 A급 피디 임금의 급격한 상승을 불러일으켰다.[15]

문제는 제도 내부에 있다

왜 지상파는 재미가 없고 tvN은 재밌을까. 대표 케이블 채널과 종편 채널인 CJ ENM, JTBC가 프로그램 경쟁력 면에서 지상파를 위

---

11 고재열, 「수십 억대 PD 스카우트 전쟁의 막전막후」, 『시사IN』 2011년 5월 10일 자. https://www.sisain.co.kr/news/articleView.html?idxno=10139
12 최영주, 「잇따른 드라마 PD 이탈, 문제는 'KBS' 안에 있었다」, 『PD저널』 2016년 3월 14일 자. http://www.pdjournal.com/news/articleView.html?idxno=57951
13 고재열, 「수십 억대 PD 스카우트 전쟁의 막전막후」, 『시사IN』 2011년 5월 10일 자. https://www.sisain.co.kr/news/articleView.html?idxno=10139
14 정준희, 「신규 복합 미디어 기업의 부상과 제작자 엑서더스: 종합편성채널 승인 이후 방송제작 부문의 창의성 재배치 동학」, 『언론정보학보』 66권 2호(2014): 28-58.
15 노동렬, 「수직적으로 해체된 드라마 시장에서의 전략적 생산요소 결합방식에 관한 연구」, 『미디어 경제와 문화』 6권 3호(2008): 7-50.

협하면서 등장한 기본적인 질문이다. 2012년 JTBC 〈아내의 자격〉이나 tvN 〈응답하라 1994〉, 2013년 tvN 〈나인〉이 제작방영될 때만 해도 '뉴케드(뉴 케이블 드라마)'라는 용어가 처음 쓰이는 정도였지만, 해를 거듭할수록 '좋은 드라마는 케이블에서 만든다'는 믿음까지 생겨났다.[16] 〈미생〉, 〈도깨비〉 등 적게는 8%, 많게는 22% 시청률을 기록했던 tvN의 드라마는 제작 판을 흔들기에 충분했다. 특히 〈응답하라〉 시리즈의 성공은 KBS 출신인 이명한 CP, 신원호 피디, 이우정 작가 창작팀이 견인했다.[17] 드라마 방영 당시 신원호 피디는 한 언론사와의 인터뷰를 통해 "케이블이기 때문에 과격하고 문제의 소지가 있을 수 있는 대사 활용이 가능했고, 그로써 리얼리티를 살릴 수 있었다"고 밝힌 바 있다.[18] 이들 인기작 모두 CJ ENM이 보유한 tvN, OCN 등 자사 채널이라는 안정적인 유통망을 통해 퍼져나갔고, 이는 스튜디오 시스템의 가능성을 증명해 보였다. 기존 공식에서 벗어난 실험과 도전을 차별화 도구로 삼아 방송산업의 구조 변동에 대비해간 것이다.

제작자의 지상파 엑소더스와 스튜디오 시스템이 보여준 구조 변동을 좀 더 내부화해보자. 앞서 이야기한 미디어법만이 변동을 촉진한 건 아니다. 방송사 프로그램 제작을 위한 의사결정 구조는 여러 단계로 이루어져 있다. 먼저 담당 피디가 기획안을 작성해 책임 프로듀서Chief Producer: CP에게 결재를 받고 나면 팀장, 부장, 상무, 부사장, 사장까지 총 예닐곱 단계의 관문을 거쳐 시청자를 만나게 된다. 지상파 방송사에서 피디로 일했던 동영과의 인터뷰 내용은 방송사의 경직된 의사결정 구조를 잘 보여준다.

근본적으로 방송사가 안 되는 이유는 특정 콘텐츠를 '이렇게 만들 겠다'라고 최종적으로 확정하는 의사결정 구조가 너무 전근대적이 라는 거예요. 아직도 지상파는 피디가 기획안을 쓰면 CP한테 올라 가고 팀장한테 올라가고 부장한테 간 다음에 상무, 부사장, 사장[까 지 올라가요. 그런데] 이 라인을 거쳤다가 다시 이게 내려오면 완전 걸레짝이 된다는 거죠. 그러니까 이런 구조, 완전히 70년대 80년대 수직구조를 갖고 콘텐츠를 만들고 있는데… 그래서 방송국은 안 된다, 진짜 반짝이는 좋은 프로젝트는 방송국에서 나오지 않을 거 라고 생각해요. (방송국) 바깥의 창작자들이 훨씬 더 재미있고, 훨 씬 더 진보적이고, 훨씬 더 공익적인 이야기들을 할 수 있는 [⋯] 여 전히 폐쇄적인 지상파 구조에서는 방송영상은 미래가 없다고 생각

16 윤태진, 「'비밀의 숲'이 알려준 비밀들」, 『경향신문』 2017년 8월 7일 자. https://www.khan.co.kr/opinion/jeongdong-column/article/201708061118001
17 이들은 2018년 에그이즈커밍이라는 제작사를 설립해 여전히 '패밀리'로 함께하고 있다. 〈삼시세끼〉 시리즈로 입지를 굳힌 tvN의 외주제작사 에그이즈커밍은 2022년 10월 CJ ENM 스튜디오스 산하 레이블로 편입됐다. 2023년에 1월에는 나영석, 신원호 피디 모두 tvN에 사직서를 내고 에그이즈커밍으로 이적해 CJ ENM의 산하 레이블로 소속을 바꿨다. 결국 CJ ENM과 연결되어 있다는 점에서 이들이 제출한 사표의 의미를 완전한 탈주의 차원으로 간주하긴 어렵다. 이들 프로그램의 주요 수주처가 CJ ENM의 유료방송채널 tvN이라는 점에서다. 유튜브를 필두로 한 에그이즈커밍의 예능은 스펙터클을 살린 콘텐츠보다는 인플루언서 시대의 관계성을 무기로 삼아 소비되고 있다. 나영석 대표 피디는 사회적 헤게모니와 위상을 지닌 기성세대임에도 2030 여성 출연자와 격의 없이 소통하는 모습을 전면에 내세움으로써 시청자들로 하여금 '친하게 지내고 싶은 아저씨'로 소구된다.
18 김미겸, 「'응답하라' 신원호PD "만일 지상파였다면 편성 안됐을 수도 있죠"(인터뷰)」, 『뉴스엔』 2012년 8월 29일 자. https://www.newsen.com/news_view.php?uid=201208291427380610

하고, 가라앉는 배(예요). 지금 이미 물이 차오르고 있고 안에 있는 내부 피디들은 어떻게 하면 잘 도망갈 수 있을까만 고민하고 있거든요. (동영)

지상파 피디들의 이탈은 상당 부분 내부 시스템의 문제가 맞물린 결과다. 지상파 피디들은 '보수적 미디어 장' 대 '자율적 미디어 장'이라는 구도에서 후자를 택했다. 제작 자율성이 담보된 창작활동을 보장하고, 연출과 제작 그 자체에 집중할 수 있는 환경을 전통적 미디어 장 밖에서 발견하기를 갈구한 것이다. 〈미생〉, 〈시그널〉 등 tvN의 사례처럼 지상파에서는 쉽게 볼 수 없는 기획이 외부에서 발견됐고, 이는 지상파에서 탈주한 피디들의 작품이었다. 동명의 인기 웹툰을 원작으로 한 김원석 피디의 연출작 〈미생〉이 대표적인 사례다. 〈미생〉은 10%에 가까운 순간 시청률을 기록한 데 이어 VOD 판매액은 30억 원을 넘어섰고, 광고는 완판됐다. PPL 단가는 회당 4,000만 원을 넘어섰으며, 푸티지footage 광고(드라마의 실제 장면을 삽입한 광고) 수익도 20억 원을 상회했다. 이는 '가성비 있다'고 간주되는 편당 제작비 2억 원으로 만들어낸 결과였다. 이로써 〈미생〉은 지상파 드라마와 비지상파 드라마의 힘의 균형을 확실하게 흔들어놓았다.[19]

이 과정에서 일정 부분이나마 유리한 위치를 점유하게 된 제작자들은 공개 석상에서 담론적 영향력을 행사하기 시작했다. 예컨대 〈미생〉의 원작 웹툰 작가 윤태호는 2014년 가을 '미생의 밤' 행사에서 "지상파에서 찾아오셨던 분들은 앉자마자 하는 이야기가

'러브라인 안 나오면 안 됩니다'고 말씀하시더라. 러브라인이 나오면 그만큼 이야기가 변질이 된다고 생각했기 때문에 러브라인보다는 뉘앙스 정도만 있는 드라마로 갔으면 어떨까 싶었다. 하지만 지상파에서는 그런 부분에 대해 포기를 못 하더라"고 말하기도 했다. 〈시그널〉의 후속작으로 〈기억〉을 연출한 박찬홍 피디는 2016년 3월 제작발표회에서 "예전부터 40대가 주인공인 드라마는 쉽게 편성해주지 않는데, 의외로 드라마 국장이 받아들였다. tvN에서 드라마에 대한 자부심과 자신감을 갖고 있다는 생각이었다. 믿어준 만큼 열심히 하겠다"고 언급한 바 있다.[20]

"가라앉는 배"와 같은 조직에 자신을 해산시킬 수밖에 없는 지상파의 직무 구조는 결국 조직의 "전근대적인 의사결정" 태도와 맞물려 돌아갔다. 지상파가 더 좋은 이야기를 끌어안을 수 있는 포용력이나 창의적인 기획을 시도할 만한 충분한 기회를 제공하지 못하면서 더 많은 제작자들이 회사 밖으로 '도망'갈 기회를 찾아 나섰다. 급기야 '히트하면 나간다'는 말이 10년차 피디들의 공식이 되자 엑소더스의 양상은 자발적 퇴사를 넘어 이적 피디와 방송사 간 상호 합의에 따른 제작사 설립으로 진화하고 있다. 뛰쳐나온 친정에 콘텐츠를 공급해 안정성을 담보하는 방식으로, 지상파는 내부 인

---

19 공희정, 「드라마 연대기: 〈아내의 자격〉에서 〈미생〉까지(2012~2014)」, 『드라마의 모든 것』(서울: 컬처룩, 2016), 16-21.
20 강현영, 「'기억' 박찬홍 감독 "tvN 드라마국 자부심 있다…'40대 주연' 흔쾌히 편성"」, 『아시아경제』 2016년 3월 10일 자. https://www.asiae.co.kr/article/2016031014482792068

력의 인건비를 절약하고, 제작사는 레거시 미디어의 슬롯을 어느 정도 보장받게 된다는 점에서 쌍방이 만족하는 구조다. 이러한 변화는 지극히 권력화되었던 전통 미디어 장이 쇠퇴하면서 나타나는 변이로 간주할 수 있다.

새로운 채널의 탄생으로 세력이 분산되는 생산요소시장 확대 국면에서, 기존 미디어 장에 속한 지상파 제작자들은 기회와 자율성의 아비투스를 추구해 나갔다. 이들은 기성 조직의 위계적 체계에 순응하면서 창의성을 억압받는 구조를 더는 받아들이지 않았다. 그 대신 새로운 도전과 신선한 자극을 훨씬 중요한 가치로 삼았다. 이 시스템 안에서는 더는 안 된다는, 생존과 성장의 촉수가 예민하게 발달한 일군의 아비투스는 이후 방송 장의 실천양식으로 자리 잡게 된다. 여기에 미디어법을 계기로 증폭된 합리성, 효율성, 경제성의 수사는 향후 미디어시장 확대와 국제경쟁력 강화로 재현되기에 충분했다. 이러한 전환 토대 위에서 제작자들은 훗날 다가올 플랫폼 아비투스의 장에 더욱 가까이 다가갔다.

투쟁의 밑그림, 저작권은 어느 쪽에 있는가?

오랜 기간 권력을 장악해온 지상파 방송사는 외주정책 실효성에 문제를 제기하며 게임의 규칙을 재설계해갔다. 특수관계자 외주비율 제한으로 지상파가 역차별을 받고 있다는 지적이 방송협회를 통해 꾸준히 제기돼온 것이다.[21] 당시 조해진 새누리당 의원이 발의한 방송법 개정안은 지상파 방송사들이 의무적으로 편성해야 하는 외주제작 비율 가운데 방송사 자회사와 같은 특수관계자의 편성비율에 제한을 두지 말자는 취지였다. 이는 외주제작의 법제화로 한국 방송산업 구조가 한 차례 확장된 이후 또 다른 구조 변경을 가했다. 개정안에 따르면, 전체 외주 의무편성 비율 40% 가운데 지상파 방송사의 자회사와 지역사, 즉 특수관계자가 제작하는 프로그램을 21% 이내로 제한해온 것이 사라지게 된다. 2015년 2월 국회 미래창조과학방송통신위원회는 전체회의를 열고 지상파 특수관계자 제작 프로그램의 편성 제한 폐지를 골자로 한 방송법 개정안을 의결했고, 그해 6월 22일 개정안이 공표됐다.[22] 방송사는 해당 조치가 내부 제작 인력의 해외 유출을 막고, 방송사의 자체제작 역량을 끌어올릴 수 있다고 강조했다. 기존 미디어 장의 존속을 두고

21 당시 지상파 방송사는 외주프로그램을 대형 제작사가 점유한 상황이라면서 "특수관계자 외주비율 때문에 지역MBC에서 제작한 우수 프로그램이 수도권이나 전국 단위로 방송될 기회가 차단되고 있다"고 주장했다. 박수선, 「지상파 외주제작 의무편성 규제 완화되나」, 『피디저널』 2014년 12월 1일 자. https://www.pdjournal.com/news/articleView.html?idxno=53917. 이 역시 오래된 논의였지만 사실상 지역 프로그램의 전국 유통이나 해외 유통은 만만찮다. 지역방송사의 시간당 제작비는 중앙방송 3사 대비 10%에 불과했고, 지역방송 종사자 수는 2012년부터 4년 동안 약 7% 줄어들었다. 변상규, 「지역방송의 현실과 한계, 향후 지향점은?」, 『방송트렌드 & 인사이트』(나주: 한국콘텐츠진흥원, 2018). 해외 단위로 수요가 발생하려면 지역에서 '인정받은 콘텐츠'여야 하지만, 그를 위한 대규모의 인력과 비용 투입 문제는 현실적으로 감당하기 어려웠다.
22 방송통신위원회, 「방송프로그램 등의 편성에 관한 고시 개정(안) 의결」(2016) https://www.korea.kr/briefing/pressReleaseView.do?newsId=156162302#pressRelease

공통의 이해를 지닌 참여자들 사이에 공모관계가 완성되는 순간이었다.

규제 도입의 목표는 양측의 상생이었다. 방송사에는 콘텐츠 제작 여건을 개선해주고, 외주제작사에는 순수외주제작 편성비율을 보장해 콘텐츠 산업 생태계를 확보한다는 것이다. 하지만 외주제작사의 반발을 막기엔 역부족이었다. 2016년 6월 23일 한국드라마제작사협회, 독립제작사협회, 한국독립피디협회 등 3개 단체는 KBS가 설립하는 드라마 제작 전문 회사 D1Dream One에 대해 "공영방송사임을 망각한 KBS의 D1 설립을 즉각 중단할 것을 촉구한다"는 보도자료를 내보냈다.[23] 단체는 "지상파라는 거대 유통 권력을 가진 방송사가 드라마 제작 및 부가 판권 사업, 해외 투자 유치에 직접 나서 돈벌이에 열을 올리겠다는 것 아니냐"라며 조해진 의원의 방송법 개정안이 외주제작사 말살 정책이 현실이 되는 시발점이라고 강조했다. 쉽게 말해 특수관계자 편성비율 제한법안마저 삭제됨으로써 KBS가 자회사에 일감 몰아주기가 가능해졌다는 게 외주제작 단체의 입장이었다.

지상파와 외주제작사의 논쟁 양상은 이 시기 지상파 권력, 미디어 정책, 제작사 등 각각의 게임 참여자들이 인지하는 가치의 위계를 명징하게 드러낸다. 투쟁의 밑그림은 '방송물의 저작권'이 어느 쪽에 있었는가를 살펴봄으로써 완성된다. 기존 외주제작 프로그램의 저작권 대부분은 권리를 양도하는 형식으로 방송사가 소유했다. 대다수 프로그램이 방송사와 외주제작사의 공동제작 형태로 이뤄졌어도 상황은 마찬가지였다. 편성 권한을 가진 방송사에 저작권이 일방적으로 귀속된 만큼 제작사의 2차 수익원 개발 역시 차단됐다. 외주제작사 편성비율이 50%를 넘어선 이후에도 영상제작사로서 저작권을 소유하는 사례는 드물었다.

방송사의 편성을 최대한으로 따내려다 보니 외주사로서는 인기 작가와 한류 스타를 섭외하지 않을 방도는 없었다. 스타들의 몸값[24]이 천정부지로 치솟는가 하면 엎친 데 덮친 격으로 임금 미지급 사태마저 심심찮게 터져 나왔다. 부족한 제작비를 PPL이나 협찬으로 메꾸며 겨우 버텨왔던 외주제작사 대표들은 잇따라 스스로 생을 마감했다. 이른바 '대박 드라마'를 만들어도 돈벌이와는 거리가 멀었던 김종학 대표는 배임과 횡령 혐의로 목숨을 끊었고, 〈아이리스〉 공동제작자 조현길, 예당엔터테인먼트 변대윤 등이 연이

---

[23] 권순택, 「KBS, D1 설립 두고 외주사들과 갈등 '재촉발'」, 『미디어스』 2016년 6월 23일 자. https://www.mediaus.co.kr/news/articleView.html?idxno=60502

[24] 스타들의 높은 출연료와 인기 작가들의 고액 원고료, 드라마 저작권 이슈는 제작의 걸림돌이 됐다. 문제는 드라마 제작 부실, 대박만을 좇는 기획사의 난립이 결국 시청자의 상대적 박탈감으로 이어졌다는 데 있다. 2000년대 후반 톱스타와 일반 연기자의 회당 출연료는 아래 표에 잘 나타난다. 이후 시기의 톱스타 출연료는 기본 억대를 상회하게 된다. 한준규, 「치솟는 스타 출연료 "이건 아니잖아~"」, 『서울신문』 2007년 3월 27일 자. https://www.seoul.co.kr/news/newsView.php?id=20070307026002

이름(톱스타)	금액	분류(방송사 소속 연기자)	금액
배용준	1억 원+알파	1~5등급(어린이)	15~30만 원
손예진, 고현정	2,500만 원	6~18등급(성인/신인·중)	500여만~2000여만 원
전도연, 권상우, 김희선	2,000만 원	등급없음(톱스타)	1,000만 원 이상 (상한 2,500만 원)
이요원, 김주혁	1,800만 원	-	-
안재욱, 김현주	1,500만 원	-	-

어 죽음을 선택했다. 당시 김종학 피디와 어깨를 나란히 했던 〈허준〉, 〈대장금〉 연출자 이병훈 피디 역시 한 언론과의 인터뷰에서 "대기업 대졸 신입사원 연봉이 2,500만 원인데 요즘 배우들은 회당 3,000만 원을 요구한다"면서 스타급 출연료 문제를 꼬집었다.[25] 한류 열풍이 스타들의 몸값 폭등을 부추겨 높아진 제작비를 충당할 만한 묘안을 짜낼 수 없었던 것이다. 물론 김종학프로덕션과 같은 대형 외주제작사가 스타를 드라마의 단순한 요소가 아닌 '제작비 유치의 주요 기능'으로 바라봤다는 점에서 스타급 배우의 출연료 문제와 관련한 논란은 사그라들 줄 몰랐다.

이렇듯 대형 외주제작사마저 극심한 경영 딜레마에 봉착한 상황에서 특수관계자 편성비율 제한 폐지를 골자로 한 방송법 개정안은 1991년에 시작돼 25년을 맞이한 외주제도와 관련한 가장 큰 변화였다. 이는 제도의 부분 수정이 제도 내 핵심을 변화시키면서 근본적인 모습을 바꿔나가기에 충분했다. 행위자 관점에서 본다면, 외주제작사는 자신들이 영상제작자로서 저작권을 소유하는 방송프로그램이 거의 없다는 현실을 연대해 호소했음에도 본질적인 변화를 요구할 만큼의 정치적 힘을 발휘하진 못했다. 결과적으로 특수관계자 편성비율 제한법안의 폐지는 방송사가 내부 인력의 이탈을 막고, 한류 드라마로 얻게 된 막대한 수익을 외주제작사와 균등 배분하지 않아도 되는 장치로 작용했다.

드라마 시장의 신참자, 영화제작사

새롭게 도입된 방송법은 언뜻 보기에는 제작사와 방송사 간 불공정 관행을 불식시키며 차별적인 성장을 보이는 듯했다. 더욱이 방송사의 거대 제작사 설립, 대형 엔터사의 제작 시장 진입으로 대표되는 스튜디오 설립 붐은 표면적으로는 내부 인력 이탈을 막아내는 효과가 없진 않았다. 하지만 그 열풍을 이끈 근본적인 요인은 콘텐츠 IP[26] 확보에 따른 수익 극대화에 있었다. 달리 말해 외주제작사 대신 '스튜디오'라는 이름을 붙이는 데에는 IP 사업을 직접 관할하겠다는 노림수가 전제돼 있다. 그 첫 사례가 바로 2016년 KBS에

---

25 정소라, 「'모래시계 PD' 김종학의 죽음, "척박한 제작환경이…"」, 『머니투데이』 2013년 7월 23일 자. https://news.mt.co.kr/mtview.php?no=2013072314081328427&outlink=1&ref=https%3A%2F%2Fsearch.naver.com

26 콘텐츠산업에서 (콘텐츠) '지식재산(IP)' 용어의 쓰임새는 2010년 이후부터 빛을 보기 시작했다. 2000년대 중반까지는 FTA 협정과 관련해 저작권과 저작인접권 보호 기간을 연장하는 '저작권 보호'의 개념으로 해당 개념이 주로 활용되었다면, 2010년 이후부터는 산업적 활용 확대 차원에서 해당 이름의 언급과 관련 논의가 활발해졌다. 이성민·이윤경, 「콘텐츠 지식재산 활용산업 활성화 방안 연구」(서울: 한국문화관광연구원, 2016), 13-14. 향미는 2016년에 등장한 〈태양의 후예〉의 지식재산권에 대해 최근 몇 년 동안 급격히 호명된 "IP"라는 용어를 자연스럽게 활용했는데 당시만 해도 콘텐츠 IP라는 용어는 자주 쓰이는 개념은 아니었다. 더욱이 〈지옥〉(넷플릭스), 〈무빙〉(디즈니+) 등 한국 콘텐츠의 글로벌 OTT 흥행 이후로 콘텐츠 IP 개념은 기존의 '저작권과 상표권 묶음'의 의미를 넘어서 'IP를 활용한 부가 사업의 확장'뿐 아니라 웹툰, 웹소설을 근간으로 한 '스토리 IP'로까지 발전됐다. 이야기 자체가 원작이 되고, 이를 영상물로 만들어내는 일이 잦아지고 있다는 점에서다. 이 글에서 일관되게 등장하는 '콘텐츠 IP' 개념은 IP 용어의 변천 맥락을 감안해 이해할 필요가 있다.

서 방영한 〈태양의 후예〉(이하 〈태후〉)다. KBS 자회사의 합자회사인 태양의후예문화전문유한회사와 영화 제작·투자·배급사 스튜디오앤뉴(이하 NEW)가 자체 드라마 제작사 스튜디오앤뉴를 설립해 공동제작한 〈태후〉는 제작비 투자와 수익 배분 비율을 40(KBS) 대 60(NEW)으로 나눈 모범 사례다. 이는 제작비를 원활하게 투자받기 위한 프로젝트 파이낸싱Project Financing: PF의 일종으로, 배급권을 매개로 영화 투자자금을 십시일반 조성하는 영화계의 일반적인 투자 방식이다.[27]

영화제작사 NEW가 〈태후〉의 공동제작으로 드라마 사업에 진입한 이유는 자사의 고유 영역인 영화뿐 아니라 추후 웹툰IP까지 활용해 영화와 웹툰까지 드라마화할 가능성을 점쳤기 때문이다. 미디어플렉스와 메가박스 대표이사를 지낸 김우택이 경영을 맡은 NEW는 한때 국내 영화배급 시장점유율 1위에 오를 만큼 한국 영화계의 강자로 대표됐다. 이들은 이미 여러 자회사를 통해 문화사업 영역을 넓혀왔고, 중국과 합작 영화를 만들기 위해 화처미디어의 투자를 받아 현지 법인도 설립했다. 제작 요소의 면면도 화려했다. 〈태후〉의 작가 김은숙은 "한류 스타들도 출연만 시켜달라며 줄을 서는 작가"이자 "드라마 속에 PPL을 가장 자연스럽게 녹이는"[28] 인물로 〈상속자들〉, 〈신사의 품격〉, 〈시크릿 가든〉, '연인' 시리즈(〈파리의 연인〉, 〈프라하의 연인〉 등)를 집필했다. 공동 집필자인 김원석 작가는 영화 연출부와 조감독, 각색자를 거치며 스케일이 큰 영화와 섬세한 드라마 문법을 접목해온 인물로 평가된다. 그는 2009년에는 영화 〈친구〉를 원작으로 한 드라마 〈친구, 우리들의 전설〉

을 집필한 경험도 지니고 있었다. 〈태후〉 역시 김원석 작가의 산문 '국경없는 의사회'를 원작 삼아 탄생한 드라마다. 방송사로부터 제작비의 40%밖에 조달할 수 없었던 NEW는 영화 투자와 배급을 통해 쌓아올린 노하우를 드라마 적용했다. 이들은 선판매를 필두로 '중국 OTT 동시 방영'이라는 새로운 유통방식도 선보였다.

NEW의 전략은 KBS에도 남다른 의미를 부여했다. 〈태후〉는 종영일 기준 시청점유율 38.8%를 기록했는데, 이는 2010년 〈추노〉, 〈제빵왕 김탁구〉 이후 6년 만에 이룬 성취였다. 이를 계기로 방송사와 외주사 간 상생의 물꼬가 트이는 듯했으나 양측의 입장은 여전히 평행선을 달렸다. NEW의 강조점은 중국 대자본을 투자받았다는 것, 중국 수출을 전제로 사전제작을 기획함으로써 방송사 제작비 의존을 낮추고 정당한 저작권을 확보했다는 데 있었다. 방영 시작 전 9,000원대였던 주가가 시청률 절정기에 이르자 두 배 가까이 올라 주주 가치가 올라간 것은 덤이었다. 케이블의 기세에 눌린 지상파 방송사의 자존심을 세워준 드라마 앞에서 KBS 역시 물러나지 않았다. 광고로만 66억 원의 매출을 올린 데다가 해외 판권과 부가상품 매출에서도 수익 배분율 40%에 해당하는 추가수익을 거뒀기 때문이다. 그뿐 아니라 중국과 일본에서 각각 48억, 20억이라는 선판매 수익 이외에도 대만, 태국, 영국, 프랑스, 미국 등

---

27 김미현·최영준·전범수, 『한국영화산업 규모예측과 성장요인 분석』(부산: 영화진흥위원회, 2004), 38.

28 안진용, 「'시청률 미다스의 손'… 韓流 드라마 작가들」, 『문화일보』 2015년 9월 29일자. https://www.munhwa.com/article/10945424

30여 개국에 판권 수출계약이 체결됐다는 점은 '한류 드라마'의 남다른 수익성을 기대하는 주체들을 매료시키기에 충분했다.[29] 결국 지상파 역시 제작 자회사를 설립하겠다고 나선 데에는 〈태후〉와 같은 블록버스터 드라마로 한류의 불씨를 당기겠다는 의지가 점철돼 있었다. 그 가운데 영화의 투자배급 형태는 유용한 참조점으로 작용했다.

중국이라는 상수와 '용'의 등장

당시 〈태양의 후예〉와 NEW의 성공은 한한령限韓令이라는 부정적인 대외 변수가 약화하면서 거둔 결과다. 2018년 문재인 대통령을 만난 양제츠 중국 외교담당 정치국 위원은 2016년 7월부터 시작된 사드THAAD(고고도미사일방어체계) 배치에 따른 한국에 대한 보복을 중단할 것을 밝혔다. 이러한 발언은 시름하던 국내 엔터테인먼트 업계에 일시적으로 훈풍을 불러왔다. 스튜디오드래곤, 제이콘텐트리의 주가는 발언 하루 사이에 각각 4.54%, 3.18% 올랐고, 한국 드라마 판권을 확보하려는 움직임도 늘어날 것으로 기대됐다. 이미 한한령 이전에도 아이치이iQIYI와 같은 중국 OTT 플랫폼이 국내 드라마 제작 단계부터 투자해 판권을 확보했고, 제작사는 중국 내 유통망을 스스로 확보하면서 방송사에서 밀려나는 일을 면할 수 있었다.[30]

이 가운데 "세상에 없던 사업자"인 스튜디오드래곤이 등장했다. 지상파의 힘이 약화됐음에도 외주제작사가 저작권 협상에서 우위를 확보하지 못한 가운데 벌어진 일이었다. 스튜디오드래곤은 모회사인 CJ ENM에서 분사한 지 1년 만에 기업가치를 1조 원까지 올려놓으면서 케이블과 지상파 채널을 넘나들며 방송판을 흔들었다.[31] 시가총액은 창립 시점에서 2년, 기업공개 시점에서 약 1년 만에 300% 넘게 올랐고, 2018년 6월에는 2조 9,000억 원에 달했다. 동종업계인 삼화네트웍스 시가총액이 700억 원 내외, 상장한 SBS 시가총액이 약 1조 원 내외였음을 떠올린다면, 스튜디오드래곤은 개천에서 난 '용'과 같았다.[32] 방송 장 내에서 자본의 총량을 다량 보유하게 된 스튜디오드래곤은 한 해 한두 편의 드라마 제작을 목표로 사업을 구상하는 보통의 제작사와는 달랐다. 이들은 2015년 15편을 시작으로 2016년 19편, 2017년 22편, 2018년 25편의 드라마를 제작했다. 이는 한국 드라마 시장의 무려 4분의 1에 해당하는 수치로, 스튜디오드래곤이 외주제작시장의 선두에 섰음을 증명해

---

29 여기에 국내 케이블 채널의 재방송권, VOD 판권, OST 수익, 리메이크 판권까지 덧붙이면 후판매에 따른 추가 수익은 200억 원 이상이었다. 김정섭, 「드라마 태양의 후예 신드롬과 그 이후의 과제」, 『여성소비자신문』 2016년 5월 18일 자. http://www.wsobi.com/news/articleView.html?idxno=35754

30 고재석, 「녹아내리는 '한한령', 드라마 제작사에도 '봄이 온다'」, 『시사저널e』 2018년 4월 2일 자. http://www.sisajournal-e.com/news/articleView.html?idxno=182215

31 송광섭, 「스튜디오드래곤, 국내 1위 드라마 제작사…기업가치 1조」, 『매일경제』 2017년 10월 30일 자. https://www.mk.co.kr/news/stock/8029500

32 조영신, 「스튜디오 드래곤, 한국 영상 제작의 새로운 신호탄을 쏘다」, 『방송트렌드 & 인사이트』 2018년 7월 23일 자. https://koreancontent.tistory.com/3468

보였다.[33]

이러한 스튜디오의 전략으로 생산요소의 자산화를 꼽을 수 있다. 콘텐츠 시장의 핵심 장르가 드라마이고, 드라마의 중추는 작가라는 점에서 '작가 확보'에 대한 해결책을 강구한 주체는 바로 스튜디오였다. 이들은 작가 집단과 방송사 간에 이뤄져왔던 기존 계약상의 '빈틈'을 공략했다.[34] 2010년대 후반 대표적인 한류 드라마로 등극한 〈도깨비〉의 김은숙 작가를 비롯해 〈별에서 온 그대〉 박지은, 〈대장금〉의 김영현, 박상연 작가 등이 스튜디오드래곤에 편입됐다. 화앤담픽쳐스, 문화창고, KPJ 등 다수 제작사를 인수·합병하고, CJ ENM 드라마사업본부의 역량을 십분 활용하는가 하면, 히트작을 만들어낸 중견 제작사의 노하우와 자산이 만나 시너지를 거뒀다. 인수 당시 주요 작가와 연예인, 경영진에게 예우 차원에서 지분 스왑을 진행했는데, 2017년 12월 코스닥시장에 상장한 이후 관련자들은 최대 두 배 가까운 차익을 얻었다. 제작사와 유명 작가들은 수억 원에서 수십억 원에 달하는 지분 가치로 얽히게 되었고, 이는 경쟁 제작사들의 스타 작가 섭외 장벽을 최대치로 끌어올린 계기가 됐다. 이미 존재하던 게임의 규칙에서 상징적이고도 물질적인 이윤 획득이 용이한 행위자들이라 해서 추가 이윤을 거부할 이유는 없었다. 이러한 상황은 원하는 작가와 감독을 언제든 활용할 수 있는 자원으로 간주했던 지상파 방송사가 더 큰 위기에 봉착했다는 한 징표였다.

스튜디오의 나비효과

〈태양의 후예〉와 〈도깨비〉라는 대표 한류 드라마로 중국에서 큰 성공을 거둔 몬스터유니온과 스튜디오드래곤의 나비효과는 방송국과 외주제작사의 전유물이던 콘텐츠 제작을 영화사와 엔터테인먼트 회사로까지 확산시켰다.[35] 엔터테인먼트 산업에서 콘텐츠가 권력이라는 말이 회자되는 가운데 여러 영화사와 대형기획사가 너나없이 방송 콘텐츠 제작에 뛰어들었다. 이 쟁투에서도 눈에 띄는 것은 피디들의 이동이었다. 영화투자배급사 NEW는 별도법인으로 드라마·영화 콘텐츠 제작사를 설립하고 KBS 드라마국 출신 곽정환 CJ ENM 피디를 영입했다. 당시 국내 1위 음원사이트 멜론을 운영하던 로엔엔터테인먼트는 스튜디오드래곤과 공동투자 형태로 드라마 제작사를 설립했다. 멜론을 통한 음원 수익은 제한적이기에 다른 수입 창구가 필요하다는 이유에서다. 이들은 드라마, 예능, 온라인 동영상까지 제작해 연매출 1,000억 원대를 거둬들이겠다는 포부를 밝혔다. 모바일에 적합한 동영상 제작을 늘려서 이를 멜론, 카카오TV, CJ 등 여러 채널에 제공하겠다는 의지였다.

33 조윤희, 「신생 공룡 '스튜디오드래곤', 방송계 독과점 우려」, 『인베스트조선』 2017년 7월 20일 자. http://www.investchosun.com/site/data/html_dir/2017/07/20/2017072086007.html
34 이주현·강혜원, 『그라운드 룰스』(서울: 멀리깊이, 2022), 202.
35 피디 지망생들이 방송국이 아닌 엔터사 문을 두드리는 일도 늘었다. 엔터사의 영상 콘텐츠 제작이 늘면서 채용 트렌드에도 변화가 나타났기 때문이다.

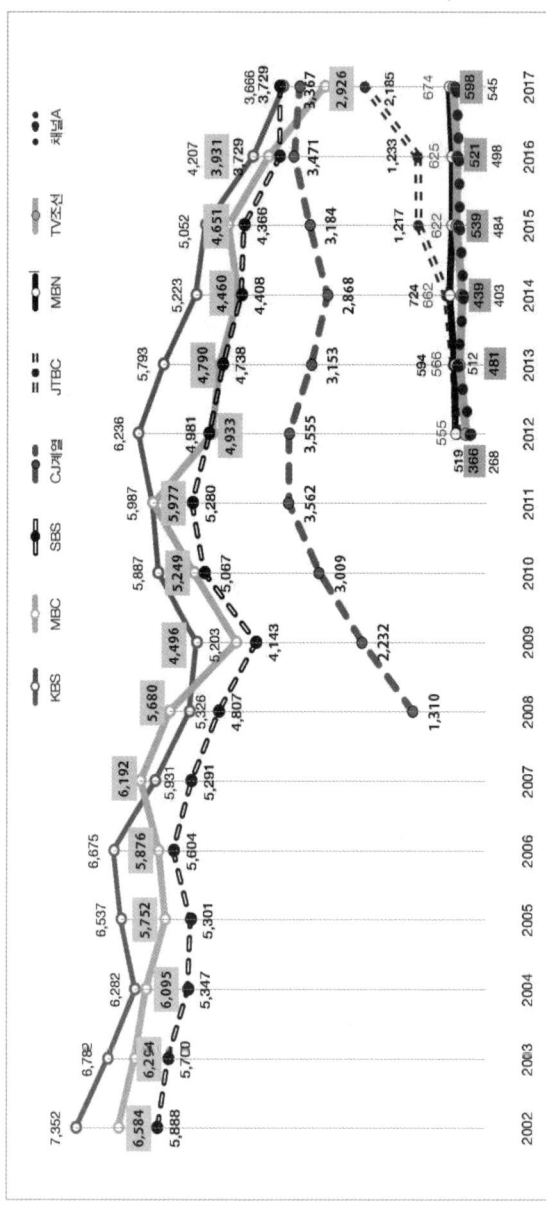

그림 4. 주요 방송사 광고매출 추이(2002~2018)

출처: 「방송산업실태조사」 각 년도, 「방송사업자 재산상황 공표집」 각 년도, 금준경, 「15년 사이 지상파 광고 '반 토막' 큰 그림 필요」, 『미디어오늘』, 2018년 9월 5일 자.
https://www.mediatoday.co.kr/news/articleView.html?idxno=144376 (단위: 억 원)

연예기획사로 알려진 YG엔터테인먼트는 적극적 투자공세로 지상파 피디들을 끌어모아 스튜디오플렉스를 세웠다. 양현석 YG 대표 프로듀서는 2017년 초 한 언론사와의 인터뷰에서 "메인 피디를 10명가량 영입하고 그 밑으로 2~3명의 조연출이 합류"할 것이라 밝히며 콘텐츠 공급자 대열에 합류했다. 당시 방송사 메인피디 이적료가 10억 원에서 최대 30억 원에 달했다는 점을 고려하면, 양현석의 말은 100억 원 안팎의 실탄을 활용해 피디들을 데려오겠다는 것과 같았다. SM엔터테인먼트는 이미 2011년 드라마제작사협회에 가입하고, 소속 가수를 주연배우로 내세워 외주제작사 삼화네트웍스와 공동제작 드라마(〈파라다이스 목장〉, 동방신기 심창민 주연)를 제작하기 시작했으며, 2017년 3월에는 가수 윤종신의 음반공연기획·연예매니지먼트사인 미스틱엔터테인먼트 지분 28%를 취득해 최대주주가 되었다.[36] SM이 주목한 미스틱의 영상사업 중심에는 2017년 1월 JTBC에서 미스틱으로 이직한 MBC 예능국 출신 여운혁 피디가 있었다(부록 〈표 2〉 참조).

스튜디오의 양적 성장은 지상파 방송광고매출액과 반비례했다. 2009년 미국발 금융위기 여파로 역대 최저치를 찍은 신문·방송 광고매출액은 이듬해부터 차츰 호전됐지만, 종합편성채널 등장 이후인 2012년부터 하락세의 반전은 없었다. 2002년 2조 7,452억 원 규모였던 지상파 방송사 전체 광고매출은 2019년에 이르자 1조

---

[36] 이은정, 「[단독] 양현석 "방송제작 뛰어든다…메인 PD 10명 영입"」, 『연합뉴스』 2017년 1월 20일 자. https://www.yna.co.kr/view/AKR20170120059600005

1,958억 원으로 57% 가까이 줄어들었다. 같은 기간 최대 하락폭을 보인 방송사는 MBC 본사로, 광고매출이 6,584억 원에서 2,736억 원으로 58.5% 떨어졌다. MBC는 처음으로 광고매출이 2,000억대로 주저앉은 2017년부터 3년 연속 영업손실을 내고 있었고, 이듬해 JTBC 역시 광고매출이 2,473억 원을 기록해 MBC와 유사한 양상을 보였다. 김태호 피디는 "2001년 입사 이래 2020년까지 매해 올해가 작년보다 힘들다는 이야기를 들어왔는데 모두 광고 기준"이었다면서 "한국에 200명도 없는 직업을 갖게 됐다"고 생각했던 2000년대 초반이 무색할 정도로 이제는 "상암동 횡단보도에서 어깨 스친 사람들만 봐도 플랫폼, OTT에서 콘텐츠 제작에 종사하는 사람들이 많다"는 소회를 밝히기도 했다. 이는 훗날 김태호 피디가 MBC에서 만든 프로그램을 IPTV, 케이블TV, OTT로 유통하고 재전송료와 같은 유통 수익을 올리는 데 눈을 돌리게 만든 결정적인 이유였다.[37] 콘텐츠 제작사로서의 새로운 역할과 기대치는 이러한 변화와 역경 속에서 강조됐다.

---

[37] 이주현·강혜원, 『그라운드 룰스』, 118. 김태호 피디는 2022년 MBC에서 퇴사해 자본금 5,000만 원으로 제작사 TEO를 설립하고, 100억 원 규모의 투자 유치 계획을 알렸다. 류석, 「[단독] 김태호 PD 설립 제작사 '테오' 100억 유치 추진」, 『서울경제』 2022년 5월 2일 자. https://www.sedaily.com/NewsView/265TAQLJDJ

2부

넷플릭스화,

무엇이 어떻게 바뀌었는가?

1장 〈킹덤〉과 넷플릭스, 헤게모니의 역전

중대한 전환점

2019년 방송영상산업은 여러 측면에서 '전환적 의미'를 지닌다. 스튜디오드래곤이 대형 장르물을 내세워 중국, 동남아시아를 넘어 글로벌시장을 겨냥해 한국 방송영상산업의 세계화에 한발 다가섰다면, 넷플릭스는 그 전환을 공세적으로 추동하면서 미디어 장 내 역학관계의 변화를 극적으로 이끌었다. 한국에서 서비스를 시작한 지 약 3년 후 그 효력을 드러낸 넷플릭스는 한국 방송영상산업의 향후 경로를 결정짓는 중대한 전환점으로 작용했다. 2016년 1월에 한국에 진출한 이후 2016년 8만 명, 2017년 34만 명, 2018년 90만 명, 2019년 273만 명, 2020년 362만 명으로 구독자 수가 꾸준히 늘었지만, 2019년이 되어서야 자릿수가 바뀌게 된다. 넷플릭스의 눈부신 성장과는 달리 지상파 3사는 경영압박에 시달렸다. 시청률 하락, 광고 수입 감소는 드라마가 아닌 예능에 눈을 돌리도록 했다. 적은 제작비로 드라마만큼의 시청률이 보장됐기 때문이다. 그 사이 드라마 편성의 일번지는 190여 개국, 2억 명(2021년 초 기준)의 가입자를 보유한 넷플릭스였다.

한편 2019년은 채널사용사업자의 수출액이 지상파 수출액을 추월하기 시작한 첫해이기도 하다. '일등 제작자'가 지상파 방송국에서 케이블TV와 종합편성채널로 바뀌면서다. 2019년 방송프로그램 수출액은 3억 6,714만 달러(약 4,000억 원)으로 전년 대비 12.3% 증가했는데, 특히 CJ ENM, JTBC 등 채널사용사업자PP의 수출이 두드러졌다. 문제는 글로벌 히트작으로 간주되는 대형 장르물, 즉 콘텐츠의 대형화·대작화가 수출액 증가분 대비 수출 편수를 견인하지 못했다는 데 있다. 총 제작비가 300억 원 이상인 '텐트폴tent pole(텐트 지지대처럼 시장을 떠받치는 대작) 드라마'에 투자 자본이 집중되면서 중소형 드라마 제작 편수가 줄어든 것이다. 방송 프로그램 수출액과 수출편수의 엇갈린 지표는 다시금 넷플릭스와 같은 글로벌 OTT를 주시하게 한다. 내로라하는 작품들의 실적은 전에 없던, 대규모 제작비 조달이 가능한 넷플릭스가 창출하고 있었다는 점에서다.

상징권위를 얻은 〈옥자〉, 질서를 재편하다

넷플릭스가 한국에서 존재감을 드러낸 계기는 봉준호 감독의 〈옥자〉 상영을 두고 벌어진 다툼이었다. 봉준호 감독은 2015년 넷플릭스로부터 〈옥자〉의 제작비로 약 580억 원 투자를 끌어냈다.[1] 〈옥자〉는 〈설국열차〉[2]에 이어 한국 영화팬들이 가장 기다릴 만한 작품 중 하나로 회자됐다. 당시 넷플릭스 콘텐츠 최고책임자였던 테드 사란도스Ted Sarandos는 "우리는 관객이 있는 곳에 영화를 제공한다"고 강조하면서 갈수록 많은 관객이 집에서 넷플릭스 영화를 보는 것에 만족해했다.[3] 막대한 잠재고객을 보유한 넷플릭스에서 영화를 유통한다면, 대형 극장사업자들이 주장하는 '극장 개봉'은 필요없다는 취지의 발언이었다. 매스미디어를 통해 대량생산의 하위 장에서 상징권위를 획득한 〈옥자〉는 순식간에 파문의 주인공이 됐다. 파문의 핵심은 바로 '넷플릭스와 극장 동시개봉'이었다. 2017년 칸 영화제 최초로 극장개봉 없이 경쟁부문에 오른 〈옥자〉는 국내외 할 것 없이 기존의 배급·유통 질서를 벗어난 이단아로 취급받았다. 동시개봉인 만큼 극장 상영 이후 다른 플랫폼에 공개되기까지의 유예기간인 홀드백holdback이 적용되지 않는 것은 물론이었

---

1 〈옥자〉만큼 널리 알려지지는 않았지만, 2017년 tvN 〈비밀의 숲〉은 일찍이 넷플릭스에 독점 공급권을 제공하는 조건으로 넷플릭스로부터 36억 원을 받아 제작됐다. 넷플릭스를 통한 시청은 한국 본방 한 시간 후부터 가능했다. 구성, 대사, 연출과 연기까지 모두 빼어났던 〈비밀의 숲〉은 넷플릭스 투자로 만든 웰메이드 드라마로 "지상파 방송사의 몰락을 분명하게 확인"시켜주었다. 윤태진, 「'비밀의 숲'이 알려준 비밀들」, 『경향신문』 2017년 8월 7일 자. https://www.khan.co.kr/article/201708061118001

2 〈옥자〉는 국내에서 제작(오퍼스픽처스)·투자(CJ ENM)하고 해외 배우를 캐스팅해 세계 시장 진출을 노렸던 〈설국열차〉보다 진화된 제작 방식이다. 〈옥자〉의 제작사는 옥자SPC로 이 영화 제작만을 위해 설립된 국내 특수목적법인(Special Purpose Company: SPC)이다. 라제기, 「충무로 감독 빅3, 세계시장 3色 노크」, 『한국일보』 2015년 11월 16일 자. https://www.hankookilbo.com/News/Read/201511162090315229

3 Lang. B. & Matt Donnelly, "Netflix Has a Message for Hollywood: We're Still Spending Money," *Variety* (2022. 7. 21). https://variety.com/2022/film/news/netflix-message-hollywood-money-stock-ted-sarandos-1235299996

다. 국내에서는 극장을 거쳐 2차 판권 시장에 넘기는 홀드백 기간으로 통상 3주를 적용한다. 〈옥자〉의 국내 배급사 NEW는 일찌감치 기자간담회를 열고 동시개봉 방식을 공개한 바 있지만, 한국의 1위 멀티플렉스 체인인 CGV가 반발했고, 롯데, 메가박스 모두 〈옥자〉 상영을 거부했다. 제아무리 '글로벌 스타 감독'인 봉준호가 연출했다 해도, 영화관의 높은 좌석 점유율을 확보할 수 있다 해도, 〈옥자〉는 넷플릭스가 600억 원 전액을 투자해 만든 '미국' 영화일 뿐[4]이라는 것이 국내 멀티플렉스의 주장이었다. 〈옥자〉의 불똥은 독립영화에 튀었다. 3대 멀티플렉스를 제외한 전국 84개관, 108개 스크린이 한 달이 넘도록 '옥자의 날'을 기획하면서 예술영화관과 작은영화관이 하지 않았던 몰아주기를 단행했기 때문이다. 이른바 '옥자 사태'는 직접 투자·배급한 영화만을 극장에 걸겠다는 국제영화제와 국내 멀티플렉스, 나아가 독립·예술영화계 모두에게 강한 반감을 산 대표적인 사례로 남았다. 나아가 역으로 〈옥자〉와 같은 '대작' 상영을 거부할 수 있는 국내 대형 배급사의 독점적 지위를 다시금 확인케 했다.

물론 수익만을 놓고 보면 〈옥자〉의 동시개봉은 극장에 큰 이익이 될 수 있었다. 넷플릭스는 미국, 영국, 한국에 극장 개봉을 허용했고, 특히 한국에서는 상영일수에 제한을 두지 않는 파격 조건을 제시했기 때문이다. 게다가 CGV, 롯데시네마, 메가박스 등 멀티플렉스 3사가 주요 논거로 제시했던 홀드백은 국내법상 보장된 내용은 아니었다. 미국 90일, 프랑스 최대 4개월과 달리 한국은 제작사와 극장의 합의하에 2차 판권 공개 시기를 조정한다는 점에서다.

개봉과 동시에 IPTV나 스트리밍 채널로 직행하는 일부 성인영화나 B급영화와 달리, 일반 영화에 적용되는 3주간의 홀드백은 '관례'였다. 결국 〈옥자〉는 극장 수입과 부가판권 증폭 시점을 유연하게 조정해왔던 극장계의 관례를 뒤로하고, 멀티플렉스 이외 극장 111개에서 개봉해 30만 명의 관람객 수를 기록했다.

한 달 가까이 톱뉴스를 장식한 〈옥자〉를 두고 벌어진 밥그릇 싸움의 종착점은 넷플릭스의 홍보 효과 상승으로 이어졌다. 실제 2018년 한국에 방문한 롭 로이 넷플릭스 콘텐츠담당 부사장은 "〈옥자〉 상영 이후 한국 가입자가 크게 늘었다"고 밝혔고,[5] 테드 사란도스 콘텐츠 최고책임자는 같은 해 싱가포르에서 열린 행사에서 세계가 한국 콘텐츠를 좋아한다면서 아시아 지역 전략의 중요한

---

4 인터뷰에 참여한 연주는 영화의 국적과 투자에 대해 언급하면서 넷플릭스의 100% 투자를 받은 〈킹덤〉을 '미국 드라마'로 판단하고 지원금을 점차 줄여갔다고 설명했다. "저희도 처음에 〈킹덤1〉, 〈킹덤2〉까지는 지원을 했어요. 영비법 상에서 해외 투자가 20% 이상이면 해외 영상물을 볼 수 있는 거니까 해외 영상물로 판단을 해서 저희 가이드라인 상에서 지원을 했고, 〈킹덤1〉을 지원하면서 깨달은 게 저희가 〈킹덤〉을 지원하는 게 역차별이라고 판단해서 그때부터 논의해가면서 줄어나가고 있는 차에 〈킹덤2〉가 바로 촬영하면서 〈킹덤2〉까지는 제한적으로 지원을 했고, 그 이후로는 이제 저희도 지원을 안 하죠"(연주). 같은 맥락에서 2020년 넷플릭스는 오리지널 드라마 〈보건교사 안은영〉에 대해 영화진흥위원회에 로케이션 인센티브를 요구하기도 했다. 한국에서 촬영한 〈어벤저스〉가 한국에서 지출된 제작비용의 일부인 30억 원을 지원받은 것처럼 제작비의 일부를 돌려받으려는 목적에서다. 하지만 이 경우 〈보건교사 안은영〉은 한국 정부의 공적 자금을 지원받은 미국 드라마가 된다.

5 남지은, 「글로벌 공룡 vs 토종 연합군 '고지전'…킬러 콘텐츠를 띄워라」, 『문화일보』 2019년 10월 19일 자. https://www.hani.co.kr/arti/culture/culture_general/877564.html

일부로서 한국에 크게 투자할 것이라고 말했다.[6] 〈옥자〉 논란이 넷플릭스에는 되려 이득이 된 셈이다. 〈옥자〉 이후 넷플릭스가 자본을 투자해 작품을 만드는 제작구조는 하나의 모델로 확립되기에 이른다.

'믿음'의 실체와 근본적인 전환

〈옥자〉로 한국 시장에서 인지도를 올린 넷플릭스는 점차 장르를 확장해 예능으로 그 영역을 넓혔다. 대표적인 사례로 SBS 〈런닝맨〉, 〈X맨〉, 〈패밀리가 떴다〉 등을 연출했던 장혁재, 조효진 피디가 유재석을 앞세운 넷플릭스 오리지널 〈범인은 바로 너!〉(이하 〈범바너〉)를 제작한 것을 들 수 있다. 13년간 이어진 '유재석 예능' 〈무한도전〉의 성취를 〈범바너〉가 재현할 수 있을지 세간의 관심이 쏠렸다. 비록 "엉성한 전개와 부실한 추리가 아쉬웠다"는 지적이 있었지만, 〈범바너〉는 동남아시아에서 호응을 얻었다.[7] 넷플릭스 도입 초기만 해도 예능 제작본부 피디들이 넷플릭스의 문을 두드리지 않았지만, 〈범바너〉가 시즌제를 이어가자 '넷플릭스 입성'이 일선 피디들의 희망사항이 됐다. 주말 버라이어티 시간에 메인 연출을 맡은 것처럼 "넷플릭스에 내 것이 올라간다면 너무 좋겠다"는 마음이 제작자들 사이에서 형성됐다는 것이 형주의 주장이다. 2017년에 접어들면서 한국에서 가장 좋은 드라마, 영화 시나리오들은 넷플릭스로 몰렸다. 홍미롭게도 형주는 지상파 방송사에서 나와 외주제작사를 만들었던 피디들이 넷플릭스 오리지널 예능을 꾸준히 제작할 수 있었던 이유를 넷플릭스가 언급했던 "믿음" 때문이라고 말했다. 수백억 원의 돈을 한국 제작자에게 투자할 수 있는 이유는 믿음에 기초한 결단이자 선택이라는 것이다.

〈범바너〉 맨 처음에 나왔을 때 굉장히 다들 주목했지만 사실 그렇게 크게 성공하지 못했다고 생각했는데 시즌 2를 하더라고요. '넷플릭스는 왜 저러지?'라고 의아해했는데, 지금은 총괄 되신 김민영, 당시에는 아마 이사였을 텐데, 그분은 그냥 "제작진 믿고 한다"고 공공연하게 말씀하셨거든요. 우리는 우리가 믿는 제작진들과 일한다. 그래서 ***와 계속 일하고 있는 거예요. (형주)

하지만 이 대목에서 등장하는 "믿음"이란 일정 부분 데이터를 전제로 한다. 민혁은 "비즈니스를 믿음으로 하는 사람은 없다"면서 넷플릭스가 '데이터 기업'임을 강조했다. 믿음을 내세워 사업을 진행하는 넷플릭스의 사회성과 사업전략은 결국 한국의 피디, 제작사, 배우와 관련된 데이터를 얻기 위한 것이라는 주장이다. 3장에서 다

6　김수현·오상헌, 「옥자·킹덤·인간수업…넷플릭스가 한국에 공 들이는 진짜 이유」, 『머니투데이』 2020년 8월 6일 자. https://news.mt.co.kr/mtview.php?no=2020080316170387363
7　강진구, 「'범인은 바로 너' 시즌2, 이번엔 시청자 마음 잡을 수 있을까」, 『한국일보』 2019년 11월 9일 자. https://www.hankookilbo.com/News/Read/201911081669016532

시 언급하겠지만, 넷플릭스는 인터넷 기반 시스템을 바탕으로 이용자 취향을 분석하는 IT 기업이자 흥행할 만한 콘텐츠를 찾아 투자하는 제작사업자라는 점에서 민혁의 발언은 매우 중요한 참조점이 된다.

'믿음'이라고 하는 게 말하기는 좋은데 실제로 비즈니스를 믿음으로 하는 사람이 어디 있겠어요? 그리고 넷플릭스는 데이터 기업이라고 스스로를 정의했거든요. 그러면 믿음이라는 개념을 가지고 활동하는 건 결국 그 피디, 제작사, 배우의 데이터를 얻기 위한 거죠. 어떤 조건에서 어느 정도의 성적이 나왔는지. 비슷한 전략을 가지고 다른 제작사에 줬을 때 어떤 결과가 나오는지. 사실 데이터 기반 기업이라고 그러면 당연히 이 모든 활동들, 친사회적인 그런 개념들 같은 것들도 데이터를 얻기 위한 어떤 목적을 지니고 있을 가능성이 매우 높죠. (민혁)

한국에서 넷플릭스의 중요성은 날이 갈수록 더욱 가시화됐다. 이미 방송사 밖에서 제작 자율과 재량을 획득하면서 스튜디오의 지위를 얻은 제작사들은 넷플릭스에 자발적으로 몰려들며 콘텐츠를 납품하기 시작했다. 방송영상시장 내 우위 경쟁이 갈수록 심화하는 가운데 넷플릭스의 구독률 상승과 투자금 확대는 톱니바퀴처럼 돌아갔다. 중소제작사의 넷플릭스행이 제작사별로 일정 규모를 형성해갈 수 있었던 이유다.

물론 넷플릭스가 처음부터 오리지널 콘텐츠만을 만들기 위해 돈을 쏟아부은 것은 아니었다. 초기에는 '동시방영' 또는 '제작비 투자·방영' 형태가 주를 이뤘다. 〈이태원 클라쓰〉(JTBC)가 동시방영의 대표 사례라면, 〈사랑의 불시착〉·〈슬기로운 의사생활〉(tvN), 〈동백꽃 필 무렵〉(KBS)은 방송사와 제작사가 공동제작해 넷플릭스의 투자를 받고, 동시 또는 추후에 작품을 유통한 제작비 투자·방영 유형에 속한다. 한편 〈좋아하면 울리는 시즌 1〉(스튜디오드래곤), 〈첫사랑은 처음이라서 시즌 1, 2〉(에이스토리)와 같이 중소제작사가 넷플릭스 오리지널 콘텐츠를 제작해 독점으로 내놓는 일도 더러 있었다. 국내 진출 당시만 해도 "미드 말고는 볼 게 없다"는 평가를 받았던 넷플릭스는 시간이 지날수록 기묘한 파트너가 되었고, 방송사와 제작사 모두 그 파트너가 되기를 희망했다.

제도적인 경직성에서 자유롭지 못한 지상파 방송사가 2019년 9월, 뒤늦게 대항 플랫폼인 웨이브를 만들었지만, 통합의 힘은 미미했다. 국내 산업은 이미 오래전부터 방송사가 아닌 독립제작사 중심으로 재편되기에 바빴기 때문이다. 2016년만 해도 독립제작사 수출액은 6,390만 달러(약 910억 원)에 불과한 반면 지상파 수출액이 1억 9,147만 달러(약 2,729억 원)로 약 세 배나 높은 수준이었다. 그러나 2021년 독립제작사 수출액이 2억 8,477만 달러(약 4,100억 원)를 기록하면서 5년 만에 약 4.4배의 증가율을 보였다. 2021년에는 케이블TV, 즉 채널사용자업자PP의 수출액이 지상파 수출 실적을 처음으로 넘어섰다. 그리고 2024년에는 그 격차를 더욱 벌리며 확연히 자리를 잡았다.

이러한 변화의 저변에는 방송영상 콘텐츠 수출 방식이 근본적인 전환을 꾀한 것을 들 수 있다. 달리 말해, OTT 사업자의 오리지널 콘텐츠 제작이 글로벌 콘텐츠로 부상하는 상황에서 콘텐츠의 핵심 생산 주체가 바뀐 것이다. 독립제작사는 OTT 앞에서 더는 방송사라는 중간 매개자에 의존할 필요 없이 OTT와 직거래할 기회가 열렸고, 이것이 독립제작사의 수출 실적 확대로 확인된다. 폭넓게는 기존의 독립제작사뿐 아니라 방송사에서 독립한 피디들이 만든 제작사 대다수가 넷플릭스를 주요 투자처이자 핵심 파트너로 삼았다고 볼 수 있다. 이렇듯 '방송 한류'의 견인차는 독립제작사, 즉 스튜디오가 만든 '넷플릭스 오리지널'이 되어갔다.[8]

피와 공포 속에서 피어난 신세계

〈킹덤〉이라는 글로벌 흥행작은 넷플릭스가 순식간에 대중적인 이슈로 전환될 가능성을 보여주기에 충분했다. '코리안 좀비'를 소재로 선보인 판타지 사극이라는 장르적 특성은 산업 현장과 시청자로 하여금 OTT 플랫폼을 무척 흥미로운 존재로 인식하게 했다. 한국 제작자가 만든 작품이 30여 개 언어 자막과 더빙을 거쳐 세계 190개국을 무대 삼을 수 있고, 작가의 집필 계약금이 억 단위로 바뀔 수 있으며, 한물간 줄 알았던 좀비 장르가 재해석될 수 있다는 점. 이 모든 것이 시너지를 발휘하는 순간이었다. 2019년 1월 '거실에서 펼쳐지는 엔터테인먼트 킹덤'이라는 제목으로 열린 행사 현장에서 넷플릭스 파트너 관계 디렉터 나이절 뱁티스트Nigel Baptiste는 "한국 콘텐츠가 세계에서, 세계의 콘텐츠가 한국에서 사랑받도록 하겠다"라는 포부를 밝힌 바 있다.[9] 수백억 원대 제작비를 내세운 자본 유입의 시작이자 드라마의 텐트폴화가 예견되는 대목이었다.

장르, 지역, 자본의 한계를 뛰어넘은 〈킹덤〉의 성과에는 창작자의 의견을 최대치로 수용하는 '자유로운 제작 환경'이 뒷받침된다. 2019년 김성훈 감독은 한 언론사와의 인터뷰에서 "제작비가 충분하고 크리에이터를 존중해주는 분위기를 느껴" 〈킹덤〉을 넷플릭스로 가져갔다고 설명했다.[10] 김은희 작가 역시 2021년 초 넷플릭스의 콘텐츠 로드쇼에서 "〈킹덤〉 시리즈는 넷플릭스가 없었다면 제작이 불가능했을 것이다. 드라마 〈시그널〉이 끝나고 난 뒤 구상했는데 목이 잘리는 수위가 당시로는 방송에 나오는 게 불가능

---

8   이성민, 「거대한 도약 이후 맞이한 도전들, 방송 한류의 새 길을 찾다」, 『2022 한류백서』(서울: 한국국제문화교류진흥원, 2023), 36-68.

9   한광범, 「넷플릭스 "한국 콘텐츠, 전세계 팬들 연결 통로될 것"」, 『이데일리』 2019년 1월 24일 자. https://www.edaily.co.kr/News/Read?newsId=02728966622361000&mediaCodeNo=257

10 물론 넷플릭스가 창작자에게 그 어떤 제한도 두지 않는 것은 아니다. '크리에이티브 메모'가 그 예이다. 넷플릭스 역시 시나리오 진행 시 창작자에게 코멘트를 제공하는데, 이는 단순한 '의견 전달'이기에 실제 작품에 반영되지 않아도 문제가 없다. 가령 봉준호 감독의 〈설국열차〉는 제작자 하비 와인스틴(Harvey Weinstein)과의 편집권 불화로 대규모 상영을 하지 못했고, 제한적 배급 방식으로 선보인 사례였다. 정시우, 「미 개봉 '설국열차', 감독판 고수하는 대신 제한상영 운명 맞다」, 『한국경제』 2014년 2월 7일 자. https://www.hankyung.com/entertainment/article/2014020773474. 이와 같은 강압이나 밀고 당기기는 넷플릭스에는 없다. 단, 크리에이티브 메모의 존재로 미루어 볼 때 넷플릭스가 강조하는 제작 자율성은 '완벽한 자율성'이라고 보기는 어렵다.

했다"고 강조했다. 나아가 "넷플릭스와 영상회의를 하는데 한 번도 안 된다는 이야기를 들은 적이 없다"면서 괴질에 걸려 좀비가 된 이야기로 시작하는 드라마가 "어떻게 보면 꽤 한국적이라는 점에서 전 세계 시청자들이 받아들일 수 있을지 의문을 가졌지만, 넷플릭스 측이 흥미롭다"[11]고 반응했다며 의미를 부여했다.

같은 자리에서 〈인간수업〉의 제작사 스튜디오329 윤신애 대표도 비슷한 말을 이어갔다. 학교에서는 모범생인 18세 소년이 성매매 알선 애플리케이션을 개발해 포주가 되었다는 설정의 〈인간수업〉 역시 "넷플릭스밖에 방법이 없지 않나", 제작 과정에서 넷플릭스와 "한 팀처럼 행복했다"라고 언급했다. 〈인간수업〉은 N번방 사건 이후 범죄자에게 서사를 부여하지 말라는 사회적 목소리가 높아지는 불리한 맥락 가운데 등장한 작품이었다. 윤 대표는 13년 전 드라마 〈개와 늑대의 시간〉을 함께했던 김민진 감독에게 〈인간수업〉 연출을 제안한 일화를 소개하면서 당시 김민진 감독이 본인에게 "잘못 다루면 대표님 회사 문 닫고 나는 연출 인생 끝날 수 있다"고 언급했다고 말했다. 그런 김 감독에게 윤 대표는 "이런 파격적인 드라마는 평생 기다려도 나에게 잘 오지 않을 작품이다. 믿을 만한 제작자에, 넷플릭스에서 한다니 뛰어든 거다"[12]라고 답했다며 넷플릭스를 만나 감격스러웠던 상황을 언론을 통해 설명했다.

"넷플릭스뿐"이라는 윤신애 대표의 말은 무엇을 뜻하는가? 대규모 제작비, 제작시간, 제작자유 삼박자를 고루 제공하는 유일무이한 곳. 앞서 보았듯이 한국 드라마 최초로 넷플릭스와 드라마 방영권 라이선스 계약을 맺었던 〈미스터 선샤인〉은 제작비 400억 원의 70%에 해당하는 280억 원에 독점 배급 판권을 넷플릭스에 넘겼다.[13] 작품 실패에 따른 위험부담을 줄이면서도 총 제작비를 회수하고, 광고, 협찬, PPL 등 추가 수익을 확보하는 데에도 문제가 없었다. 이처럼 대규모 제작비와 자율성을 보장해 현재 수익뿐 아니라 미래가치를 담보할 수 있도록 하는 넷플릭스 앞에서, 국내의 각종 규제는 시장과 자본의 운동을 제한하는 강박적 조치로 간주된다. 지상파나 케이블, 종편이었다면 단박에 거절당했을 내용이 넷플릭스에서는 가능하기 때문이다. 진혜는 제작자로서 넷플릭스를 먼저 염두에 두지 않을 이유가 없다면서, 지상파나 케이블, 종편이었으면 거절당했을 선정적인 내용을 규제하는 방통위를 두고 "크게 고쳐져야 하는 조직"이라는 말도 덧붙였다. 제작 자유를 보장받을 수 있다면 국가의 불필요한 규제 권력은 축소돼야 한다는 '규제 완화의 지지'는 플랫폼 아비투스의 기초골격을 이루면서 다수 제작자들에게 체화된 지식으로 받아들여졌다. 글로벌 OTT와 협업한 제작자들이 우대받는 위치와 플랫폼 아비투스가 한데 버무려져 생겨나는 독특한 실천전략인 셈이다.

11 김나인, 「넷플릭스, 올해 K콘텐츠에 5500억 원 투자…콘텐츠 경쟁 격화」, 『메트로』 2021년 2월 25일 자. https://www.metroseoul.co.kr/article/20210225500305
12 임수연, 「논란의 드라마 〈인간수업〉의 모든 것」, 『씨네21』 2020년 5월 12일 자. http://www.cine21.com/news/view/?mag_id=95361
13 김인구, 「'미스터 션샤인' 넷플릭스에 거액 판매… 中시장도 뚫는다」, 『문화일보』 2018년 6월 25일 자. https://www.munhwa.com/article/11090555

'나는 이런 얘기를 하고 싶은데 할 수 없어' 하는 게 너무 많았어요. 그런데 〈킹덤〉 보니까 이제 막 영상물에 피가 나와도 될 것 같더라고요. 〈인간수업〉도 좀 크게 달랐던 게 그 학생들이 그렇게 얘기하고 행동하는 거를 어디서 보여줄 수가 있어요. 근데 그건 방통위 잘못이라고 생각해. 정말 방통위는 크게 고쳐져야 하는 조직이라고 생각을 하는데. 그렇기 때문에 제한이 없으니까 넷플릭스에 가져가는 것도 너무 많죠. 여기서는 분명히 이거 안 되고 우리 회사만 해도 막 심의 보고 "이거는 해주셨으면 좋겠고, 이건 연출 주의하시고 삭제 부탁드립니다"라고 하거든요. 조금만 뭐가 나와도 그렇고, 칼, 담뱃불 이런 거 못 나오게 하는 게 무슨 의미가 있어요? (진혜)

오랫동안 지상파 중심의 독점 체제로 구축된 한국 방송영상산업은 공공성을 앞세운 여러 규제 아래 놓여 있었다. 선정적이고 폭력적인 방송의 뿌리를 뽑겠다는 의지하에 여러 규제정책이 시행됐고, 지상파 방송프로그램에 대한 등급제도 그중 하나다. 방통위와 같은 별도의 규제기관뿐 아니라 방송사 내부 심의실도 자사 프로그램의 선정성을 꼬집는 역할을 꾸준히 해왔다. 산업 구조상 방송영상제작자들은 선정성과 공익성의 싸움에서 끊임없이 갈등할 수밖에 없었다. 이 가운데 등장한 넷플릭스는 창작자의 자율성을 최대화함으로써 새롭고 더 나은 콘텐츠를 제작하는 일을 일견 가능하게 했다. 진혜가 갈구한 규제완화를 시장화와 완전히 같은 것으로 볼 순 없지만, 탈규제가 시장화의 필수 조건이라는 점에서 넷플릭스를 위시한 플랫폼 아비투스의 면모가 확인된다.

　같은 맥락에서 〈킹덤〉과 〈옥자〉가 넷플릭스를 선택한 근본적인 이유도 규제가 아닌 '창작의 자유'에 있다. 넷플릭스는 '디지털 촬영'이라는 필수 조건 이외에 창작과 관련한 모든 권리를 감독에게 일임했다. 이러한 넷플릭스의 정책은 완성도 높은 결과물을 끌어내는 데 상당 부분 기여했다는 평을 받고 있다. '자유', '유연성'이라는 어휘로 채워진 넷플릭스의 제작문화에 내면화된 제작자들이 있었기에 가능한 일이다. 방송의 공익성을 고려한 심의 규정을 불필요한 규제로 여기고, 규제 대표 기관인 방통위마저 청산해야 한다는 자유주의적 견해는 규제완화를 만병통치약으로 인식함으로써 제도 밖에 있는 글로벌 OTT와 서울, 수도권을 비롯한 지역 방송사 현안에 대한 논의를 후순위에 위치시키는 효과를 낳는다. 한국 방송영상산업의 존재 양식이 자유주의적 토대에 놓인다는 것은 결국 넷플릭스라는 글로벌 유료 서비스의 의존과 또 다른 독점을 전망하게 해준다는 점에서 자본의 편향을 고민하게 만든다.

거듭된 실패를 학습비용으로

하지만 한국 방송영상산업 역사에서 창작 자율성을 살린 참신한 작품이나 국내 자본만으로 프로그램 제작비를 일괄해 충당할 수 있었던 때가 전혀 없었던 것은 아니다. 규제는 있었지만, 새로운 시도도 계속됐다. 바로 케이블 드라마를 통해서다. 2017년 손형석

MBC 피디는 한 언론사와의 인터뷰에서 "tvN은 낮은 시청률과 거듭된 실패를 학습비용이라 여기고 지속적으로 장르물을 밀어붙였다"고 언급했다. 실제 케이블 드라마는 장르물에서 시작해 다양한 실험을 통해 그 스펙트럼을 넓혀왔다.[14] OCN〈신의 퀴즈〉,〈뱀파이어 검사〉와 같은 수사물, 범죄, 스릴러, 미스터리에 tvN〈꽃미남 라면가게〉 등 만화적 특성을 강하게 내세운 새로운 로맨스물이 가세했다. 전체 편수는 지상파 미니시리즈 16부 또는 24부 틀에서 벗어나 10~12부 등으로 자유로웠고, 1회 러닝타임이 70분에 육박하는 지상파와 달리 50분 내외로 짧았다. 미드식의 시즌제나 장르물에 익숙한 시청자와 제작진, 지상파의 한계를 벗어난 유료 방송 특유의 실험성이 맞물린 결과다.[15] 유료 방송인 만큼 심의 기준이 상대적으로 느슨해 과감한 소재가 동원됐고, 표현의 수위가 높아도 편성은 자유로웠다. 이러한 드라마가 계열 채널을 통해 수차례 재방되거나, '00데이'와 같은 몰아 보기로 편성됐다.[16] 대한 역시 지상파가 하지 못했던 역할을 케이블과 종편채널이 해주었다고 강조했다. "제작사나 연기자 입장에서는 쳐다도 안 보던 것(케이블 채널)이었지만, 제작사들이 일단 그쪽으로 움직였다"면서 tvN과 JTBC가 "숨통이 트이게 하는 존재"였으며, 현재는 넷플릭스가 그 역할을 하고 있다고 언급했다. 우리가 경험하고 있는 넷플릭스적인 콘텐츠가 한국에서도 실제로 존재했고, 이는 '거듭되는 지상파의 위기와 한계'라는 역사적 과정을 거쳐 도출된 산물임을 증언하고 있다.

tvN, CJ ENM은 지상파와 다른 전략을 삼은 게 제작비의 100%를 주면서 거기에 기본적인 수익을 보장해줬어요. 바로 지금 넷플릭스처럼. 그 정책을 처음부터 해왔던 거예요. 그러니까 제작사들이나 연기자들 입장에서는 과거엔 쳐다도 안 보던 것들인데, 제작사들이 일단 그쪽으로 가고, 제작비도 지금의 넷플릭스처럼 지상파보다는 좀 나은 제작비 규모고 환경이었으니까. 제작사들이 움직이기 시작하니까 연기자들도 그 정도 비용, 출연료를 주고 어떤 때는 그 이상을 더 주니까 움직이기 시작한 거죠. [...] 지상파가 아니라도 CJ ENM과 JTBC라는 새로운 존재가 생긴 거예요. (대한)

논의를 종합해보면, 이들이 넷플릭스행을 결정한 데에는 기존 제작 시스템에서 제대로 보장받지 못했던 '창작 자율성'과 '자본력'이 자리하고 있다. 막대한 제작비와 함께 연출 자율성을 보장받고 싶은 한국 제작자들의 의도와 한국 시장에 교두보를 마련하려는 넷플릭스의 이해가 상호 조응한 셈이다. 한계에 이른 국내 시장을 넘어 새로운 돌파구를 찾아야 하는 한국 방송영상산업은 장르와 지역, 자본의 한계를 탈피할 수 있도록 돕는 넷플릭스를 환영했다. 넷플릭스와 연합한 기득권자들은 더 이상 기존의 투자·배급 시스템 영향력 아래 억눌려 있거나 촬영이나 편집권을 개입받지 않아도

14 박노현, 「케이블 채널 오리지널 드라마연구를 위한 試論 —OCN/tvN/JTBC를 중심으로—」, 『한국학연구』 51호(2018): 495-534.
15 정영희, 「2000년대 중반 이후 한국 텔레비전 드라마 연구 : 지상파, 케이블·종편의 장르 및 소재를 중심으로」, 『한국방송학보』 33권 5호(2019): 221-252.
16 양성희, 「뉴 케드의 약진」, 『드라마의 모든 것』(서울: 컬처룩, 2016), 22-29.

됐다. 그들에게 방송심의 규제는 자율성을 제한하는 불필요한 장치로 간주됐고, 없어져야 할 것으로 여겨졌다. 법적 지위 면에서 볼 때, 넷플릭스와 같은 OTT는 방송이 아닌 인터넷으로 분류돼 방통위의 심의를 거치지 않는다는 점은 국내 제작자와 넷플릭스가 연합하게 하는 핵심적 내용이다. 글로벌 OTT로 인해 콘텐츠 제작과 소비 환경이 확연히 변화했는데도 동일한 콘텐츠가 방송에서 전송되면 방송심의로, 모바일을 통해 전송되면 통신심의로 이뤄지는 현실은 방송심의 규제제도가 제 기능을 하지 못하는 표류 상황을 여실히 보여준다.

물론 방송법이 어느 법령보다 정치적 영향력을 많이 받아왔기에, 그 나름의 역사적 특수성을 고려하지 않을 수 없다. 하지만 불과 5년 전만 해도 상상할 수 없었던 일들이 일상이 된 미디어 환경에서 현행 미디어 제도는 실효를 거두지 못하고 있다. 쉽게 설명하자면, 현행법으로는 넷플릭스 스트리밍을 경유한 콘텐츠가 방송인지 통신인지 그 성격을 명확하게 분간할 수 없다는 것이다. 게다가 OTT 사업자는 영상물등급위원회(이하 영등위)의 사전 등급분류 과정을 거치지 않고 콘텐츠 시청 등급을 자체적으로 정하게 되어 있다. 2023년에 시작된 자체등급분류제로 전체관람가는 두 배 가까이 늘고 청소년관람불가는 절반 이하로 줄어드는 부적절한 등급분류[17]가 지속되고 있지만, 이는 제작자들에게 높은 수준의 재량권이라는 이점으로 작용한다. 지상파나 종편에는 허락되지 않는 수준의 폭력, 노출, 성행위, 비속어, 마약 소재의 콘텐츠가 우회로를 타고 가감 없이 공개되고 있는 것이다.

이는 결국 기존 미디어 장을 이끌었던 지상파 방송사가 장 전체를 대표하거나 주도할 수 없는 위치로 전락하게 만든다. 넷플릭스와 함께했던 '행복한 추억'이 언론을 매개로 회자되는 가운데 상징적·경제적 이익이 구조화된 상황에서, 플랫폼 장은 그 이익(소유) 구조에 따라 불평등한 권력관계를 구축해갔다. 이는 결과적으로 '자율성'과 '풍요로움'의 아비투스를 규정하고 공유할 수 있는 중심부 집단과 그것을 따를 수 없는 주변부 집단 사이에 불평등한 세력관계를 만든다. 더욱이 넷플릭스가 국내 방송영상사업자와 콘텐츠 유통을 협상하는 과정에서 독점 공급 조건을 요청하면서 타 업체를 통제하는 것은 명백히 '콘텐츠 동등접근권'과 '공정경쟁'에 반하는 행위다. 하지만 콘텐츠 제작·유통에 걸쳐 현행 방송법에서 OTT 사업자와 관련해 벌어지는 문제들의 위법성을 판단할 또렷한 법적 근거는 없다.[18]

한국 제작자를 "믿고" 일한다는 넷플릭스 관계자의 말은 한국의 방송제도가 제 기능을 못하는 가운데 여러 불안 요소를 제거해

---

17 김형주,「OTT에 맡겼더니 … 폭력·선정적인데 15세 관람가」,『매일경제』 2024년 11월 8일 자. https://www.mk.co.kr/news/culture/11163521

18 2020년 8월, 넷플릭스는 영화배급사 롯데컬처웍스와의 콘텐츠 유통 협상 과정에서 독점 공급 조건을 요청한 것으로 전해졌다. 대표적인 요구 사항은 '국내 OTT 업체인 웨이브 등의 월정액 서비스에 콘텐츠 공유 금지'다. 웨이브 관계자는 "롯데가 배급하고 있는 (넷플릭스 오리지널) 영화 <#살아있다> 이후 롯데에서 취급하는 모든 콘텐츠를 이용할 수 없다고 통보받았다"고 말했다. 업계에선 넷플릭스의 이런 행보에 대해 국내 콘텐츠 시장 점령의 신호탄으로 봤다. 안하늘,「[단독] 'OTT 공룡' 넷플릭스의 본색…"경쟁사에 콘텐츠 주지 마"」,『한국일보』 2020년 8월 5일 자. https://www.hankookilbo.com/News/Read/A2020080409270005726

나가면서 한국 제작자를 자기 편으로 더 깊숙이 끌어들이려는 '욕망'에 가깝다. 이는 전략적 행위장을 연구한 플릭스틴과 맥아담의 표현을 빌리자면, 고도로 발달된 넷플릭스의 '사회성의 기술social skill'이다.[19] 넷플릭스는 한국 방송영상시장에서 여러 제작자들과 전략적 관계를 구축하고, 장 밖의 행위자들을 장 안에 참여하도록 설득하는 소셜스킬을 적극적으로 활용했다. 이러한 배경에서 형성된 방송 장 내 '자율성의 아비투스'는 넷플릭스에 대한 수동적 복종이 아닌, 그 구조에 자발적으로 참여할 것에 동의하는 행위자들과 접합해 일종의 권력 효과를 발휘하고 있다.

---

[19] N. Fligstein & D. McAdam, "Toward a General Theory of Strategic Action Fields," *Sociological Theory* 29(10)(2011): 1-26.

2장 "희한한 한 쌍", 영화와 방송[1]

방송판에 들어온 영화

희한한 한 쌍.[2] 영화와 방송이 매우 오랜 세월 같은 영상 장르였음에도 제도적 연결고리가 마련되지 못했음을 설명하는 말이다. 일찍이 원용진이 주장했듯 '방송과 영화는 연관돼야 한다'는 원론적 명제를 뒷받침할 만한 조치는 없었다. 2000년대 초 방송사업자는 국내 영화를 30% 이상 편성하라는 방송위원회의 고시를 두고 '텔레비전에 편성할 영화가 없다'며 해당 제도를 반대했다. 이에 영화계는 디지털 영화 제작이 늘어날 것을 기대하면서 회고전, 특별전, 단편영화나 독립영화의 옴니버스 방영을 시도한다면 30%는 달성하지 못할 수치가 아니라고 주장했다. 하지만 방송계와 영화계의

---

[1] 다음 논문에서 2장의 내용을 압축적으로 다루고 있다. 김아영, 「넷플릭스 딜레마: 플랫폼 아비투스 시대, 한국 방송영상 제작시스템 변화에 관한 연구」, 『언론과 사회』 32권 2호(2024): 56-105.

[2] "희한한 한 쌍"이라는 말마디는 1965년 브로드웨이에서 초연된 미국 최초의 코미디 작가인 닐 사이먼(Neil Simon)의 극 이름이다. "희한한 한 쌍: 한국의 방송과 영화"라는 논의를 펼쳤을 당시 원용진은 이 연극을 떠올렸을 것이라 추정해본다.

각기 다른 주장이 공식 석상에서 함께 제대로 논의된 적이 한 번도 없었다. 방송과 영화 두 장르의 역사적인 분리 전통 때문이다. 두 장르 사이의 인적 교류라 해도 영화감독이 TV 단막극을 연출하는 정도에 그쳤다. 텔레비전 프로듀서가 영화를 제작하기라도 하면 그 자체만으로도 뉴스거리가 되곤 했다.

실제 두 장르 간 분리는 방송사의 영화 의무 편성시간에서도 확인할 수 있다. 2000년 6월에서 12월간 MBC의 전체 영화 방영시간 중 미국영화 비율은 81%를 차지했고, 공영방송 KBS1, KBS2는 각각 91%, 98%를 미국영화 방영에 할애할 만큼 방송과 영화는 만남을 자제했다.[3] OTT 플랫폼을 논외로 한다면, 이러한 전통은 20년이 훌쩍 지난 2025년에도 이어지고 있다. 현재 지상파 방송사업자는 연간 전체 영화방송시간의 100분의 25 이상, 종합유선방송사업자, 위성방송사업자, 방송채널사용사업자는 100분의 20 이상 국내제작 영화를 의무적으로 편성해야 한다.[4] 이러한 문제의식 아래 넷플릭스라는 외생적 충격을 겪었음에도 방송/영화 제작자들에게 변함없이 남아 있는 뿌리 깊은 분리 의식과 그럼에도 불구하고 두 장르의 뒤섞임을 통해 어떠한 변화가 일고 있는지를 조명해보자.

〈오징어 게임〉은 '영화감독이 만든 드라마'라는 점에서 '경계의 소멸'이라는 화두를 제기했다. 특히 넷플릭스 사상 초유의 진기록을 세운 시즌 1이 등장했던 2021년은 한국 방송영상산업에 긴장을 가한 국면이자 한류 콘텐츠가 그 어느 때보다 널리 퍼진 시기이며, 새로운 모색을 요청하는 '문제의 시점'으로 지목할 수 있다. 가장 눈여겨 볼 지점은 바로 드라마 장에 들어온 영화계의 변화다. 이 두 장르는 꽤 오랫동안 제작 장비부터 공개방식까지 모든 면에서 차이가 컸다. 영화는 영화관에서, 드라마는 지상파 텔레비전 채널에서 공개됐고, 텔레비전에서 방영되는 일부 영화는 명절 전후로 제공되는 특선영화에 한정되곤 했다. 영화 전문 케이블TV를 거쳐, 다운로드와 스트리밍 서비스가 시작되면서 영화와 드라마는 대중에게 가 닿는 방식이 비슷해졌다. 다른 것이 있다면 첫 공개 방식인데, 그 차이도 일정 시간이 지나면 무색해졌다. 코로나19로 한국 영화시장의 75%가량을 차지한 극장시장이 후퇴하고, 한국 영화산업규모가 20년 전 수준으로 되돌아가면서 영화산업 전반에 위기감이 돌았고, "넷플릭스행을 문의하려는 한국영화의 줄이 넷플릭스 코리아가 위치한 종각에서 종로5가까지 이어졌다"는 말이 들려올 정도였다.[5]

이를 증명하는 건 영화 지표다. 코로나19의 영향이 가시화된 2021년 극장 수익은 5,000억 원 수준, 한국영화 점유율은 30.1%까지 떨어져 2001년 수준으로 회귀했다.[6] 국가의 강력하고도 지속적인 방역 정책으로 인해 한국 제작사들이 극장에 영화를 공급하지 않은 것이 한국영화산업의 불안정성을 더욱 높였다. 공급 부족은 극장 매출 하락으로 이어졌다. 2021년 기준 중국, 일본에서는 극장

---

3   원용진, 「희한한 한 쌍: 한국의 방송과 영화」, 『한·불 영상세미나 정리자료집』(부산: 영화진흥위원회, 2001), 62-65.

4   방송프로그램 등의 편성에 관한 고시, 국가법령정보센터, https://www.law.go.kr/LSW/admRulInfoP.do?admRulSeq=2100000179390&chrClsCd=010201

5   김성훈, 「넷플릭스로 가려는 한국영화, 종각부터 종로5가까지 줄 섰다고?」, 『씨네21』 2021년 6월 30일 자. https://cine21.com/news/view/?mag_id=96650

매출이 70% 이상 회복됐지만, 한국은 2019년의 30% 회복에 그쳤다. 물론 2022년 4월 18일 방역조치가 극적으로 완화되면서 같은 해 2분기부터 매출이 빠르게 회복되었고, 〈범죄도시 2〉가 5월 18일에 개봉하면서 극장산업은 다시 활기를 띠었다. 하지만 한국 극장산업은 크게 세 가지 이유에서 밝은 미래를 예견하기 어려웠다. 첫째, 2022년만 해도 창고에 쌓인 영화가 100여 편에 달했다. 이는 6개월 정도 개봉을 이어갈 수 있는 양이다. 개봉이 밀린 영화들이 너무 짧은 기간 동안 극장에 걸릴 경우 수익이 나지 않아 새로운 영화에 자금이 투자되기 어렵다. 둘째, 코로나19 기간 동안 극장 운영이 어려워지면서 티켓 가격이 여러 차례 상승했다. 20개국 평균인 8.3달러에 대비해 8.5달러로 소폭 높은 수준이지만 인상률은 GDP 상위 20개국 중 인도에 이어 두 번째로 높았다.[7] 마지막으로는 OTT 구독자 증가다. OTT가 극장 영화의 대체제가 아닌 보완재라고 하지만, "각자 몰아 보고, 끊어 보고, 편하게 누워 보는" OTT의 흥행과 극장관객의 감소는 어느 정도 예견된 일이다.[8] 1981년 '혼자' 영상을 보는 키네토스코프를 발명한 에디슨이 130년 만에 인정받게 된 때라는 해석마저 가능해졌으니 말이다.[9]

이러한 흐름에서 국내 OTT의 극장시장 진출도 가속화했다. CGV는 2021년 4월 1일부터 왓챠가 독점 수입 배급한 작품을 선보이는 'CGV 왓챠관'을 열었고, 〈서복〉은 4월 15일 티빙과 극장에서 동시 공개 및 개봉했다.[10] 이는 멀티플렉스 소유와 수직계열화를 통해 절대적인 영향력을 발휘하던 CJ, 롯데, 쇼박스, NEW 등 메이저 투자배급사의 지위 변화를 야기함으로써 '영화시장 질서 재편'

을 보여주었다.[11] 이제 국내외 OTT 오리지널 콘텐츠는 적어도 첫 공개 방식에서 영화와 차이가 없어졌다.[12] 생존을 위한 영화계의 끊임없는 몸부림이 불러온 변화다.

6   영화계의 역경은 여기서 그치지 않는다. 공연시장 매출액마저 영화시장 매출액을 앞질렀다. 2023년에 처음 역전되기 시작한 공연시장 매출액은 2025년 상반기 기준 영화시장 매출액의 두 배를 넘어서 7,100억 원으로 집계됐다. 송석주, 「[단독] 상반기 공연시장 매출액 7000억 넘겼다…영화 크게 앞질러」, 『이투데이』 2025년 6월 23일 자. https://www.etoday.co.kr/news/view/2481119. 영화 티켓의 몇 배에 달하는 연극에 관객이 몰리는 것은 연극이 주는 현존성과 영화가 더는 영화관의 소유물이 아니라는 데 있다. 이영애, 전도연, 엄기준 등 그간 드라마와 영화 장에서 활동했던 배우들이 연극판으로 흘러 들어가 연극계의 저변이 확대되는 이점이 있지만 부작용도 적지 않다. 유명 배우들이 대형 흥행작에 집중되면서 연극계 출연료를 상승시키거나 소규모 연극이 외면받는 문제도 상존한다. 이러한 영화의 쇠퇴에는 넷플릭스와 같은 스트리머의 성장이 결정적인 역할을 했음은 물론이다.

7   김경만, 「영화티켓지수로 알아본 영화관람 가격 적정성 점검」, 『KOFIC 이슈페이퍼 2022-06』(부산: 영화진흥위원회, 2022), 4.

8   이재우, 부천국제영화제 메이드 인 아시아 포럼, 2022년 7월 10일 자.

9   이승연, 『한국영화가 사라진다』(서울: 바틀비, 2023), 36-37.

10   CJ뉴스룸, 「CGV, 왓챠와 협력해 왓챠관 4월1일 오픈」, 『CJ NEWSROM』 2021년 4월 1일 자.

11   미국에서도 OTT 중심의 영화시장 변화가 엿보인다. 디즈니, 워너, 유니버설 등 미국 스튜디오들 역시 OTT 진출을 가속화했다. 드림웍스가 제작하고 유니버설이 배급한 〈트롤: 월드투어(Trolls Word Tour)〉(2020)처럼 할리우드 스튜디오가 자사 계열 OTT 서비스에 작품을 공개하거나, 넷플릭스가 제작한 〈맹크(Mank)〉(2020), 〈힐빌리의 노래(Hillbilly Elegy)〉(2020)처럼 2주간 극장 개봉 후 OTT에서 서비스를 개시하는 방식이 이어졌다. 이는 독점적 1차시장으로서 극장과 OTT의 경계가 무너지고 있음을 보여준다. 세계 최대의 영화투자사로 성장한 넷플릭스가 미국영화협회(MPAA)에 가입한 2019년부터 이미 예견된 현상이었다. 노철환, 「포스트 코로나 시대 독점적 1차 시장으로서 영화관의 존속: 구독제 서비스와 버추얼 시네마를 중심으로」, 『아시아영화연구』 14권 2호(2021): 263-291.

'드라마'가 아니라 '시리즈'라고?

이러한 사실을 증명하듯 넷플릭스에 유통되는 한국 드라마 시리즈의 절반 이상은 영화감독이 제작을 맡았다. 국내 방송영상산업과 관련된 그 어떤 정책과 제도도 힘을 발휘하지 못하는 상황에서 영화감독이라는 신참자이자 도전자가 드라마 장이라는 방송영상 하위 장에 유입됐다. 제작 자율성 면에서 이미 큰 재량권을 갖고 작품활동을 해왔던 영화감독들은 글로벌 OTT 아래서 산업 내적 구조의 변화 방향을 좌우하는 힘을 갖기 시작했다. 실제 2017년부터 2025년 1분기까지 제작된 한국 넷플릭스 오리지널은 드라마 69편, 영화 28편, 예능 30편, 애니메이션 3편, 시트콤 2편, 스탠드업 코미디 4편, 다큐멘터리 3편이다. 드라마 편수가 영화 편수보다 약 2배(40.6%) 높지만, 영화 분야에서의 참여가 두드러졌다. 가령 2019년과 2020년에 등장한 4편의 오리지널 콘텐츠 중에서는 단 한 편만이 영화감독의 작품이었지만, 2021년에는 8편 중 5편, 2022년 12편 중 7편, 2023년, 2024년, 2025년 각각 14편, 15편, 16편 중 매년 7편이 영화감독에게 맡겨졌다. 연출을 맡은 감독들이 대개 장편 극영화 제작에 참여한 경험이 있다는 점이 특기할 만하다(부록 〈표 3〉~〈표 8〉 참조).

흔히 영화인들의 시리즈물 제작과 관련해 '채널의 확장'과 '플레이어의 확대'를 이야기하곤 한다. 단순하게 생각했을 때, 코로나19 이전만 해도 드라마 제작에 본격적으로 뛰어드는 영화사는 없었다. 하지만 코로나19 이후 사회적 거리두기로 영화관이 셧다운에 가까운 상황에 이르자 영화제작사와 영화감독이 드라마가 돈이 된다고 판단해 드라마 제작 분야로 눈길을 돌리기 시작했다. 영화 인력뿐 아니라 네이버와 같은 플랫폼 기업이 스튜디오를 만들어 드라마 제작에 직접 뛰어드는 양상도 쉽게 확인할 수 있다. 그런데 이는 단지 표면적인 관찰일 따름이다. 넷플릭스의 한국 진입 초기 내부 인력의 배치를 보면 세부 맥락이 보인다. 주현은 넷플릭스가 한국 사무소를 설립할 당시 영화사 프로듀서가 제작부서로 유입됐다는 측면에서, 호경은 국내 스튜디오 재직자들이 대거 이직했다는 사실에서 두 장르 간의 만남을 설명했다.

넷플릭스가 한국에 사무소 만들 때 제작 파트에 헤드로 계셨던 분이 원래 영화사 프로듀서 분이세요. 원래 영화 인력이셨던 분들을 데려간 거죠. 사실은 프로덕션팀을 내부에서 구성할 때 당연히 현장에서 경험 있는 사람들로 꾸리는데 영화 백그라운드 있으신 분이 가서 전체 프로덕션 쪽을 총괄하시게 한 거고. 그렇게 되니까 아는 프로듀서 분들 통해서 프로젝트 듣고 만나는 자리들도 늘고 네트워크를 형성하는 일이 늘고 그렇게 됐죠. (주현)

넷플릭스가 어느 순간부터 자체 콘텐츠를 만들기 시작했거든요. 드래곤에 있는 피디들이 넷플릭스 또는 카카오 쪽으로 많이 이직

---

12 송영애, 「〈오징어 게임〉이 소환한 한국영화와 드라마, 그리고 현재」, 『르몽드디플로마티크』 2021년 10월 29일 자. https://www.ilemonde.com/news/articleView.html?idxno=15116

했어요. 드래곤에서 되게 연륜 있고 일 잘한다는 사람들이 다 넷플릭스에 가 있는 거죠. 영화감독들이 넷플릭스에 많이 진출해 있는 건 맞는데 그게 어떤 다른 이유는 아니고, 이미 방송 드라마를 만들 수 있는 감독들은 또 그만한 버젯의 영화, 드라마를 찍고 있기 때문에 영화감독을 우대하는 건 아니라고 볼 수 있죠. (호경)

영화 프로듀서의 경험치가 초기 넷플릭스의 정착과 성장에서 필수적인 요소였음은 분명해 보인다. 넷플릭스는 작품을 만드는 과정에서 영화와 유사하게 사전제작뿐 아니라 자금 모집, 스태프 고용, 배급자 섭외 등 전체를 총괄하기 때문이다. 예컨대 김민영 아태지역 총괄은 국내 엔터테인먼트업계의 제작 방식과 넷플릭스의 사전제작 방식 간의 차이로 인해 〈킹덤〉 제작 과정이 순탄치 않았다면서 "한국 파트너에게는 넷플릭스의 방식을, 회사 측에는 한국 시장 상황과 맥락을 설명해야 할 때가 많고, 중간에서 양쪽을 설득하는 일이 힘들다"고 언급한 바 있다.[13] 그런 의미에서 영화감독은 방송영상 장에서 새롭게 열린 기회구조를 적절히 활용했다고 볼 수 있다. 영화감독과 넷플릭스의 협업이 플랫폼 아비투스가 조응하는 공간의 가능성을 열어젖힌 것이다.

    연장선에서 좀 더 들여다볼 점은 영화가 지닌 위상이 여타 영상물과 사뭇 다르다는 점이다. 영화는 1990년대 후반부터 '문화적 구별짓기'의 기준이 되고, 한국 사회에서 하나의 예술로 공인받았다. 정치판에 동원됐던 영화 장은 정치 장에서 독립해 자율성을 획득했고, 그 기간 역시 오래됐다. 여기에 영화계의 고유한 내기물

stakes, 즉 영화 장 참여자들이 얻고자 하는 고급예술이라는 상징자본의 형태가 합의됐고, 주요 국제영화제에서 거둔 수상 실적과 같은 사회적 공인 기제도 오랜 세월 축적됐다. 이러한 한국 영화 장의 특수성은 영화감독의 글로벌 OTT 진출에 강점으로 작용했다. 넷플릭스에 진입한 봉준호, 황동혁, 한준희, 연상호 등은 이미 영화 장에서 습득했을 '고급예술'의 아비투스를 통해 넷플릭스라는 글로벌 OTT의 흐름에 적극적으로 대응했다고도 볼 수 있다.

한편으로 국내 스튜디오 직원들의 이직 사례에서 알 수 있듯 넷플릭스가 기어코 '예술가 분파'에 해당해온 영화감독만을 우대했다고 보기는 어렵다. 그럼에도 유독 영화감독이 만든 드라마가 전 세계적인 주목을 받는 일이 반복됐다. 드라마판에서 잔뼈가 굵은 이의 분노가 그를 증명한다. 대현은 "드라마를 시리즈라고 표현"하는 감독과 같은 일부 영화인의 유입이 "남의 시장을 침범"한 것이라고 판단했다. 기존 드라마 장의 기득권자에게는 위협으로 느껴지는 것이다. 이 대목에서 예술영화와 대중영화는 플랫폼 진입 여부에 따라 양극단에서 비교 대상이 된다. 대개 박찬욱 감독의 영화를 '이해하기 어려운 영화'로 평가하는 경향이 있다. 예술영화로 분류된 그의 영화는 생산 장에서 차별적인 위치를 구성[14]한다. 반면 황동혁 감독의 영화는 누구나 '이해하기 쉬운' '대중영화' 또는 '상업영화'로 분류되곤 한다. 이러한 분류법은 민종과 철민의 말에서도 확

13 하예진, 「넷플릭스 "나를 대체할 수 있는 사람만 채용한다"」, 〈브리핑스〉 (2021. 6. 24). https://han.gl/kgzcZ

인된다. 민종은 영화학과 재학시절 내내 "방송 쪽 가서 일하지 말라"는 선배들의 충고를 끊임없이 들어왔는데, 이는 '제작 과정의 차이'에서 기인한 면이 크다. 사전제작을 필수로 하는 영화는 "만족할 때까지" 작품을 만들 수 있는 시간적인 여유가 확보되지만, 방송은 "편성에 맞춰서 시간 안에 끝내는" 것이 중요하다. 실제로 드라마 피디가 영화를 만들어 성공시킨 사례는 찾기 어렵다. 가령 2006년에 개봉한 멜로영화 〈국경의 남쪽〉은 드라마 연출자 안판석의 스크린 진출작이었지만 30만 명을 동원하는 데 그쳤다.

영화 장과 방송 장 내 행위자들의 뿌리 깊은 '분리 의식'은 커리어를 시작하게 된 계기와 과정의 다름에서 비롯하기도 한다. 영화 감독은 통상적으로 영화과를 졸업하고 특정 감독의 연출부 막내로 일하다가 단편 시나리오로 재능을 인정받아 입봉하는 경향이 두드러진다면, 드라마 피디는 특정 방송사의 '공채 시스템', 즉 입사 시험을 거쳐 외주제작사의 작품을 공채 피디가 연출하는 사례가 다수다. 이로써 영화는 감독의 작품, 드라마는 작가의 작품이라는 경구가 넷플릭스를 계기로 다시 한번 증명되는 셈이다.[15]

저는 영화학과 출신이지만 선배들이 방송 쪽 가서 알바하지 말라고 했었어요. 저쪽 가면 '감 떨어진다' 이런 얘기를 하기도 하고 또 반대로 영화보다 방송이 더 페이가 좋아요. 그리고 영화는 만족할 만한 수준이 될 때까지 뭔가를 만든다는 느낌이 있고, 방송은 편성에 맞춰서 그 시간 안에 끝나는 게 더 중요한 거예요. 그러니까 연출하는 방법도 다르고 포커스도 다른 거죠. 근데 지금은 사실 그런

부분이 무의미해진 거죠. 왜냐하면 장비도 합쳐지고 제작 과정도 합쳐지고 하다 보니까. (민종)

2009년 정도까지는 방송 다큐멘터리와 독립영화 다큐멘터리, 그러니까 스크린에서 상영되는가 아닌가에 대한 구분이 훨씬 더 엄격하고 심했던 것 같아요. 거의 물과 기름처럼. 서로를 잘 모르고 혹은 '너희랑 우리는 너무 달라' 이런 것들이 되게 명확하게 그어져 있던 시기였어요. 만약에 저희 (영화과에서) 산업 쪽, 그러니까 방송 쪽에서 다큐멘터리 작업을 하고 싶으면 아예 그쪽으로 가서 하지 않으면, 채널이나 플랫폼에서 작품 내보낼 만한 기회는 아예 없다는 판단이 들 정도로. (철민)

영화는 보통 처음에 제작 현장에 가서 연출부 제작하다가 작품 만

14 대현의 주장과는 달리 실제 박찬욱 감독은 영화 〈아가씨〉의 개봉 이후 한 언론사와의 인터뷰에서 본인을 "예술감독이라고 보는 시선은 대표적인 오해"라고 말했다. "언제나 내 영화의 의도는 변함없는 오락영화, 상업영화, 대중영화"인데 그런 것이 통하거나 통하지 않는 것이란 주장이다. 최영아, 「〈아가씨〉 박찬욱 "예술영화 감독? 대표적 오해다."」, 『YTN』 2016년 5월 27일 자. https://star.ytn.co.kr/_sn/0117_201605271119279032. 대중의 판단과는 달리 박찬욱이 생각하는 자신의 아비투스는 상업적인 성공을 부차적으로 여기고, 축적해야 할 자본을 명예, 권위와 같은 상징자본으로 삼은 예술가의 아비투스가 아니다.

15 물론 다수 회차의 시즌제를 기본으로 하는 드라마 시나리오를 2시간 안팎의 이야기를 쓰는 데 익숙한 영화감독이 단독으로 구성하기는 쉽지 않다. 영화감독이 방송사 작가를 영입하는 사례도 늘고 있는 이유다. 일례로 2024년 변영주 감독의 첫 드라마 연출작 〈백설동주에게 죽음을〉(MBC)의 극본은 드라마 〈구해줘2〉의 각본을 썼던 서주연 작가가 맡았다.

드는 거고, 감독들은 영화 관련 학과 나와서 시나리오 공모전에 응시를 하든 어쨌든 본인이 직접 시나리오 써서 피디나 제작사가 마음에 들어하면 그걸로 첫 작품 데뷔하는 거고. 드라마는 방송사에서 공채로 피디들을 뽑잖아요. 공채 피디가 있고, 당연히 그 안에 CP, 기획피디들이 다 있으니까 드라마 제작사들 제안 들어오면 그 중에서 선정해서 자기네 공채로 뽑은 피디들이 연출하는 사례가 많고. 기획 개발에서 작품으로 만들어지는 시스템 자체가 방송사 쪽은 아예 그냥 회사 중심으로 만들어진 측면이 크고 영화 같은 경우에는 그렇지는 않으니까. (주연)

넷플릭스 이후 드라마와 영화가 방송영상산업에서 더 큰 대립축을 형성하는 가운데 이들 다수는 장 내 구별 과정에서 자신의 영역에 남다른 가치를 부여하고 있었다. 이는 다수 대중의 취향보다는 소수를 염두에 두고 생산 여지를 조절하는 이른바 자율적 생산 영역인 '정통 다큐멘터리 감독'에게서도 동일하게 발견되는 의식이다. 이처럼 방송 장의 하위 장인 영화 장과 드라마 장은 행위자를 중심으로 마치 "물과 기름처럼" 섞이지 못한 과거사와 함께해왔다. 상당한 전통을 지닌 영화는 영화만의 독특한 미학을 구축한 대중매체라는 점에서, 텔레비전 방송은 영화의 사생아쯤으로 여겨져왔다는 점에서다. 드라마의 독자적 영상미는 시간이 지날수록 일정 궤도에 올랐지만 이 역시 최근의 일인 데다가 영화 작가에 필적할 만한 인물도 드물었던 게 사실이다. 넷플릭스 한국 오리지널과 그 이전 국내 케이블 드라마에서부터 본격화했던 새로운 영상미의 구축은 단순히 산업적 변화로만 설명될 순 없다. 그 변화 과정에는 반드시 사람과 그 사람의 노력과 생각이 숨어 있게 마련이다. 이 글에서 그 변화를 추동할 만한 제작자들의 움직임을 반복해서 살펴보는 결정적인 이유다.

디지타이징, 경계는 이미 깨졌다

근본적인 관점에서 영화 장의 유입과 약진을 근저에서 떠받치고 있는 것은 바로 '디지털화'다. 민종은 과거 영화는 필름을, 드라마는 비디오테이프를 썼다면, 디지털 시대에는 파일file을 기준으로 그 두 영역이 완전히 변화됐다고 말한다. 그도 그럴 것이, 파일에 기반한 디지털 작업 절차에서는 방송용 테이프의 중요성이 사라지게 된다. 더욱이 글로벌 OTT의 경우 제작·송출 전 과정이 디지털화된 방송 장비와 시설에 기반을 둔다. 달리 말해 촬영과 후반작업, 배급과 상영 전 과정이 디지털 데이터와 파일, 소프트웨어로 뒷받침되고 있고, 케이블TV, IPTV 역시 기술적·법적 지위는 다르지만 '인터넷으로 전송되는 데이터'라는 점에서 그 차이를 체감하기는 어렵다. 따라서 넷플릭스는 단지 플랫폼 중 하나일 뿐 디지타이징digitizing이 가능해진 시점부터 영화와 드라마의 경계는 이미 깨졌다는 이야기다.

영화는 필름을 쓰고, 여기는 비디오를 썼다라는 게 과거의 구분이라면, 이게 다 디지털로 바뀌었잖아요. 이제 파일을 기준으로 모든 게 바뀌는 거잖아요. 그러니까 제작 과정에서 디지털을 쓰고, 상영 과정에서도 그렇고요. 방송도 지상파가 있고 케이블TV가 있고 IPTV가 있었다고 하지만 지금은 없잖아요. 그냥 인터넷으로 전송되는 데이터인 거지 어떤 건 전파를 쓰고 어떤 건 케이블 망을 쓰고 이제는 그런 게 아니잖아요. (민종)

넷플릭스 이후 영화와 드라마는 '경계의 침범과 무화 사이'에서 그 나름대로 진통을 겪고 있지만, 이제 그 경계에 대해 논하는 것은 어쩌면 진부한 이야기일지도 모른다. 데이터와 정보, 인터넷이 바꾸어놓은 문화적인 지형 속에서 관객(시청자)은 바뀌었고, 자본과 플랫폼도 이미 변했다. 더 많은 영화감독이 넷플릭스를 통해 영화가 아닌 '시리즈'로 자신의 연출 능력을 뽐내려는 시도가 이어질 수밖에 없는 이유다. 그간 멀티플렉스와 같은 대자본이 독점하는 산업적 구조, 보수/진보에 영향을 받는 정치적 구조라는 두 가지의 압력이 한국영화의 미래를 어둡게 했지만, 글로벌 OTT의 도입 이후 이러한 압력 역시 점차 힘을 잃고 있는 것만은 분명하다. '디지털'이라는 화두로 연결되는 추가적인 변화들은 더욱 세분화되는 프로덕션 과정, 콘텐츠 품질관리Quallity Control: QC 논의에서 더욱 세부적으로 제시할 것이다.

시즌제와 빈지워칭은 유효한가?

프로그램의 기본 단위인 '화',[16] 즉 에피소드의 변화 역시 영화 장과 드라마 장이 조우하게 되는 유의미한 증거다. 넷플릭스 오리지널 시리즈는 16부작을 정석 삼은 기존의 텔레비전 드라마와 달리 통상 6부작, 8부작으로 편수를 줄여 제작된다. 당초 12부작으로 예정되었던 한국판 <종이의 집> 역시 반으로 나뉘어 시즌 1로 공개되었는데, 이는 넷플릭스 빈지워칭binge-watching(특정 드라마나 영화 시리즈를 연속해서 몰아 보는 행위) 전략을 반영한 결과다. 12개 에피소드를 한번에 공개하기보다는 6개 에피소드를 두 번으로 나누어 공개하고, 둘 사이에 시간적 여유를 둠으로써 기존/잠재 구독자를 유인하려는 전략이다.

이전에는 16부작 드라마 그리고 120분 안팎에서 소화해야 하는 영화, 두 가지 선택이었다면, 지금은 포맷이 훨씬 다양해졌어요. 넷플릭스에서는 영화를 조금 더 늘려서 6부작, 8부작짜리로 만들 만한 여력도 있고, 기존 드라마 포맷을 지키지 않아도 되니까. 영화로 기획 개발했었던 것 중에서 6개나 7개로 에피소드를 늘릴 수 있다면 그렇게 기획 개발해서 넷플릭스에 가져가죠. 그러면서 영화 하던 사람 드라마 하던 사람 경계가 좀 확실하게 무너진 계기가 된

---

[16] 남명희, 「미국식 TV 드라마 시리즈의 시즌제도와 마블 시네마틱 유니버스의 페이즈 비교」, 『영화연구』 87호(2021): 85-117.

것 같아요. (연주)

승곤은 넷플릭스 오리지널 드라마를 촬영하면서도 해당 작품이 시즌제로 나뉠 것이라고는 예상하지 못했다고 말한다. 절반으로 잘려 공개된 첫 번째 시즌은 장편을 가위로 오린 것에 지나지 않았다. 시즌제는 분명 기존 드라마의 성공을 이어가면서 더 많은 이야기를 전달할 수 있는 방식임은 분명하다. 하지만 미국의 넷플릭스와 한국의 드라마 제작환경이 다르기에 넷플릭스의 제작 시스템을 자연스러운 것으로 받아들이기는 쉽지 않다. 미국에서는 전체 시즌을 어떻게 꾸릴지 미리 구상하고 여유 있는 일정에 따라 제작하는 환경이 조성된 반면, 한국은 '쪽대본'이 일반적이고 '생방송 촬영'이란 말이 나올 정도로 촉박한 일정으로 움직였다. 주차별 시청률에 민감한 풍토이기에 대다수 드라마는 사전제작이 불가능했다. 당장 작업 중인 드라마를 완성해 곧바로 방영하는 것이 중요하다는 점에서 이야기가 꼬리를 물고 이어지는 시리즈를 고민할 여유가 없었던 것이다.[17]

이러한 배경 아래서 도입된 시즌제는 한국 제작자의 의도보다는 권력관계에서 우위를 점한 넷플릭스의 규칙에 완전히 합치되는 경향을 보인다. "넷플릭스에 가면 갑자기 잘나가는 것 같고", "강남 사람이 된 것 같은" 만족감은 한국 제작자와 넷플릭스의 상호작용 근간이 되고, 이를 조정하는 "룰", 즉 제도는 막대한 제작비라는 자본에 동의한 제작자들의 자발적 선택을 바탕으로 하기 때문이다. 이러한 반응은 단순히 1차시장에 속한 제작자들에게만 있지 않다.

노동시장의 이중구조[18] 측면에서 볼 때, 1차시장 제작자는 고임금·높은 안정성·좋은 근로조건을 배경으로 하며, 이와 달리 2차시장 제작자는 저임금·낮은 안정성·열악한 근로조건에 속해 있다. 문제는 2차시장 제작자들 역시 대체로 넷플릭스와의 협력을 합리적인 행위로 받아들이고 있었다는 점이다. 이는 단순히 '넷플릭스에 지배당하는 한국 제작자'라는 지배-피지배 도식을 넘어선다. 국내 방송산업에서 상징자본을 획득한 넷플릭스가 그 자체로 권력 장의 핵심 행위자로서 위치 짓기에 성공한 결과다.

〈종이의 집〉도 원래는 12부작이었는데 6부작을 시즌 1로 했어요. 혹평도 있었지만 해외에서는 북한 이야기 나오고 하니까 그래도 관심이 있다는 판단하에 시즌 2에, 차라리 나눠서 양쪽으로 나누면 훨씬 더 관심 갖는 사람들이 많지 않을까 하는 생각도 있겠죠. 왜

---

17   서혜란, 「한국형 시즌제 드라마의 가능성」, 『드라마의 모든 것』(서울: 컬처룩, 2016), 253-281.
18   노동시장 이중구조 이론은 노동시장이 임금, 일자리 안정성 등 근로조건에서 질적 차이가 있는 두 개의 시장으로 나뉘어 있음을 가리키는 말로, 1970년대 이중노동시장이론과 분단노동시장이론에서 처음 등장했다. 전자는 노동시장이 고임금-고용안정의 1차 노동시장(내부 노동시장)과 저임금-고용불안의 2차 노동시장으로 구분되어 서로 다른 할당과 경쟁이 적용된다는 입장이다. 전병유·황인도·박광용, 「노동시장의 이중구조와 정책대응: 해외사례 및 시사점」, 『BOK 경제연구』(서울: 한국은행, 2018), 2-3. 후자의 경우 서로 다른 특징을 지닌 근로자 간 상호 이동의 단절 상태로, 임금과 근로조건이 차별적임을 분석하는 이론이다. 노동시장의 이중화는 "기계에 의한 숙련의 대체와 아웃소싱과 모듈화, 세계화로 인한 글로벌 생산 네트워크 편입으로 나타나는 구조적 현상"으로, 해당 사회의 제도, 정치문제와 같은 변수가 사회적 격차로 연결된다고 간주한다.

냐하면 그걸 찍을 때도 시즌 1, 2로 나눈다는 생각을 해본 적이 없거든. "왜 이게 시즌 1이야?" 할 정도로 커팅이 됐으니까. 넷플릭스는 약간 그런 게 있거든요. 근데 걔네들 목적은 사실 딱 정확히 그런 거죠. 어쨌든 생태계를 만든다는 것보다도 그들이 룰을 만들고 그 룰을 제작자들도 다 원했잖아요. 초반에는 다 따라가고 싶고 넷플릭스에 가면 굉장히 잘나가는 것 같고, 갑자기 강남 사람 된 것 같은. '나 꽤나 잘하는구나, 선택받았구나', 이렇게. (승곤)

앞서 이야기했다시피 여러 에피소드가 이어져 하나의 이야기를 구성하는 시즌제[19]는 2000년대부터 한국 시청자가 '미드'(미국 드라마)를 보면서 알게 된 용어다. 드라마 부문에서 시즌제를 도입하려는 시도는 계속돼왔고, '한국형 시즌제가 가능한가'에 대한 논의도 꾸준히 이어졌다. 넷플릭스 시즌제는 주요 캐릭터와 드라마 전개 방식이 동일한 10화 내외로 구성된 시리즈를 약 1년 주기로 방영한다. 시즌에 대한 대중적 인식은 OTT 유입 이후 더욱 명확해졌지만, 시즌제는 넷플릭스의 빈지워칭 전략이 더는 유효하지 않음을 방증하는 장치가 됐다. 넷플릭스는 초기 일괄출시 전략을 통해 OTT 시청방식을 영화처럼 만드는 '몰아 보기'로 많은 주목을 받았다. 한번에 많은 음식을 폭식하듯binge 드라마 여러 편을 한꺼번에 보는 빈지워칭은 넷플릭스가 내세운 대표 정체성이었다. 2013년 넷플릭스의 첫 오리지널 시리즈〈하우스 오브 카드House of Cards〉의 모든 에피소드가 하루에 공개된 이후 몰아 보기 방식은 일반적인 시청 방식 중 하나로 자리잡기 시작했고, 2017년에는 메리엄웹스터 사전에 'binge-watch'가 새 단어로 등록되기도 했다.[20] 하지만 이러한 몰아 보기는 매 순간, 매주, 매달 지속될 수 없는 불완전한 유도장치가 되고 말았다. 인간의 집중력은 한계가 있기에 "메가 콘텐츠가 아닌 이상" 모든 회차를 끝까지 시청하는 일이 쉽지 않기 때문이다. 더욱이 시청이 중단되면 화제성으로 연결되지 않는다는 점에서 추가적인 구독자 유입은 어렵게 된다.

넷플릭스가 빈지워칭의 유효성을 더는 신뢰할 수 없게 된 초기의 계기는 '넷플릭스 TOP 10'에서 명징하게 드러난다. 넷플릭스는 2021년 11월 17일 '넷플릭스 TOP 10'을 론칭하고, 새로운 시청률 지표를 공개했다. 플릭스패트롤[21]에서는 시즌별 또는 영화 한 편의 통합 시청 시간을 기준으로 한 주간의 시청 시간이 집계된다. 그런

19　기성 방송사에서도 시즌제 드라마가 활성화된 현상은 넷플릭스의 영향력 확대와 무관하지 않다. 2021년 시청률 30%에 육박한 김순옥 작가의 〈펜트하우스〉는 시즌 3이 방영됐으며, TV조선 드라마 사상 최고 성적을 낸 임성한 작가의 〈결혼작사 이혼작곡〉, tvN의 〈슬기로운 의사생활〉·〈비밀의 숲〉, SBS 〈낭만닥터 김사부〉, JTBC 〈보좌관〉 등이 시즌제를 통해 팬덤을 확보했다. 추리, 수사물 등 특정 장르에서만 통한다는 고정관념에서 벗어나 다양한 장르에서 시즌제 드라마가 시도됐다는 점은 주목할 만하다. 하지만 해외 시즌제 드라마와 비교했을 때 한국 드라마가 반드시 시즌제로 나아가야 하는지에 대한 이유는 아직까지 불분명하다. 자극적인 설정이 반복돼 개연성이 떨어지고 회차별 완결성이 결여되는 사례가 많기 때문이다. 방연주, 「시즌제 드라마 어디까지 갈까」, 『피디저널』 2021년 8월 13일 자. https://www.pdjournal.com/news/articleView.html?idxno=72804. 한편 한국 드라마 최초의 시즌제는 tvN의 〈막돼먹은 영애씨〉이다. 2007년 처음 시작해 2015년 시즌 14를 방송했고 드라마와 코미디의 경계를 허물며 화제를 모았다.

20　장현구, 「빈지 워치·패스트 패션」 새단어 1천개 메리엄웹스터 사전 수록」, 『연합뉴스』 2017년 2월 8일 자.

데 이 순위에서 재미있는 변화가 관찰된다. 가령 2022년 2월 4일에 공개된 비영어권 드라마 부문에는 〈스물다섯 스물하나〉(tvN/16부작), 〈기상청 사람들〉(JTBC/16부작), 〈서른 아홉〉(JTBC/12부작)이 올랐다. 2022년 9월 12일에 공개된 순위에서도 〈이상한 변호사 우영우〉(ENA/16부작), 〈신사와 아가씨〉(KBS/52부작), 〈환혼〉(tvN/20부작), 〈작은 아씨들〉(tvN/12부작)이 비영어권 드라마 부문 10위 안에 올랐고, 총 5개 작품 중 유일한 넷플릭스 오리지널 시리즈는 6부작 〈수리남〉이었다. 12부작 이상인 넷플릭스 오리지널 드라마는 그 이후에도 크게 발견되지 않는다. 2023년 14개 중 4개, 2024년 15개 중 1개, 2025년 1분기 16개 중 6개뿐인 것을 볼 때 6부작의 두 배 이상인 16부작, 12부작 드라마들의 흥행은 특이한 양상이었다.

이들 드라마의 공통점은 먼저 넷플릭스 오리지널 드라마가 아니라는 점, 둘째 넷플릭스의 몰아 보기 양식에서 벗어나 있다는 점이다. 드라마를 6부작에서 8부작으로 나누어 이를 두 개 시즌으로 불리고, 더 많은 구독자를 유입시켜 작품을 정주행하도록 유도하는 빈지워칭 전략에 해당하지 않는다. 달리 말하자면, 순위권에 오른 비非오리지널 시리즈의 공통점은 6부작의 두 배 이상으로 묶인 16부작, 12부작 드라마다. 이들 드라마는 오리지널이 아닌 동시 방송으로 공개되므로 매주 봐야 한다. 짧은 회차의 넷플릭스 오리지널보다는 텔레비전 미니시리즈와 같은 '주간 방송'이 시청 주기와 입소문 기간 연장에 유효함을 확인하게 된 것이다. 넷플릭스는 중단 없는 소비를 이끌기 위해 각각 8부작, 9부작으로 기획됐던 〈킹덤〉과 〈수리남〉[22]을 6부작까지 줄였지만, TOP 10 시리즈의 전반적인 특성과 흐름상, 몰아 보기의 유효성을 제고할 수밖에 없는 순간에 직면했다.

되게 재밌는 건 업계 사람들이 하는 말인데, 넷플릭스가 TOP 10 공개한 걸 보면 넷플릭스 오리지널 중에서도 매주 방송되는 콘텐츠가 [TOP 10을 오래 유지하는 경우가 많은데 몇 주 동안 TOP 10에 들어와 있었냐? 제일 많은 게 오리지널이 아닌 동시방송, 그러니까 16부작 12부작 드라마들이었던 거예요. 왜냐면 주간 방송이잖아요. 매주 봐야 하는 거예요. 16부작이면 8주를 봐야 하잖아요. 8주 보는 동안 한 5~6회차 했을 때 누군가가 친구한테 재미있다고 하면 또 새로운 사람이 유입돼서 처음부터 볼 거 아녜요. 넷플릭스가

21 향미는 넷플릭스가 초기에 순위를 발표하지 않으려 했던 이유를 다음과 같이 설명한다. "넷플릭스는 작품을 다 소싱을 하는 거니까 자기들한테는 손님이거든요. 근데 손님끼리 경쟁시키고 줄 세우는 건 안 되잖아요. 그래서 초반엔 그런 전략을 썼었다고 하더라고요. 근데 이제 오리지널이 늘고 경쟁력도 생기고, 오리지널 중에 잘 되는 작품이 껴어 있으면, 그걸로 인해서 효과가 커지니까 이걸 바이럴드 시킬 목적에서 넷플릭스 마케팅 쪽에서 나중에 (플릭스패트롤)을 오픈하자고 했던 거고."

22 윤종빈 감독의 〈수리남〉은 당초 3시간 남짓의 영화로 기획되었지만, 넷플릭스로 넘어오면서 드라마 시리즈로 선회했다. 넷플릭스로부터 "엔딩이 중요하다"는 이야기를 반복적으로 들었던 윤 감독은 호흡을 길게 끌고 가는 영화와 달리 50분 정도에 한 에피소드를 마무리했고, "끊어 갈 곳이 여기밖에 없는데?" 하는 지점을 찾아내 마무리하면 거의 60분이 됐다며 시리즈 제작 과정을 설명했다. 임수연, 「[인터뷰] ① '수리남' 황정민을 사이비 목사로 만든 이유는? 윤종빈 감독이 말하는 실화와 허구」, 『씨네21』 2022년 9월 22일 자, https://cine21.com/news/view/?mag_id=100941&utm_source=naver&utm_medium=news. 실제 수리남의 에피소드 6개 중 한 개를 제외한 모든 에피소드의 러닝타임은 60분 남짓이다.

그 패턴을 보더니 빈지워칭이 생각보다 화제성을 지속시키는 데 효과적이지 않다고 본 거예요. […] 한번 몰입할 때는 좋은데 그게 끝인 거예요. 한번 보고 다음 주에 또 보지 않으니까요. (주연)

원래는 〈킹덤〉도 8부작으로 기획된 거고, 〈수리남〉도 9부작으로 한다고 했었어요. 근데 이걸 "그냥 줄여봐 그 돈으로" 하니까. 돈은 더 주고 할 수 없고, 돈이 적더라도 "너희가 줄여서 해"라고 하는 것들이 훨씬 많은 거죠. (승곤)

실제로 넷플릭스는 2025년 2월부터 주간방송을 시작했다. 토크쇼, 버라이어티쇼, 미식여행 등 다양한 예능 장르를 정해진 회차 없이 공개하는데, 이는 1년 내내 매주 새로운 에피소드로 이어진다. 마치 기존 방송국이 예능 프로그램을 정기 편성하면서 안정적인 시청률을 확보한 모델과 유사하다. 여기서 두 가지 해석이 가능하다. 한편으로는 〈피지컬 100〉, 〈흑백요리사〉와 같은 예능 분야의 메가히트작이 잇따르면서 예능에 대한 투자가 늘어난 긍정 신호로 해석할 수 있지만, 다른 한편으로는 예능이 지닌 가성비의 장점이 위협받는 모순된 상황이 연출될 가능성도 없지 않다. 넷플릭스가 올려놓은 엄청난 드라마 제작비가 제작 편수를 눈에 띄게 줄여놓았듯이 예능 제작비마저 100억 원 단위로 상승한다면 한국 예능의 절대적인 우위, 즉 '가성비 대비 우수한 퀄리티'라는 공식은 쉽사리 깨질 수 있다는 점에서다.

캐릭터, 타임라인, 내러티브

작품당 제작 편수의 변화는 스트리밍 플랫폼에서 유통되는 영화와 드라마의 기획, 제작 문법이 점차 닮아가고 있음을 증명하는 신호다. 드라마와 영화가 넷플릭스로 수렴되고, 두 예술의 물리적 기반인 텔레비전과 극장의 위상이 예전 같지 않게 되면서 두 장르의 접근 방식이 유사해졌다. 본래 드라마와 영화의 기획·제작 방식은 완전히 다르다. 드라마는 기본적으로 장편이기에 최소 10부작을 넘겼다. 장편은 캐릭터의 플레이를 위주로 해 만들어진다. 사건이 없지는 않지만, 사건보다는 '캐릭터'가 장편을 견인한다. 드라마가 16부작, 24부작, 36부작, 50부작, 100부작까지 이어졌던 이유는 그만큼 많은 서사가 필요했기 때문이다. 미니시리즈를 떠올리면 이해하기 쉽다. 한 인물의 생로병사 혹은 한 일생의 시작부터 파괴까지를 수많은 인물과의 관계 속에서 풀어내야 하는 것이다. 그렇기에 이야기가 엄청난 재미몰이를 하지 못하더라도 캐릭터가 매력적이면 시청 유인은 가능하다. 그러나 영화는 단순한 캐릭터로 사건들을 효율적으로 끌어가면서 두 시간 내외의 '러닝타임'을 아끼고 아껴서 쓴다. 시간이 한정된 만큼 효율적으로 캐릭터를 소개하고, 바로 사건으로 진입해 결말을 향해 치닫는다. 두 시간 안에서 할 수 있는 이야기가 한정적이기에 그만큼 임팩트가 있다. 짧은 시간 안에 서사를 얼마나 밀도 있고 치밀하게 보여주는가가 핵심인 만큼 화면을 깊이 있게 만들어낸다. 단편으로 서사구조가 종결되는 영화와 연속물의 형태로 제작되는 드라마는 기획과 제작, 스토리텔

링 면에서 완전히 다를 수밖에 없는 것이다. 이러한 형태는 드라마와 영화 각각의 에피소드가 몇 편으로 구성되는가에 영향을 미치게 된다. 매주 연속되는 드라마는 이른바 '덕질'이 가능하지만, 영화는 두 시간만 보고 빠져나가기 때문에 필요 이상으로 과몰입하게 될 가능성이 상대적으로 낮다. 주로 6부작에서 8부작 시리즈로 오리지널 콘텐츠를 만드는 넷플릭스가 주목한 것은 영화가 아닌 드라마 포맷임을 알 수 있다.

결국 넷플릭스는 한 인물의 생로병사나 시작-중간-결말의 다층 구조를 충실하게 끌어가는 '드라마'와 사건의 대립과 결말을 압축적으로 밀도 있고도 빠르게 전개함으로써 관객의 지루함을 제거하는 완벽성을 지닌 '영화'의 중간적 선택을 오리지널 시리즈에 반영했다. 그것은 바로 타임라인의 리밋limit, 즉 방영 시간의 조정을 통해서다. 넷플릭스는 극장용 '배급'과 방송 '전파'라는 각기 다른 유통 환경을 스트리밍 방식으로 전환시켰다. 이로써 영화 두 시간, 방송 한 시간이라는 '길이'에 창작자 자신의 내러티브를 욱여넣을 필요가 없게 됐다. 실상 두 장르는 특정 사건에 대한 재미있는 이야기를 제공한다는 점에서 본질은 같다. 그런데 넷플릭스와 같은 스트리밍 플랫폼이 그 둘을 닮아가게 만든 것이다. 매체 발달 과정에 발맞춰 각기 다른 스타일로 발전해온 두 영역은 글로벌 OTT의 유입 이후 작품의 체험 면에서는 근본적 차이가 사라졌다.

넷플릭스와 같은 스트리밍 전문 기업이 오리지널 시리즈를 만들면서 기존 방송 구조에서 한계점으로 작용했던 요소들은 휘발됐다. 방송일자가 지나면 광고 수익 등 모든 게 끝나는 방송 드라마에 비해,

입소문을 중심으로 롱테일long tail 효과를 기대하는 넷플릭스는 기존에 내세웠던 몰아 보기의 유효성을 검토하면서 가입자를 확보해 갔다. "편성구조 방송에서 창고구조 스트리밍 서비스로"의 이동은 영화 제작자들을 드라마판으로 끌어들였고, 그 과정에서 '분량'의 문제가 대두됐다. 분명한 사실은 넷플릭스가 영화가 담지 못하는 분량, 주 2회 연속극이 시도하지 않는 분량, 이른바 분량의 블루오션부터 다시 짚어 압점논리로 접근해가고 있다는 점이다.[23] 드라마나 영화와 달리 부작의 구성이 자유로운 넷플릭스의 시리즈 제작 구조는 영화 장과 방송 장에 참여하는 행위자들이 그 시스템에 동의할 만한 물적 토대가 된다. 이렇듯 새로운 틀에 맞는 새로운 모양새는 넷플릭스의 수익구조를 극대화하는 방향으로 이뤄짐은 물론이다.

티켓과 구독의 동형성

영화와 넷플릭스는 유료 서비스라는 공통점을 지닌다. 방송 채널은 아파트 관리비에 부과되는 한 달 수신료 2,500원이면 어느 때건 접할 수 있다. 하지만 영화는 기본적으로 1만 원이 넘는 '티켓'이라는 관람료를 지불해야만 극장에 진입할 자격이 주어진다. 달리 말하자면, 구독료가 신규 콘텐츠 생산의 원료가 되는 넷플릭스와 티

---

23 이문원, 「[이문원의 쇼비즈워치] 상영시간으로 본 '드라마 콘텐츠'」, 『스포츠월드』 2019년 6월 30일 자. http://www.sportsworldi.com/newsView/20190630505217

켓 수익의 70~80%를 책임져온 영화관 모두 돈을 쓰지 않으면 접근이 불가능하다. 나아가 이들은 방송과는 달리 모두 일정 수준의 관객/구독자를 확보하고 유지해야만 안정적인 콘텐츠를 생산할 수 있다. 영화관으로 발걸음을 옮기는 과정에는 자신의 기호, 가치관, 입소문 등 여러 요소가 작용할 테지만, '저 이야기가 너무 궁금하다' 라는 강력한 동인이 없다면 끝내 관람으로 이어지지 않는다. 그런 까닭에 '팔리는 콘텐츠'에 대한 영화 창작자들의 감각이 기존 채널에 종사하는 창작자들보다 훨씬 민감할 수 있다. 이미 영화 장에서 습득했을 시장경쟁의 아비투스가 OTT 플랫폼 방송 장에서 발휘되고 있는 것이다. 게다가 한 편의 경험에서 끝나는 영화와 달리 1만 원 초중반대의 비용으로 각종 콘텐츠를 볼 수 있고, 이것이 넷플릭스가 서비스하는 전 세계 200여 나라에 도달할 수 있다는 점에서 넷플릭스는 시청자뿐 아니라 영화감독에게도 뛰어들 만한 시장으로 읽힌다.

영화감독이 만든 OTT 시리즈의 흥행은 이미 오래전에 확립된 영화시장의 경제적 합리성과도 연결지을 수 있다. 주먹구구식 영세성을 면치 못했던 영화산업은 대기업의 제작자본을 통해 제작과정과 예산운용 방식을 합리화하면서 특정 장르의 반복·생산을 일컫는 '기획영화'의 시대를 열었다. 표준화, 스타시스템, 사전마케팅과 홍보 전략이라는 자양분으로 비옥해진 기획영화 시대는 창업투자회사, 일명 창투사와 같은 새로운 금융자본이 유입되도록 했다. 영화제작 회계가 투명해지고 합리적 제작 시스템이 구축되면서 국내 영화제작이 외화 수입에 종속됐던 구조는 한국영화로 거둔 수익을 다시 제작자본에 투자하는 구조를 만들었다. 그 결과 국내 영화 관객 점유율이나 흥행수입이 늘었다. 이러한 발전적 양상의 연쇄는 국내 법제도 역시 영화산업의 시장 효율성을 극대화하는 방향으로 정비되게 했다.[24] 그간의 역사가 보여주듯이 1990년대 대량산의 하위장으로 자리잡은 영화 장 행위자들의 성향체계는 드라마 제작자에 비해 자율적이고 경제적인 신념을 생산·재생산하면서 형성됐음을 알 수 있다. 이 영화 장의 고유한 특성이 오늘날 넷플릭스와 합치되고 있는 것이다.

그렇다면 방송 장의 위상은 어느 정도일까? 단적으로, "지상파 등 기존 채널에서 제공하는 무료 콘텐츠에 기꺼이 돈을 지불할 의사가 있는가?"를 질문할 수 있다. KBS 수신료 인상안에 대한 응답 결과, 이 질문에 반대의견을 내놓은 응답자가 84.1%나 될 만큼 '국민의 방송'은 시청자들의 신임을 얻지 못하고 있다.[25] 더구나 OTT

---

[24] 이상길, 「1990년대 한국 영화장르의 문화적 정당화 과정 연구 영화장의 구조변동과 영화 저널리즘의 역할을 중심으로」, 『언론과 사회』 13권 2호(2005): 63-116; 황동미·정헌일·조준형 외, 「한국영화산업구조분석 - 할리우드 영화 직배 이후를 중심으로」, 『영화진흥위원회 연구보고 2001-3』(부산: 영화진흥위원회, 2022), 31. 상민은 CJ CGV 중심의 한국 영화제작 시스템의 장점을 다음과 같이 강조했다. "대기업이 문제라 하잖아요. 근데 제가 볼 땐 딱히 문제없어요. 되게 신기한 게 사람들이 〈어벤저스〉를 극장에 걸면 대기업 횡포라 하는데, 만약 대기업 극장이 아니라 개인 극장이었으면 이 사람들이 〈어벤저스〉 안 걸고 다른 거 걸었을까요? 만약 선생님이 극장주라 생각해 보세요. 근데 인디영화 걸어서 돈 벌어서 직원들 월급 줄 수 있을까요? 신기한 게 이 돈이 어디로 가냐면 CJ그룹으로 들어가잖아요? 이게 한국영화 투자금이 된다는 거거든요. 되게 기적 같은 일이에요. 〈어벤저스〉가 성공하면 한국 영화가 발전할 수 있거든요. 대기업 구조하에서요."

시청이 보편화하면서 지상파 방송을 보지 않는 시청자들의 반발은 더욱 커지고 있다. 2023년 4월 10일 '국민제안' 홈페이지를 통해 공개 토론에 부쳤던 KBS 수신료 분리 징수 안건, 즉 '전기요금에 월 2,500원씩 포함됐던 수신료의 분리'와 관련해 응답자의 96.5%가 분리 징수에 찬성하는 모습을 보였다.[26] OTT에 매월 정기적으로 돈을 지불하고, OTT를 통해 오리지널 콘텐츠를 넘어 텔레비전의 기능까지 충족받는 시청자들은 공영방송의 주된 재원 조달 방법인 수신료 제도에 동의하지 못하고 있다. 문제의 신호는 결국 '볼 게 없는 지상파'라는 단순명료한 시각에서 쉽게 감지할 수 있다. 이러한 비판이 어제오늘이 아니듯 지상파 프로그램은 넷플릭스뿐 아니라 종합편성채널에도 크게 뒤처져왔다. 영화감독들이 넷플릭스에 진입하고, 이들이 만든 오리지널 시리즈가 유독 인기를 얻는 이유가 '돈을 쓰고 볼 정도로 궁금한 이야기'를 만드는 데 익숙한 사람들이기 때문이라는 주장은 일리가 있는 말이다.

논의의 연장선에서 영화감독은 기존 브라운관에서는 보기 어려운 '장르물'을 선보이는 데 익숙하다. 앞서 언급했듯이 영화사의 드라마 시장 진출(〈태양의 후예〉 - 스튜디오앤뉴, 〈보좌관〉, 〈이태원 클라쓰〉 - JTBC)뿐 아니라 장르물에 특화된 채널 OCN의 '드라마틱 시네마 프로젝트'처럼 국내 채널도 영화 제작진과 협업하는 사례가 간헐적으로 있어왔다(〈트랩〉, 〈타인은 지옥이다〉, 〈번외수사〉, 임대웅 감독의 밀리터리 스릴러물 〈써지〉 등). 하지만 방송법에 의거해 엄격한 심의기준을 준수해야 하는 방송에서는 좀비물 〈킹덤〉과 같은 자극적인 내용을 다룰 수 없었다. '사회적 통념'을 거스르는 내용의 단죄는 신데렐라 이야기, 로맨틱 코미디, 가족 이야기를 방송가의 주된 소재로 만들었다.

이와 달리, 영화는 영화비디오법(영비법)에 기초해 영등위의 사전심사를 거쳐 등급 분류를 받기에 상대적으로 규제가 덜하다. 과거와 같이 특정 표현물의 음란성 여부에 국가의 공권력이 개입될 여지는 상당 부분 줄어들었다. 소재나 장르의 제한이 덜한 이유다. 넷플릭스 역시 영화와 유사하다. OTT 플랫폼에서 쉽게 접할 수 있는 '19금' 콘텐츠는 한편으로 다양한 취향의 존재 가능성을 인정하는 징표로 기능한다. 나아가 영화감독은 국제시장에서 꽤 오랫동안 작가로서 인정받았다는 점, 그것이 한국 영화시장의 긍정적인 변화를 초래해왔다는 점에서도 영화인이 넷플릭스에서 갖는 이점은 충분해 보인다.

그렇다면 넷플릭스가 한국 영화에는 얼마나 관심을 갖고 있을까? 글로벌 OTT를 경유한 영화 장의 드라마 장 유입과 약진은 계속되고 있지만, 정작 넷플릭스는 한국 영화 자체에는 거의 투자하지 않는다.[27] 앞서 살펴봤듯이 2017년부터 2025년 1분기까지 약 7년

---

25 양정애·이현우,「2021년 미디어 및 언론 관련 논란 이슈들에 대한 국민 인식」,『미디어이슈』(서울: 한국언론진흥재단), 5.
26 이미나,「'KBS 수신료 분리' 96.5% 찬성…억대연봉자 절반이나 되는데」,『한경닷컴』2023년 4월 11일 자. https://www.hankyung.com/article/2023041192567
27 코로나19로 인해 극장에 가지 못해 넷플릭스행을 택한 영화 2020년 〈사냥의 시간〉, 2021년의 〈승리호〉는 특수한 사례에 속한다. 예컨대 240억 원에 제작된 〈승리호〉는 코로나19를 변수로 넷플릭스에 310억 원에 판매됐는데, 넷플릭스에서 선공개하는 대신 극장 유통권은 한국 제작사가 보유했다.

간 넷플릭스가 공개한 한국 영화 오리지널 수는 28편으로 시리즈 수에 한참 못 미친다. 넷플릭스가 제작한 첫 한국 오리지널 영화 〈모럴센스〉는 2022년 2월에야 공개됐을 만큼 영화 오리지널 라인 업이 선을 보인 것도 최근의 일이다. 2021년 2월 25일에 열린 'See What's Next Korea 2021'에서 넷플릭스는 지난 5년간 드라마에 집중한 제작 역량을 영화를 비롯해 시트콤, 다큐멘터리로 확대할 것이라 밝혔지만, 시리즈를 제외한 투자는 아주 미미하다. 2020년, 코로나19로 관객을 모을 영화 자체가 부족해지면서 CJ CGV와 롯데컬처웍스가 넷플릭스 오리지널 영화에 빗장을 연 것은 고육지책이었지만, 역으로 이러한 움직임은 넷플릭스 오리지널 영화의 극장행을 예견하는 수순이기도 하다. 오늘날 OTT 플랫폼 내 주요 행위자인 영화감독이 넷플릭스에서 높은 지위를 차지하고, 이들과 넷플릭스가 꾸준히 공모관계를 유지하면서 더 많은 자본이 영화감독과 넷플릭스에 흘러들 것을 가정한다면, 영화 장의 OTT 유입과 약진은 여전히 시작 단계에 지나지 않은 셈이다.

3장 글로벌 표준 감각 익히기

쪼개지는 프로덕션 과정

생산 단계의 세분화는 넷플릭스 오리지널 콘텐츠 제작 현장에서 중요한 변화 중 하나다. 일반적으로 영상 제작은 크게 프리프로덕션preproduction, 프로덕션, 포스트프로덕션postproduction 세 단계를 거친다. 기획, 예산 수립, 구성안 작성, 출연자 섭외, 스태프 구성이 프리프로덕션 단계라면, 프로덕션 단계에서는 기획된 시나리오를 바탕으로 일정에 맞춰 실질적인 촬영이 시작된다. 여기에는 촬영본을 편집하는 편집기사의 참여, 편집본에 음악을 입히는 음악 감독과 믹싱실의 개입, 스크립트 작성과 조명이 포함된다. 이어지는 후반작업에서는 촬영본을 확인해 편집 구성안을 작성하고, 가편집과 종합편집을 거쳐 CG 제작, 합성, 디아이Digital Intermediate와 같은 색보정, 종편실의 더빙, 음악, 효과를 더해 영상의 완성도를 높이는 마지막 관문을 거치게 된다. 한국에서는 통상 후반작업의 총괄을 드라마 감독이나 방송사 데스크가 담당해왔다면, 넷플릭스의 경우 앞서 언급한 후반작업부터 매우 세부적이고도 추가적인 확인confirm 과정이 동원된다. 이름조차 생소한 '피지컬 프로덕션'이 대표적인 예다. 피지컬 프로덕션은 보통 '프로덕션' 단계에서 수행하는 일들을 맡지만, 현장과 긴밀하게 소통하며 제작에 참여한다는 것을 강조해 피지컬physical이라는 단어가 붙는다.[1] 이러한 '외국계 회사'의 시스템은 모든 과정에 직접 참여해 체득하지 않으면 알기 어려운 미지의 세계로 이해되곤 한다.

하지만 이 모든 과정 중에서도 넷플릭스만의 가장 차별적인 공정은 후반작업의 '번역'이다. 전 세계 190여 나라에서 서비스 중인 넷플릭스 콘텐츠는 각 나라의 언어를 입힌 번역 작업을 거치게 된다. 번역 시간 확보를 위해 공개일로부터 두 달에서 석 달 전까지 납품을 완료하는 과정에서 과거 방송사의 전근대적인 악습인 '생방송', '초치기', '쪽대본' 관행은 설 자리가 없어진다. 한동안 DVD/블루레이 수요와 공급이 모두 급감해 일감이 없었던 번역업체는 넷플릭스 덕분에 일을 되찾았다. 기존 미디어와 달리 번역료가 높아 번역업체를 통해 일하는 번역가들 역시 적절한 수익을 얻는 계기가 마련되기도 했다. 적어도 넷플릭스가 국내 벤더사와의 협력을 벗어나 넷플릭스 한국 지사를 통해 각 제작 영역을 내부 자산화하기 이전까지는 말이다.

'우수한 현지화 서비스'에 대한 요구가 늘어나는 상황에서 넷플릭스는 최초의 자막/번역 작업 테스트·색인 시스템인 '넷플릭스 헤르메스HERMES'를 개발했다. 헤르메스 홈페이지에는 자막 번역가를 위한 다섯 가지 영역의 테스트를 제공하는데, 무엇보다 이 테스트는 4,000개가 넘는 영어 관용구가 각 문화권에 알맞고도 정확하게 번역되는지 평가할 수 있도록 설계됐다.[2] OTT 업체들이 막대한 양의 영상 콘텐츠를 쏟아내면서 OTT 간 승부를 가를 변수로 '콘텐츠의 번역 수준'이 지목된 것이다. 특히 넷플릭스는 기존 방송사에서는 제공하지 않았던 "언어 가이드라인"을 번역가들에게 제공했고, 가이드라인 앞에는 테크니컬, 스타일 등 높은 고품질의 결과물을 요구하는 수식어가 붙었다. 이를 반드시 통과해야만 비로소 납품이 성사된다.

지난 몇 년간 한국 방송영상산업의 근간을 흔들어놓은 넷플릭스 프로덕션 시스템의 연장선에서 볼 때 '피디Producer'의 개념이 달라진 것도 중요한 변화다. 한국에서는 방송 콘텐츠를 만드는 사람을 피디라고 부르지만, 한국의 피디와 해외의 피디는 그 역할이 다르다. '프로듀서'를 번역하면 '제작자'다. 이들은 이미 존재하는 기획안을 구매해 이를 작품으로 만들어줄 연출자를 섭외하고 예산을 모아 관리하는 역할을 한다. 그렇게 섭외된 연출자가 현장에서 실제 제작에 투입되는데 이를 '감독Director'이라 부른다. 하지만 한국의 피디는 이 모든 과정을 홀로 책임지는 'Producer & Director'에 가깝다. 프로덕션 단계가 촘촘히 짜인 넷플릭스가 들어오면서, 프로듀서인지 프로그램 디렉터인지 구분되지 않았던 국내 피디의 역

---

1 이민아, 「한국 제작사의 창구 되고파…사전 소통, 효율 올려」, 『이코노미 조선』 2019년 7월 15일 자. https://economychosun.com/site/data/html_dir/2019/07/13/2019071300007.html

2 Netflix Technology Blog, "The Netflix HERMES Test: Quality Subtitling at Scale," (2017. 3. 30). https://netflixtechblog.com/the-netflix-hermes-test-quality-subtitling-at-scale-dccea2682aef

할도 점차 세분화되고 있다. 방송사 내 협찬 영업을 담당하는 '마케팅 피디'라는 직무도 OTT 시대에서는 중요한 위치를 점한다.

같은 맥락에서 '기획 피디'의 역할도 새롭게 발견됐다. 드라마 산업 내에서 플랫폼과 창작자, 시청자를 연결하는 허브hub, 말 그대로 기획만 도맡는 사람을 말한다. 플랫폼이 늘고 쇼트 폼short form(짧게 편집해 올린 동영상), 롱 폼long form 등 여러 유형의 콘텐츠가 쏟아지는 가운데, 제작기간은 길어지고 트렌드 주기는 짧아졌다. 이러한 환경에서 '창의적인 기획력'은 콘텐츠 제작의 필수 덕목이다. 시청 타깃에 따른 전략 구축, '마케팅적 사고'를 요하는 분위기는 방송사와 창작자 중심의 시스템을 제작사, 즉 전문 프로듀서 중심의 시스템으로 전환시키고 있다. 기획의 영역에 해당하는 프리프로덕션이 더욱 잘게 나뉜 영역으로 분할되어 서로를 구별하는 방향으로 더욱 세분화하는데, 그와 동시에 이들은 드라마의 전 과정을 창작자와 함께해간다. 아이템 선정부터 스토리의 완성, 드라마 론칭까지의 업무가 동반되기 때문이다. 더욱이 시즌제로 운영하는 플랫폼의 특성상 기획 단계부터 프로젝트의 짜임과 방향성을 충분히 숙고하지 않으면 실패로 돌아갈 확률이 늘어난다. 시즌을 거듭해도 길을 잃지 않도록 방향과 성격을 제안하고, 시리즈 전체의 마스터플랜을 수립해 제작 전반을 감독하는 기획 프로듀서에 대한 수요가 갑작스레 늘어난 것은 OTT 플랫폼이 자리를 잡으며 나타난 현상이라 볼 수 있다. "셰르파 없이는 오를 수 없는 히말라야"처럼 최적의 방향과 최고의 재미를 안내하는 사람[3]의 등장, 이는 곧 프로덕션 과정 세분화를 증명하는 근거다.

퀄리티를 담보하다

넷플릭스는 촬영에서부터 후반작업 전 과정에 걸쳐 4K UHDUltra High Definition, 즉 초고화질 영상을 기준으로 제시한다. 2015년부터 4K 송출을 시작한 넷플릭스는 4K 해상도 제작을 일반화시켰다.[4] 동영상 인터넷 스트리밍 기술을 선도한다는 목적 아래 자사 서비스에 4KUHD, HDR10, 넷플릭스 인증Netflix Recommended 등 세 가지 기술을 도입한 결과다. 4K는 가로 3,840개, 세로 2,160개 화소 수에서 가로 화소 수가 4,000개에 가깝다고 해서 붙여진 이름이다. 한국에서는 대부분 4K보다 화질이 낮은 2K(1920×1080) 해상도로 드라마를 제작하는데, 이는 영화도 마찬가지다. 4K 영사기를 보유한 영화관이 없고, 스크린과 관객 사이의 거리가 멀기에 2K만으로도 상영은 충분하다. 하지만 텔레비전이나 스마트폰을 통해 눈앞에서 보는 넷플릭스 콘텐츠는 그보다 더 나은 화질을 추구한다. 전파 전송이 아닌 '디지털' 전송 방식에서는 고사양일수록 시청 효과가 높기 때문이다. 데이터가 무거워질지언정 자신의 콘텐츠가 넷플릭스를 통해 세계로 뻗어나가는 상상은 제작자라면 예외 없이 반길 일이다. 장르에 따라 차이는 있지만, 카메라는 레드, RE, 소니

---

3   신윤하, 「드라마 제작 환경 변화에 따른 기획 프로듀서의 역할과 중요성」, 『방송영상트렌드&인사이트』(나주: 한국콘텐츠진흥원, 2022), https://www.kocca.kr/trend/vol30/sub/s31.html

4   강일용, 「넷플릭스의 진짜 경쟁력? 4K, HDR, 넷플릭스 인증」, 『IT동아』 2016년 7월 2일 자. https://it.donga.com/24543

중 특정 계열을 써야 한다는 식의 세부적인 조건이 따라붙는데, 이는 넷플릭스가 만든 영상 제작 '규정'으로, 제작자들이 반드시 지켜야만 한다. 가로와 세로의 픽셀 수가 4,000급에 육박하는, 즉 4K 해상도를 가진 고화질 디스플레이를 인구 다수가 소유하게 될 것이라는 보편적인 디지털 환경을 고려한 조치다. 4K 전용 장비에 대한 넷플릭스 측의 일관된 요구가 보편화되면서 영상제작 판에서도 이것이 마치 제작의 규칙처럼 되어버렸다. 적어도 드라마와 영화에서는 그렇다.[5]

무엇보다 QC는 넷플릭스가 특히 주의를 기울이는 제작 절차다. QC는 시청자에게 콘텐츠를 공개하기 전에 거쳐야 하는 품질관리 절차로, 작품에 수정이 필요한 부분이 있는지를 확인하는 과정이다. QC를 처음 접하는 감독은 자신의 작품을 검증당한다는 생각에 불쾌할 수도 있지만, 이를 한 번이라도 경험해본 사람이라면 그 과정을 선호하게 된다. CG가 제대로 합성됐는지, 픽셀은 깨진 것이 없는지, 화면이 너무 어둡지는 않은지 등 기술적 보완 사항을 일일이 챙겨 말해주고, 규격에 맞지 않으면 반려된다. 육안으로 아무리 봐도 찾을 수 없고 사람 귀로도 안 들리는 것들이 검사받는데, 이러한 초미세 오류는 기계를 돌려 확인한다. 많은 비용이 들지만, 이 비용 역시 넷플릭스에서 지불하기에 콘텐츠 퀄리티를 높이려는 제작자들이 그에 반대할 이유는 없다. 게임업계에서 잘 만든 게임과 못 만든 게임의 차이를 QA(Quality Assurance)가 보증하듯 넷플릭스는 영상 품질의 완성도를 한 단계 올리는 계기를 제공했다.

다른 한편으로 QC는 국내용 콘텐츠 제작에서는 크게 고려하지 않았던 문화다양성에 대해 숙고하도록 했다. 콘텐츠 시청 지역이 확대되고, 이동 경로가 일방통행에서 양방향 교류로 바뀌면서 한국 사회에서 쉽게 인식하지 못했던 다양성에 대한 문제가 수면 위로 올라온 것이다. 물론 과거에도 갈등 요소를 방지하기 위한 작업이 없지는 않았다. 문화적 할인cultural discount, 즉 제작한 콘텐츠가 타 문화권에서 언어, 인종, 종교 차이에 따른 저항감을 얼마나 받을지를 판단하고, 수용자의 문화에 맞는 현지화 과정을 통해 문화적 단차를 수정해갔다. 서비스 시작 전에 문화권별 가치 충돌 위험성을 미리 파악하고, 관련 내용을 다양한 관계자에게 공유해 문제를 미연에 방지하려고 노력한다.[6] 가령 살인이 모티브인 에피소드가 등장한다면 혈흔을 무채색으로 표현하거나 마네킹을 동원해 신체에 가해진 위해를 표현하는데, 이는 중동을 비롯한 국가의 심의기준에 저촉되어 불필요한 마찰을 빚는 일을 피하기 위함이다.

　이처럼 문화다양성 요소까지 검토의 대상으로 편입되면서 후반 공정은 장기화된다. 이에 따라 예산을 운용하는 데서도 남다른

5　리얼버라이어티 예능의 경우 수많은 출연자의 동선을 쉴 새 없이 포착해야 한다는 점에서 4K 규격을 일관적으로 적용하기는 어렵다. 출연자를 일일이 따라가는 예능의 특성상 가볍고도 이동성이 뛰어난 VJ 카메라를 쓰기 때문이다. 물론 이러한 한계 역시 최근 2~3년 사이에 상당 부분 해소됐다. 카메라 장비, 후반작업 면에서 기술이 고도화하면서 멀티 카메라의 화질 차이도 더는 큰 문제가 되진 않는다. 이는 2025년 넷플릭스가 예능을 주단위로 편성할 것을 예고한 것에서도 확인된다. 시의성이 반영된 자체 예능을 OTT 플랫폼이 제작한다는 것은 로컬라이제이션에서 기술적 측면이 완벽히 뒷받침될 때 가능하기 때문이다.

6　장민진, 「한국 콘텐츠에 기대하는 다양성과 현지화 업계의 역할」, 『한류와 문화다양성』(서울: 한국국제문화교류진흥원, 2023): 221-245.

세밀함이 필요해진다. 넷플릭스 파이낸셜팀은 제작사의 예산 사용처를 일일이 확인하고, 예산을 얼마나 효율적으로 운용하는지 종합적으로 관리한다. 이때 제작사는 작품 규모에 따라 제작 기간을 역순으로 고려해 비주얼 구현을 비롯한 전 과정에서 예산이 얼마나 투입될지를 따져 살펴야 한다. 막대한 예산, 끝없는 마케팅 자원의 활용, 제작자의 자율성은 제작비를 지불한 주체에 의해 철저히 통제된다.

돈의 두께만큼 포섭되는 권리

그런데 넷플릭스는 정말 한계 없는 완성도를 보장하는 것일까? 가령 '〈옥자〉는 이 정도'의 완성도면 충분하겠다는 계산을 정말 하지 않는 것일까? 넷플릭스와의 협업 경험을 보유한 제작자들은 전에 없던 꼼꼼한 작업의 개입이 완성도를 보장한다고 믿지만, 사실 조건 없는 고품질화는 불가능하다. 이는 OTT 플랫폼의 태생에 따라서도 차이가 있다. 넷플릭스가 애초 다양한 라이브러리를 들여와 다국어 자막을 붙여 글로벌 서비스를 영위하는 회사로 성장했다면, 디즈니+는 마블, 픽사, 루카스필름 등 스튜디오를 통해 수많은 지적 재산권을 보유한 콘텐츠를 만드는 제작사로 출발했다. 디즈니+는 론칭일을 미루더라도 사내에서 납득할 수 있어야 공개가 결정되지만, 넷플릭스는 약속한 날짜에 론칭하지 못하면 패널티가 가해진다는 점에서 완성도보다는 납기일이 우선시된다. 단, OTT를 막론하고 공통적으로 적용되는 기준은 있다. 디지털 파일이 온라인 스트리밍 방식으로 전 세계에 공급될 때는 그 수준에 걸맞은 콘텐츠의 질이 요구된다는 점이다. 제작자들은 그 완성도를 끌어올리기 위해 부단히 노력하는 과정에서 기술 표준이 어느 단계에 와 있는지를 익히게 된다. 제작자의 말 한마디에 예산의 용처가 좌지우지되는 문제도 줄어든다.

디즈니+는 로컬라이제이션, 자체제작에 시간을 많이 쏟는 편이라면, 넷플릭스는 계속 라이브러리를 채워 넣어야 하니까 [거기서 차이가 있어요]. 넷플릭스 초기 사업모델이 콘텐츠를 들여와서 다국어 자막 붙여서 글로벌 서비스를 하는 거잖아요. 그러면 계약 이후부터 하루하루가 돈이에요. 예정된 날짜에 론칭을 못 하면, '카더라'지만 패널티가 있었단 얘기가 있거든요. 그러니까 빨리 론칭하는 게 되게 중요하고, 론칭일을 맞추는 게 제일 중요한 기준이었거든요. 디즈니는 론칭일을 미루더라도 일단 완성도를 사내에서 납득할 수 있어야 나가는 것[이 원칙이고요]. 이게 콘텐츠를 만드는 회사와 콘텐츠를 들여오는 회사의 차이라고도 볼 수 있죠. 옷도 편집숍이냐 오뜨꾸뛰르를 가진 숍이냐에 따라 다르잖아요. 태생도 근본도 되게 달라요. 넷플릭스와 기타 OTT는. (민영)

제작비를 절감해서 수익을 많이 얻는 게 목표잖아요. 그런데 글로벌 표준에 대한 감각이 없을 때는 제작자들이 자기 마음대로 사운드 예산을 줄이거나 한단 말이에요. 그 결과에 대해서는 잘 모르거든요. 근데 '이 정도의 돈을 써서 이런 방식을 써서 이렇게 나와야 된다'라는 데이터를 넷플릭스는 가지고 있는 거잖아요. 그걸 요구하는 거고, 그걸 알게 모르게 체득하는 거지. 이제 이런 것이 '현재 스탠다드구나'라는 감을 익히는 기회가 되는 거고. 그것도 넷플릭스에서는 투입 대비 효율을 다 계산할 거예요. 무조건 하이퀄리티가 아니거든요. 이런 콘텐츠는 이 정도, 〈옥자〉는 이 정도. 움직이는 시장 여러 가지를 다 계산하고 있을 거거든요. 그것 자체는 사실 주먹구구로 하는 것보다는 훨씬 낫다고 생각을 해요. 그리고 창작자 입장에서도 더 좋은 퀄리티를 내기 위한 기술적인 표준이 어디까지 왔는지에 대해서 이해할 수 있는 거죠. (민종)

국내 제작 단위를 벗어나 글로벌 단위에서 경험할 수 있는 품질관리 커트라인을 하나하나 습득하고, 그 노하우를 후속작 제작에도 활용할 수 있는 기회가 제공된다는 것, 그러면서도 제작 독자성과 자율성이 보장된다는 점은 넷플릭스의 존재조건을 보장하는 메커니즘이다. 넷플릭스의 표준화된 제작 규칙이 제작자들에게 정교하게 적용된다고 해서 제작자의 자율성이 제한되거나 규칙 위반에 따른 책임이 전가되지 않는다는 것이다. 제작자들은 넷플릭스의 QC를 제작 노하우를 획득하고 콘텐츠를 안정적으로 디지털화하면서도 글로벌 표준을 지향하는 데서 매우 중요한 것으로 받아들이고 있다.

확실한 포트폴리오

〈오징어 게임〉을 전후로 한국 산업에 제작비를 쏟아붓겠다고 공공연히 약속해온 넷플릭스의 긍정적 효과가 점차 상쇄되고 있다. 제작비는 감당할 수 없을 만큼 치솟고, 제작편수는 줄어드는 가운데 지상파와 종편마저 편성을 줄였다. 그럼에도 한국식 디스카운트가 없는 '합리적인 제작비'를 제공하는 넷플릭스와 무언가를 해봤다는 것 자체가 확실한 포트폴리오가 됨은 여전하다. 이는 축적된 위신이나 명예의 상징자본과 연결된다. 넷플릭스에 완성작을 납품하거나 막대한 제작비를 받고 오리지널 콘텐츠를 제작할 경우 명예와 명성이라는 라벨과 명표가 제공되고, 이는 제작자들 사이에서 그가 가진 차별적인 재산을 정당한 것으로 승인받게 한다. 넷플릭스의 투자를 결점 없는 합리성으로 받아들임으로써 많은 제작자가 넷플릭스에 자발적으로 동의하는 구조가 형성되는 것이다. 이는 과거 방송사와 제작사의 갑을관계나 심의로 인한 창작 자율성 제한, 멀티플렉스를 앞세워 투자, 배급, 상영의 유통 전 과정을 장악하며 과점 체제를 구축했던 '거대자본의 부작용'을 역설적으로 증명하는 계기가 된다. 주지하다시피 넷플릭스에 편입되는 제작자들의 자발적 동의는 그 어떠한 명령도 아닌, '돈의 두께'와 그로 인해 얻게 되는 상징자본의 크기에 의해 결정된다. 그 장 안에서 여러 행위자는 자신의 경제자본과 상징자본의 상대적 중요성을 결정짓기 위해 경쟁하는 모습을 보인다.

내수가 더 어려워지니까 넷플릭스가 유일한 옵션이 되는 느낌인 거예요. 다른 데는 들이는 비용을 다 줄였고 드라마 편수도 줄였어요. 근데 넷플릭스는 늘리지 않고 거의 유지하는 수준이니까 우리 모두가 느끼기에는 [제작 시장에 도는] 돈이 확 줄었고, 그들은 오히려 점점 더 좋은 위치로 가게 된 거죠. 어쨌든 돈을 쓰는 데가 넷플릭스밖에 없다는 느낌이 많이 드니까. 제작비가 다른 데에 비해 적어도 25~50%는 더 있으니 만드는 데도 여유가 있고. 배우들조차도 당연히 글로벌로 가는 게 좋으니 거길 더 선호하고요. (진혜)

종교 같은 거라니까. 지금은 사실 납품할 수 있는 곳이 좀 더 다양해졌죠. 웨이브, 티빙 합병이 어떻게 되느냐 이런 것도 좀 많이 좌우할 것 같고요. 하지만 여전히 넷플릭스가 선택을 하는 게 가장 의미가 있죠. (향미)

'우리는 넷플릭스 의존 안 하고 자체적으로 IP를 팔겠다', 이런 건 아직은 그렇게까지 확실한 경영 플랜이 될 순 없어요. 리스크가 매우 커요. 넷플릭스 외에는 사실은 지금은 큰 의미는 없는 것 같아요. (원재)

하지만 대형 제작사일수록 넷플릭스의 투자가 그리 매력적인 것만은 아니다. 국내 제작사는 제작 '대행' 개념일 뿐, 콘텐츠의 복섬 권한은 글로벌 OTT인 넷플릭스에 귀속된다. 이때 제작사는 총 제작비의 10~30%의 마진만을 갖는다. 콘텐츠 IP를 활용한 추가적인 사업활동이 애초에 활발하지 못했다 해도, 이것이 원천적으로 불가능하다는 점에서 문제가 제기된다.

애초에 콘텐츠 시장은 '하이 리스크, 하이 리턴'으로 표현될 만큼 불확실성이 크다. 수익의 대부분은 소수의 성공한 콘텐츠에서 발생한다. 넷플릭스와 같은 글로벌 OTT는 시간이 지날수록 더욱 우위에 서는 반면, 쇠퇴하는 지상파 방송사를 비롯해 권력관계의 불균형에 놓인 중소 방송영상 업계는 자생력을 잃고 표류하거나 이들 역시 넷플릭스의 하위 스튜디오가 되는 상황이다. 넷플릭스가 국내 제작자를 대상으로 제작비 조정에 들어갈 경우, 규모의 경제를 미리 갖출 수 있었던 대형 기업은 변화한 환경에 대응할 수 있다. 하지만 중소 제작사는 글로벌 OTT가 견인한 캐스팅비, 연출료, 작가료를 감당치 못하고 시장철수를 결정하고 있다. 거래 대상물의 매매와 교환을 중개하고 일정한 보수를 받는 부동산 중개인처럼 제작사가 과거 창작자의 지위에서 플랫폼과 콘텐츠 사이를 연결하는 지위로 전락했다는 지적은 이러한 맥락에서 나온 것이다.

회사, 즉 제작사나 방송사 입장에서 넷플릭스와의 거래가 큰 이점이 없는 만큼이나 개별 제작자 입장에서는 소속 회사가 매력 없는 대상이 된다. 방송사 소속으로 넷플릭스 오리지널 콘텐츠를 제작했던 원재는 자신이 방송사에 소속된 '직원'이었던 과거를 한계로 지적했다. 방송사 수익마저 제작비의 일부 비율로 정해져 있다는 사실을 잘 알고 있었던 그는 이 지위에서는 넷플릭스에 오리지널 콘텐츠를 납품해도 월급 이외에 추가 인센티브를 기대할 수 없다고 판단했다. 이러한 상황에서 원재의 두 가지 선택지는 '회사원'

으로서 프로젝트를 수행하면서 작은 보상에 만족할 것인가, '제작사를 차려서' 성공한 만큼의 이익을 취할 것인가로 분류됐다. 결국 원재는 넷플릭스와의 '직거래'가 자신과 넷플릭스 모두가 상생하는 길이라고 판단했다. 이 무렵 이미 많은 제작자가 스튜디오를 설립해 OTT와 직접 소통해 프로그램을 공급하고 있었고, 20년 만에 방송사에서 퇴사한 김태호 피디의 사직 역시 원재에게는 방송사에서 OTT로 완전히 무게추가 넘어가는 분기점으로 읽혔다. 이처럼 기존 미디어 장에서 이미 유리한 권력을 점유했던 1차시장의 방송사 정규직 제작자들은 자신의 성공경험과 상징자본을 이용해 자기 이익을 극대화할 수 있는 전략적 선택을 지속하고 있다. 이와 달리 방송사 정규직 바깥에 있는 2차시장의 도전자들은 중심부의 기득권자들과 경쟁해 권력관계의 지형을 바꾸거나 방송 장의 구조변화를 일으키는 데서는 별다른 파장을 일으키지 못하고 있다.

　　방송사가 넷플릭스의 하위 스튜디오로 변모하는 상황에서 기존 방송사 소속 피디들의 애사심과 충성심은 떨어질 수밖에 없다. OTT 오리지널 제작을 '세일즈'라고 표현한 향미는 이제 더 이상 "퍼스트 룩, 포스트 런first look, post run"의 1번지가 지상파가 될 수 없으며, 최후의 보루였던 홀드백 조건마저 무너졌다고 말한다. 늘 어디서 돈을 끌어올지 고민할 수밖에 없는 제작자들에게 홀드백의 포기는 OTT로부터 거액의 제작비를 조달하기 위한 고육지책이다. 대형마트나 편의점과 같은 유통업체들이 제품을 직접 만들어 판매하듯이 방송사도 드라마, 예능, 교양 피디를 막론하고 자체 브랜드 콘텐츠를 경쟁적으로 내놓고 있다. 이러한 상황에서 어떤 콘텐츠든 굵직한 OTT에 편성된다면 모든 문제는 용인된다. 그 가운데 '시청률 지상주의'도 예전보다 힘을 잃었다. 이제 피디들은 시청률은 낮지만 수익성이 높은 프로그램에 눈을 돌린다. 협찬이나 영업과 같은 마케팅 활동을 극대화하면서 자신의 존재 의의를 찾는 사례가 늘었다는 말이 된다.

IP 확보는 헛된 생각인가

넷플릭스가 가져다주는 긍정성은 콘텐츠 IP를 둘러싼 비판적이고 논쟁적인 담론이 쉬이 인정받지 못하게 한다. "그 많은 돈을 넷플릭스에서 다 받고 IP까지 가져가려는 건 욕심"이라고 생각한다는 진혜의 말은 넷플릭스의 지식재산권 독점을 완전히 인정하는 대목이다. 〈오징어 게임〉 역시 계약에 따른 내용이니 달리 방법이 없고, IP 소유를 주장하려면 돈을 절반씩 부담해야 한다는 것이다. 흥행에 따른 추가적인 보상을 얻지 못한다고 해도, 전 세계 190개국에서 100개 언어로 번역되어 유통된다면 감독, 작가, 배우 모두가 몸값을 올리고 유명세를 얻게 되는데 도대체 문제될 것이 무엇이란 말인가? 더욱이 넷플릭스 오리지널이 상징재화를 생산하는 예술 장이 아니라 돈을 벌기 위한 산업의 장이므로 넷플릭스가 IP를 소유하는 것은 당연한 이치다. 나아가 실패한 프로듀서들에게 배상을 요구하지 않는다는 이유로 넷플릭스의 사업은 꽤 공정한 시스템으로 간주된다. 한국 제작자들이 만든 콘텐츠가 흥행하지 못한다 해도 해당 제작자(사)에게 패널티가 없다는 점에서 이른바 '연대 책임'을 지는 선한 넷플릭스라는 이미지까지 보태진다.

하지만 오리지널 콘텐츠의 저작권이 넷플릭스에 귀속되는 것을 기꺼이 감수할 준비가 되어 있는 제작자들의 쿨cool함은 일견 할리우드의 계약 방식을 떠올리게 한다. 할리우드는 영화, TV스튜디오가 감독, 작가, 배우와 수익금의 일부를 나누어 갖는 백앤드back end 계약을 체결한다. 통상 영화에 참여하는 감독, 배우, 스태프의 출연료 외에 흥행 결과에 따라 보수를 지급받는 '러닝 게런티'[7]를 적용한다는 점에서 제작 생태계 조성에 매우 긴요한 역할을 한다. 그럼에도 국내 방송영상제작자들은 넷플릭스발 러닝 게런티에 대한 상상을 스스로 거두고 있다. 이는 역설적으로 충분한 제작비를 제공받지 못했던 기존 방송영상산업의 취약성을 반증한다. 결국 자본과 자율의 논리에서 우위를 점한 넷플릭스에 한국 방송영상제작자들은 자발적으로 구조화된다. 제작자들은 '소비자'의 기호라는 외부수요와 이윤추구, 시장경쟁 논리에 발 빠르게 부응하는 대량생산의 하위 장이 글로벌 OTT를 바탕에 둔 한국 방송영상산업임을 명확하게 인지하고 있었다. 무엇보다 늘 열악한 제작 현장을 감내해왔던 국내 제작자들은 넷플릭스와 같은 대자본의 총량에 적응하면서 플랫폼 아비투스를 형성해가고 있다. 이는 넷플릭스와의 협업 경험을 보유한 제작자들뿐 아니라 한국 방송 장에 속한 다수 제작자들에게 육화된 아비투스다.

하지만 다른 한편에서는 국내 제작사들이 넷플릭스에 줄을 지어서 IP를 상납하는 것은 옳지 못하다는 목소리도 존재한다. 향미는 본인 역시 번호표를 들고 기다리는 심정으로 글로벌 OTT와의 협업을 꿈꿨지만, 동시에 그래서는 안 된다고 여긴다. 자본력을 지닌 넷플릭스에 쏠리는 형상이 언젠가 중단될 경우 국내 제작사의 줄도산은 뻔한 수순이기 때문이다. 이는 과거 중국발 한한령과 현재 일본으로의 이동을 통해 읽어낼 수 있다. 2016년 한국 성주 내 사드 설치에 불편함을 느낀 중국이 '한류 제한령'인 한한령[8]을 내리자 중국에 진출했던 수많은 피디와 한국 제작사는 거의 퇴출당하다시피 했다. 최소 두 배 이상의 이적료를 받고 중국에 경쟁적으로 진출한 한국 제작자 중 상당수는 2016년 한한령 이후 돈을 받지 못하고 중국 방송사에서 쫓겨나 하루아침에 낙동강 오리알 신세가 됐다. 한국 피디 최초로 중국에 외주사 비앤아르B&R를 차리고 중국에 진출했던 김영희 피디는 한 언론사와의 인터뷰에서, 2016년 11월부터 약속된 편성이 불발되고 "우리가 만든 작품인데 우리 이름을 걸 수 없"는 상황이 지속되어 3년여의 경험 끝에 한국으로 돌아왔다고 말했다.[9] 2013년 〈아빠! 어디가?〉를 시작으로 〈나는 가수다〉, 〈런닝맨〉의 리메이크로 큰 성공을 거둔 중국은 앞다퉈 한국 피디, 작가 등 제작인력을 스카우트했고, 한국에서는 이를 '인력 유출'이라고 표현할 만큼 중국 진출이 활발했지만, 결국 '한중 합작'을 향한 목표를 이루지 못한 채 한국 방송제작 노하우는 중국에 고스란히 이전됐다.

---

7   유건식, 「파업 나선 美 작가노조, OTT가 촉발한 갈등 겹겹」, 『피디저널』 2023년 5월 8일 자. https://www.pdjournal.com/news/articleView.html?idxno=75041

일본으로 향하는 넷플릭스의 움직임도 주지할 만하다. 가입자 포화 상태인 한국을 넘어 인구 1억 명의 일본 시장을 타깃으로, 일본 문화에 대한 서구 사회의 선망을 활용하려는 전략이다. 특히 일본은 레거시 미디어 존재감이 강하고, 아마존 프라임 비디오가 압도적인 시장 점유율을 차지하고 있어 넷플릭스 진출 초기에는 고전을 면치 못했다. 방송국, 출판사, 음반사, 광고대행사, 캐릭터 상품 제작사 등 다양한 분야의 기업들이 공동 출자하는 일본만의 독특한 '제작위원회 시스템'은 흥행 실패를 분담하는 안정적인 구조이지만, 유연성은 매우 낮다는 단점이 있다. 이런 조건에서는 IP 권리가 여러 회사에 분산되어 있어 넷플릭스의 '독점 요구'와 충돌할 수밖에 없다. IP를 포기할 경우 제작위원회에 참여한 모든 회사가 굿즈, 음반과 같은 2차 판매를 통한 부가 사업을 벌일 수 없기 때문이다. 그럼에도 넷플릭스는 현지 애니메이션 스튜디오와 남다른 협력 관계를 구축하고 IP 권리를 확보해 이를 전 세계에 동시 공개하고 있다. 수천억 원의 자본이 투입된 〈원피스〉가 드라마로 제작되어 흥행에 성공한 것이 대표적인 사례다. 여기에 제작비와 배우 출연료가 한국보다 훨씬 낮다는 이점도 무시할 수 없다. 이는 넷플릭스뿐 아니라 한국 제작자들도 기꺼이 일본으로 뛰어들게 만들고 있다.

제작비는 확 줄어들고 시장은 한국보다 훨씬 크고. 인구는 1억이 넘잖아요. 일본에서 제일 많은 출연료를 받는 배우는 회당 3,000~4,000만 원이고 한국과 10배 차이가 나거든요. 그래서 한국 감독들

이 되게 많이 가요. 일본에서 일본 드라마를 찍어요. 한국 드라마

8   시기마다 다른 이름으로 지속된 이른바 '한류 금지령'(한한령)은 넷플릭스가 그 공백을 채울 수 있도록 허락하는 빈틈과도 같았다. 중국은 2016년 7월 '한한령'에 이어 2021년 8월 말부터는 '예능프로그램과 그 관계자에 대한 진일보한 관리 강화 통지'를 발표했다. 총 8개 항목으로 구성된 이 통지는 부도덕한 연예인 퇴출, 스타 자녀 출연 금지, 불량한 '판찬(饭圈) 문화'(팬덤 문화) 제재, 저속한 '왕훙(网红)'과 '냥파오(娘炮, 여성적 외모의 남성)' 등 기형적 심미관 배격, 이면계약에 따른 고액 출연료 금지, 전문적이며 권위 있는 평론 정착, 행정 부문의 엄격한 관리 요구, '트래픽 지상주의(流量至上)' 반대 등을 담고 있다. 흥미롭게도 이는 중국의 사회주의와 연동되어 있는데, 드라마의 주인공이 보조출연자의 수백 배에 달하는 출연료를 받는 것을 당연시할 수 없는 이념적 공감대가 규제의 근간이 되었다. 김상현, 「중국 광전총국 대중문화 규제관련 자문(내부자료)」(서울: 한국국제문화교류진흥원, 2021). 하지만 진일보한 규제 통지가 단순히 관계자들의 자정을 요구하는 경고 수준이라고 보기는 어렵다. 중국 내 한류 스타 팬클럽이 주된 규제 대상이 되면서 현지 동향 파악을 위해 인터뷰에 나섰지만, "개인 입장을 표명하지 말라"는 공지를 받았거나 익명 인터뷰조차 응하기 어려우며, 위챗으로 보낸 "인터뷰 요청 메시지"마저 (대화가 휘발되는) "스카이프로 해야 한다"는 현지 업계 관계자의 말은 사회문화적으로 경직된 중국 시장에서 한류가 지속적으로 각광받기는 어려운 조건임을 증명한다. 박경진, 「주간 한류 통신원 리포트(가칭) 질의사항 답변(내부자료)」(서울: 한국국제문화교류진흥원, 2021). 더욱이 본문에서도 언급했듯 한한령 이후 이렇다 할 수익을 거두지 못하고 한국으로 돌아온 피디들이 체감한 한류 제재는 당장의 생계를 위협할 만큼의 위기였다는 점을 부인하기는 어렵다. 이렇듯 중국의 규제 조치가 수년째 다른 이름으로 반복되고, 한한령에 경제적 타격을 받아 전전긍긍하는 한국의 모습이 수많은 언론보도를 통해 한국과 중국에 그대로 전달되는 사이 국내 제작사들은 '탈 중국' 움직임을 보이면서 여러 대안 중 하나로 넷플릭스를 선택했다. 민경원, 「'한한령'으로 위기 맞은 방송·기획사들 중국 떠나 향하는 곳은」, 『중앙일보』 2017년 3월 15일 자. https://www.joongang.co.kr/article/21372101#home. 이렇듯 넷플릭스는 외부의 결정적 변수인 한한령을 벗어날 기회이자 지나친 중국 시장 의존도를 탈피할 묘안으로 지목됐다.

9   남지은, 「[단독인터뷰] 김영희 PD 3년 만에 귀환…"한중합작 도전 계속된다"」, 『한겨레』 2018년 8월 1일 자. https://www.hani.co.kr/arti/culture/culture_general/855692.html

를 일본에서 찍는 게 아니라 아예 일본 드라마를 찍고 있어요. 공동제작은 한국이 인하우스 인력으로 해결하는 것이니 일본에선 부담이 없고, 한국은 더 큰 시장에서 더 적은 돈을 들여 콘텐츠를 팔아 더 많은 돈을 벌 수 있으니요. (진혜)

일본 정부에서 2024년도에 인센티브를 새로 만들었어요. 일본에서 촬영한 해외 영상물에 대해서 최대 편당 100억 원까지 지원하는 게 1년 예산이 한 300억 원 정도 된다고 하더라고요. 시범적으로 하고 있다가 완전히 정착했단 생각이 들어요. 전 세계에 있는 영상위원회들이 보통 그런 인센티브를 가지고 있거든요. 근데 일본이 그 제도를 2024년부터 공식적으로 시작했고 그렇게 되니까 해외 영상들도 일본 가서 많이 촬영하고. (주연)

일본이 제작 편수가 연간 300편이더라고요. 근데 러닝타임이 40분~50분이에요. 그리고 긴 게 12부작이에요. 제작비가 아직도 3억 5,000만 원 수준이고요. 40분 기준으로 많아야 4억. 가장 비싼 출연료도 회당 3,500만 원. 아주 우리 옛날 수준이에요. 그리고 일본은 외주제작 시스템이 우리보다 늦어요. 아직도 방송사에서 제작하는 단순 외주 중심이고. 방송사들이 헤게모니를 쥐고 있고. 드라마는 특히 더 그래요. 경제가 30년 동안 침체기였잖아요. 그러니까 제작비도 그에 맞물려서 온 거죠. (대식)

주지하듯이 한한령으로 인한 한국 제작자의 중국 '철수'와 일본 시장으로의 진출만을 놓고 볼 때 넷플릭스가 한국 시장과 영영 거리를 두지 않으리란 법은 없다. 달리 말해, 넷플릭스가 한국 이외의 시장에서 가능성을 발견하게 된다면, 아시아의 주요 투자처는 다른 나라로 쉽게 이동할 수 있다는 것이다. 실제 넷플릭스는 망 사용료 법제화 이슈를 두고, 한국 콘텐츠에 대한 투자를 줄일 수 있다는 일종의 경고성 발언을 내놓기도 했다. 2021년 11월 25일 국회 과학기술정보방송통신위원회 소속 김상희 국회부의장과 김영식 국민의힘 의원 주최로 열린 '디지털 경제시대, 망 이용대가 이슈 전문가 간담회'에서 넷플릭스 토마스 볼머 글로벌 콘텐츠 전송 부문 디렉터는 '한국에서 망 사용료를 강제한다면 한국 콘텐츠 투자를 철회할 수 있다'는 의미를 담아 발언했다.[10] 같은 맥락에서 이미 올라갈 대로 올라간 제작비를 공급해줄 주체가 사라져버릴 것도 충분히 예상할 수 있는 시나리오다. 민성은 DTI 전세대출, 주택 담보 대출을 받아 영혼을 끌어 모아 집을 샀던 사람들이 집값이 떨어지면 와르르 도산하는 것처럼, 넷플릭스 이후 가속화된 자본과 권력의 공세는 넷플릭스가 사라질 경우 국내 방송영상산업에 막대한 피해를 줄 것이라 단언했다. 그런 상황이 벌어진다면 자금줄 넷플릭스가 들어오면서 생겨난 부티크, 즉 글로벌 OTT향 전문제작사들은 다 죽는다는 민영과 진혜의 우려 섞인 말은 글로벌 OTT의 정체 혹은

---

10 변휘, 「"망 사용료, 한국서만 낸다면…" 경고성 발언 꺼낸 넷플릭스」, 『머니투데이』 2021년 11월 25일 자. https://news.mt.co.kr/mtview.php?no=2021112508252311141

퇴조에 따라 이미 형성된 플랫폼 아비투스 실천의 재구조화가 불가피할 것임을 예고한다.

자금줄이 끊기면 부티크들이 다 죽는 거거든요. 넷플릭스 들어오면서 생겨난 부티크에 희망을 가지고 나갔던 사람들은 다 어떻게 될 것인지. (민영)

지금은 제작사들 다 구조조정하고 OTT 들어왔다고 나가서 차렸던 사람들이 못 버텨서. 자비로 시작한 사람은 극히 일부고 대부분은 투자자를 잡아서 꾸렸는데, 2~3년(2022~2024년) 사이에 드라마 한 편도 [내놓지] 못한 제작사가 수두룩해요. 한 편 하면 그나마 버티기라도 하지. 한 편도 못 해서 더 이상 편성이 안 나와요. (대식)

만들면 만드는 대로 적자니까. 이익이 안 나고 약간 손해를 보더라도 제작사들이 제작사로서의 형태를 유지하기 위해서 그냥 가는 거예요. 매출은 있어야 되니까. 아무것도 안 하면 제작사가 아니니까. (명현)

저도 사실 좀 무서운 게 큰 제작비가 들어오면서 이미 단가들이 너무 많이 올라서 스태프들이든 배우든 그 기준은 높아졌는데 한번 올라간 비용이 다시 내려오기는 너무 어려우니까, 그러면 작품 개수가 줄 텐데. 국내 제작자들이 맞추지 않는 이상. 그러면 또 엄청나게 큰 타격일 것 같은 거예요. 분명히 없어지는 제작사들이 있을

테고. 지금은 한국이 1년에 200개씩 만든다고 하지만, 그 200개가 절대 오랫동안 유지될 수 없다고 생각하기 때문에 넷플릭스가 생태계를 파괴한 점이 있어요. 넷플릭스 전에는 tvN이 돈을 쏟아부으면서 생태계를 파괴했었는데, 이제 그보다 더 큰 괴물이 와서 해버리니까. […] 시장이 커진 건 맞는데 그들로 인해서 오래갈 수 있을지는 사실 저도 좀 모르겠어요. (진혜)

결국 진혜의 주장은 넷플릭스를 통해 얻은 막대한 제작비와 콘텐츠의 글로벌 성과가 거래 당사자만이 아닌, 국내 제작 생태계로 유입되어야 한다는 말과 다르지 않다. 한국 방송영상의 글로벌 홍행에는 그토록 효과적인 넷플릭스가 오히려 국내 제작 생태계 면에서 혼란의 조건으로 작용할 수 있기 때문이다. 자본의 완고함을 전면에 내세운 넷플릭스와의 협업은 한국 방송영상 제작자들에게 달리 설명이 필요 없는 상징자본이자 합리적인 파트너로 기능하면서 1년에 200개 이상의 콘텐츠 붐이 일도록 이끌었다. 이는 합리성을 토대로 작동하는 넷플릭스의 권력화로 해석될 여지가 있다. 이때 '권력화'는 MBC를 떠나 독립한 김태호 피디의 말처럼 "창작자의 자율성과 다양성"[11]이라는 한국 방송물의 질적 변화라는 원리를 동반한다. 한국 방송영상물이 과거와 달리 질적으로 다른 차원의 구조 변화를 겪고 있다는 점은 넷플릭스가 제시하는 '거액의 제작비 투

---

11 고희진, 「김태호 PD "미디어 시장과 시청자의 변화, 내가 체험해야 했다"」, 『경향신문』 2022년 4월 6일 자. https://www.khan.co.kr/article/202204062156005

자, IP는 넷플릭스의 소유'라는 거래를 비판하기보다는 추앙하게 만드는 이유다. IP를 모두 넘기더라도 글로벌 OTT와 협업해서 더 많이 주목받고, 더 큰 돈을 버는 것이 중요하다는 현실적 욕망은 일정 비율의 제작비 마진을 챙기는 것 이외의 다른 가능성을 상당 부분 침식시킨다.

횡재세를 걷자? 욕망의 제어를 넘어

2024년 12월, 넷플릭스, 디즈니+ 등 글로벌 OTT들은 적정 출연료에 대한 논의를 진행 중이라고 밝혔다. "상위 1% 배우의 평균 소득이 전체 평균 소득의 60배에 달한다"는 학계의 지적이 맞물리면서다.[12] "5년 주기로 반복되는 지붕 뚫린 집"이라는 명현의 말처럼 천정부지로 치솟는 배우들의 몸값 문제가 어제오늘 일은 아니다. 하지만 최근 2년 사이에 급등한 제작비의 가장 큰 원인을 배우의 출연료로 지목하고, 결국 이것이 국내 산업의 뒤통수로 날아오는 부메랑이 될 수 있다는 지적이 이어졌다. 2장에서 살펴봤듯이 2000년대 중반 A급 배우로 간주된 배용준의 회당 출연료는 1억 원대로 형성되어 있었으나 2023년 이후부터 2년 동안 회당 5억 원에서 8억 원까지 급격하게 늘었고, 이는 절대적으로 글로벌 OTT의 영향을 받았다는 것이 대현의 전언이다.

주연급 출연료가 진짜 천정부지로 뛴 거예요. 그래서 요즘 웬만한 한류 배우들은 회당 5~6억 원. 그리고 이정재는 특별한 케이스이기 때문에 〈오징어 게임〉은 회당 100만 달러(14억)거든. 이거는 논외로 두고. 지금 웬만한 애들은 다 5~6억 원, 7~8억 원 이렇게 부르고 있으니까. 걔네들이 21년도 22년도까지만 해도 많이 받던 배우가 1~2억 원이었단 말이야. 근데 이제 서너 배씩 [올랐지]. 그거 빼고는 뭐가 남아? 안 남지. (대현)

OTT 드라마가 없고 우리끼리만 있으면 가능한데 넷플릭스나 디즈니+ 이런 데서 회당 3억 원, 5억 원, 이렇게 말하거든요. 근데 플랫폼에서 "그 배우면 우리가 무조건 '콜' 할게"라고 외치면 제작사에서는 당연히 출연을 승인해야죠. (명현)

매니지먼트도 제작사로 들어와서 이름을 올리면서 제작비로 수익을 올리는 것도 가능하기 때문에 그게 문제예요. 김수현이든 뭐든 [출연료가] 높은 이유는 외국에서 그만큼 팔기 때문에 돈을 준다는 거예요. '돈을 이만큼 쓰더라도 더 많은 나라에서 보게 할 거야'라는 어떤 검증된 부분에서 주는 거잖아요. 근데 그 부분이 갑자기 바뀌지는 않을 것 같아요. 왜냐하면 여기서 깎는다 하더라도 딴 데서 비싸게 줄 거기 때문에. 경쟁이어서. (선미)

12 박영훈, 「"회당 출연료 8억도 줬다" 이건 너무 심하다했더니… 결국 '돌변' 터질게 터졌다」, 『헤럴드경제』 2024년 12월 20일 자. https://biz.heraldcorp.com/article/10020663?ref=naver

표 6. 한국, 미국, 영국, 일본의 제작비 대비 출연료 비중

구분	한국	미국	영국	일본
에피소드당 평균 제작비	7~30억 원 *최대 100억 원	69~414억 원	9.4~282억 원	2.7~14억 원 *최대 100억 원
제작비 중 출연료 비중	55~65%	10~40%	10~30%	20~40%
제작비 중 집필료 비중	5~10%	2~5%	2~5%	5~10%
TV 시장 규모	15조 원	400조 원	47조 원	6.35조 원

실제 한국은 시장 규모가 작은 데도 전체 제작비의 55~65%가 배우 출연료에 쏠린다. 세계 최대 미디어 시장인 미국과 유럽을 대표하는 영국, 이웃나라인 일본과 비교해도 적게는 15%, 많게는 45%나 높은 수치다. 널리 알려져 있듯이 〈오징어 게임〉의 배우 이정재는 시즌 1 당시 에피소드당 약 10억을 받았고, 이는 한국 배우들 가운데 최고 수준이다. 시즌 1이 전 세계적으로 흥행하자 시즌 2, 3에서는 더 높은 금액을 받았을 것으로 추정돼 제작비의 절반가량을 차지하는 것으로 회자됐다. 단순히 수치만을 비교했을 때 그렇다는 이야기다.

단, 배우 게런티가 국가별로 차이가 나는 배경을 살펴보기 위해서는 각국의 특수성을 감안해야 한다. 미국의 경우 배우들의 출연료는 제작비의 10~40%대로 한국보다 적으나 이를 벌충할 수 있는 재상영분배금residuals[13]이라는 장치가 마련돼 있다. 5장에서 자세히 언급하겠지만 재상영분배금은 작품 출연료 외에도 영화나 드라마가 최초 계약된 매체 이외의 다른 매체에서 상영될 때마다 받는 일

종의 저작권료를 말한다. 가령 드라마 〈프렌즈〉의 주요 출연진은 드라마가 오랜 기간 전 세계적으로 여러 창구를 통해 재방송되면서 매년 2,000만 달러(약 277억 원)에 달하는 분배금을 받는 것으로 유명하다.[14] 영국은 배우조합equity과 TV채널이 합의해 통상 에피소드당 주연급에게 회당 최대 1만 유로(약 1,635만 원)를 적용하고 있다.[15] 여기에 넷플릭스 오리지널 드라마는 공영방송사인 BBC나 민영방송사 ITV와의 합작을 통해 제작비를 효율적으로 관리함으로써 안정적인 비용 구조를 유지한다는 장점도 지녔다. 일본 역시 배우 출연료는 제작비의 20~40%로 저비용 구조를 유지하는 가운데 넷플릭스의 고예산 작품에서는 편당 1억 원 정도를 받는 것으로 추정된다. 이들 국가 모두 회당 수억 원대로 형성된 한국 배우들의 출연료보다는 훨씬 적은 금액대이다. 결국 쟁점은 한국 배우에게 제공되는 엄청난 규모의 출연료를 낮출 수 있는 방법을 찾아내는 일이 될 수밖에 없다.

그래서 등장한 것이 배우 횡재세windfall tax 논의다. 본래 횡재세

[13] SAG·AFTRA, "SAG-AFTRA TV and Theatrical Residuals Quick Guide," (2021. 1. 28). https://www.sagaftra.org/sag-aftra-tv-and-theatrical-residuals-quick-guide

[14] C. Travis, "'Friends' cast members still reportedly make $20 million a year each, and could get even more thanks to a new Netflix deal," *Business Insider* (2018. 12. 26). https://www.businessinsider.com/friends-cast-members-still-reportedly-make-20-million-a-year-each-2018-12

[15] A. Windsor, "Money Matters: How Much Do UK Actors Really Earn?"(2024. 7. 15). https://www.mandy.com/uk/magazine/article/how-much-do-uk-actors-really-earn-77503/

표 7. 드라마 회당 출연료 추이와 특징

구분	드라마 회당 출연료	특징
1980년대	10~50만(스타급)	●전속제 유지, 영화시장 침체
1990년대	100~1,000만 원	●1991년 전속제 폐지 ●한류 시작에 따른 출연료 상승
2000년대	5,000~1억 원 영화 5~10억 원	●장근석, 이병헌 한류 붐으로 스타급 출연료 급등 ●배용준(2004), 장동건(2008) 기획사 설립
2010년대	회당 1~12억 원 영화 10~20억 원	●비, 이영애 중국 시장 진출 ●김태희(2010), 소지섭, 하지원(2013), 현빈(2015), 이정재·정우성(2016), 조정석(2018) 기획사 설립
2020~ 2025년	회당 5~10억 원 영화 20~25억 원	●김수현(2020) 기획사 설립 ●이정재 〈오징어 게임〉 출연(2021, 2024, 2025) ●글로벌 OTT 영향

는 기업이 비정상적으로 유리한 시장 요인에 의해 얻게 된 초과이익에 대해 상생 기여금을 거둬들이는 방식을 뜻한다.[16] 통상 정유회사나 시중 은행에 향하는 횡재세 논의가 배우들을 조준한 이유는 전무후무한 제작난을 겪는 상황에서 톱스타들이 막대한 수익을 거둔 것이 그와 같은 성격이라고 봤기 때문이다. 스타 배우들이 벌어들인 초과 이익에 과세함으로써 제작비 부담을 낮추고 국내 콘텐츠 경쟁력을 높이는 데 활용하자는 것이 내용의 골자다. 이와 동시에 제작비 상승 부담이 조연이나 단역 연기자들에게 전가되어 이들의 처우가 개선되지 못하는 문제도 지적되고 있다.

하지만 횡재로서 거둬들인 배우의 수익을 세금으로 받아 필요한 곳에 사용할 수 있도록 하자는 주장은 현실과 동떨어져 있을 수 있다. 앞서 언급한 맥락을 고려해서라도 그러하거니와 배우들의 욕망을 강제적으로 제어하는 것으로는 문제가 쉽게 해결될 수 없기 때문이다. 배우들은 이미 욕망의 실현을 위해 다른 방편을 강구했는데, 자유시장 독립이 대표적인 예다. 2000년대 중반 일본에서 욘사마 신드롬을 일으켰던 배용준을 시작으로 2010년대 김태희, 현빈, 이정재, 정우성, 2020년 이후 김수현 등 수많은 배우가 1인 기획사를 설립해왔다. 글로벌 무대에서 개인 브랜드를 강화하고, 매니지먼트를 효율화한다는 장점도 있지만, '경제적 이점'이 선두에 자리함을 부인하기는 어렵다. 드라마 출연, 광고 촬영 등에서 발생하는 각종 수익을 100% 챙길 수 있고, 스태프 인건비나 회사 운영비 또한 직접 관리할 수 있다는 이점도 작용한다.

이른바 '인격화된 기업'인 이들의 욕망은 소속사에 할애되는 중간 마진을 줄이고 수익을 직접 관리해 더 큰 몫을 가져갈 수 있는 구조로 전환돼왔다는 점에서 이를 막을 방법은 없다. 더욱이 넷플릭스와 같이 글로벌 단위로 확대된 시장에서 횡재세가 강제 적용된다면 국내 무대가 아닌 해외로 완전히 눈을 돌릴 것도 배제하기 어렵다. 마치 '착한 임대인'을 연상케 하듯 출연료를 하향 조정해 작품에 참여하는 배우들이 전혀 없는 것도 아니지만, 그럼에도 유명 배우의 참여가 흥행을 담보한다거나 게런티가 배우 간 자존심 싸움으로 번지게 된다면 몸값을 내리는 일은 단순하지 않은 사안이 된다. 적절한 제어가 몸값 인플레이션을 일정 부분 막아낼 수 있

---

16 이미경, 「금융 신스틸러 횡재세 부메랑, 누가 맞을까」, 『한경머니』 2023년 11월 29일 자. https://magazine.hankyung.com/money/article/202311213689c

다 해도 횡재세와 같은 공적 영역에서의 규제가 바람직할까. 반복되는 배우 출연료 논란에 앞서 '이래선 안 된다'는 시장 참여자들의 정서적인 정의가 동반되고 창작에 드는 모든 비용을 고려한, 보다 큰 사회적인 논의로 확장될 수는 없을까. 2025년 6월, 넷플릭스가 회당 최대 4억 원이라는 출연료 상한제를 도입한 시점에서 던져볼 수 있는 질문이다.

넷플릭스 젠트리피케이션

넷플릭스와 같은 스트리밍 서비스가 번성하면서 기존 한국 방송영상제작사가 밀려나고 고유의 특수성이 파괴되는 일은 젠트리피케이션gentrification과 닮아 있다. 민성은 일종의 '핫 플레이스'가 되어 버린 넷플릭스를 배달의민족에 비유한다. 배달앱은 단순 배달 서비스로 시작해 많은 사람에게 편의를 제공했지만, 돈이 몰리니 원래 내 것이었던 것도 비싸지고, 배달이 줄고 포장이 늘자 포장 수수료에도 중개 수수료를 부과하게 됐다는 것이다. 넷플릭스로부터 많은 돈을 투자받은 제작자들은 제작 여건의 개선을 체감하기에 글로벌 OTT에 우호적이지만, 넷플릭스에 편입되지 못하는 이른바 '옛 주민'인 국내 방송영상 제작자들은 이제 넷플릭스와의 전략적 제휴에 나섰다. 마치 유럽 텔레비전의 만듦새가 열악한 재미없는 예능처럼 일부 교양 프로그램이나 뉴스 보도만 남을 것이라는 디스토피아적인 상상은 이른바 '넷플릭스 젠트리피케이션'이 던지는 어두운 미래다.

처음에는 그냥 당연한 배달이었던 게 애플리케이션이 도입되면서 다 같이 편해진 것처럼 느껴졌는데 거기에 돈이 몰리니까 결과적으로는 원래 내 거였던 것도 다시 비싸지는 경향으로 바뀌었죠. 저는 지금의 OTT 서비스들도 결국엔 다 비슷하다고 생각하거든요. 어떤 지역이 그 지역의 특색으로 사람들한테 사랑을 받았는데 그 지역 장사가 잘되니까 대기업 자본이 들어오기 시작하고, 공간이 만들어지면서 기존에 있었던 지역 특색은 쫓겨나게 되는 것과 비슷한 것 같아서. […] 결과적으로는 한국 사람들이 즐길 수 있는 콘텐츠는 정말 거의 비용이 안 드는 것들만 남겠죠. KBS, MBC가 없어지진 않을 테니까 〈6시 내고향〉이나 〈전국 노래자랑〉이나 그런 것들만요. 그게 딱 지금 유럽 텔레비전이거든요. (민성)

광고 없는 서비스로 10년을 버틴 넷플릭스는 2022년 상반기, 광고 시청과 구독료 모두를 요구하는 과금 모델을 준비한다고 발표했다. "광고 없이 편하게", "한 달에 만 원만 내면" 볼 수 있었던 넷플릭스는 월 광고형 요금제 도입으로 자신의 최대 장점을 잃게 됐다. 구독 모델로는 수익 창출 면에서 한계에 달한 넷플릭스가 리드 헤이스팅스의 경영철학이었던 무無광고 정책을 철회한 것이다. 천정부지로 올라가는 제작비를 감당하기 어려웠던 넷플릭스는 광고 없는 스트리밍 서비스 시장이 한계에 봉착했다고 판단했고, 마이크로소프트와의 협업을 통해 개인 타깃광고, 가상 간접광고 등 스트리밍 서비스에 최적화된 광고를 개발한다고 밝혔다. 비밀번호 공유자를 단속하고 새로운 수익 원천을 찾기 위한 전략의 일환이었다.[17] 2022년 5월 중순에는 마케팅 및 제작인력을 150명 감축하고, 기획 단계에 있던 일부 애니메이션 제작도 중단했다.[18]

넷플릭스의 매출이 '구독자 수 × 요금'으로 집계된다는 점에서 구독자 감소는 매출 감소로 직결되고, 이는 곧 넷플릭스의 공격적인 투자 동력이 꺾일 수 있다는 해석을 가능케 한다. 성장을 예상해 막대한 투자를 유치해온 넷플릭스로서는 2021년과 2025년에 걸친 반복되는 요금제 인상, 계정 공유 금지 등 쓸 수 있는 카드를 모두 쓰는 단계에 이른 것이다. 2022년 11월 4일부터 적용된 '광고 베이직 요금제'는 기존 베이직 요금제에 비해 4,000원 저렴하지만, 다운로드나 일부 영화, 시리즈는 접근이 불가능하고, 4K UHD는 제공되지 않아 "싼 게 비지떡"이라는 부정적 평가도 이어졌다. 민성의 주장처럼 넷플릭스는 초기에는 편의성을 증가시킨다는 착시를 일으키지만, 결과적으로는 그 편의가 철저하게 비용으로 전가되는 시스템으로 운영된다. 콘텐츠 라이선스를 판매하거나 납품하는 '제작자', 매달 일정액을 지불하면서 넷플릭스가 제공하는 제한된 콘텐츠를 감상하는 '구독자', 이 둘을 대상으로 하는 양면시장은 넷플릭스의 허락 없이는 진입이 불가능한 완전한 폐쇄 구조를 취한다. 넷플릭스가 콘텐츠 제공자와 구독자를 이어주는 대가로 양측 모두에게 대가를 받고 있고, 그 대가를 정할 권한도 넷플릭스에 있다. 결국 그 사이에서 넷플릭스가 경쟁력을 잃지 않는 방법 중 하나로 도입한 첫 단추가 바로 광고요금제다. 콘텐츠를 팔아서 돈을 벌기보다는 광고를 팔아서 돈을 벌겠다는 것, 콘텐츠가 주요 비즈니스가 아닌 국면으로 온전히 진입하게 된 상황은 구독자 감소와 제작비 축소의 상관적 변화를 증명해 보인다.

넷플릭스 젠트리피케이션 순환 구조는 '예능 자막의 소멸'과도 직결되어 있다. 쉴 새 없이 쏟아지는 자막은 출연자의 발화뿐 아니라 시청자들의 혼잣말 리액션까지 대신할 만큼 한국 예능에서는 필수 요소이다. 애초 일본에서 들여온 방송 자막이 국내에서 정착된 이후, 김영희 피디를 기점으로 대규모 예능을 발전시켜왔던 피디들은 비선형 편집on-Linear Editing[19] 시대에 진입하면서 어마어마하게 많은 양의 자막과 인력과 카메라를 동원했다. 이들은 예능 프로그램의 제작비와 제작 기간을 늘린 주범이기도 하다. 이제 문제는 콘텐츠를 전 세계 시장에 공급해야 하는 넷플릭스의 특성상 한국 예능의 독특한 메이킹 포인트로 정착된 자막이 소거된다는 데 있다. 당대에 유행하는 트렌드나 이슈가 프로그램에 녹아들고, 이

---

17 T. Spangler, "Netflix Aims to Launch Cheaper, Ad-Supported Plan in Early 2023," *Variety* (2022. 1. 19). https://variety.com/2022/digital/news/netflix-ad-supported-plan-launch-1235320040

18 정인선, 「추락하는 넷플릭스, 구조조정까지…직원 150명 정리해고」, 『한겨레』 2022년 5월 18일 자. https://www.hani.co.kr/arti/economy/it/1043316.html

19 비선형편집은 컴퓨터를 이용해 편집되는 컷의 위치와 순서에 상관없이 자유롭게 영상을 삽입하고 제거할 수 있는 편집방법을 말한다. 디스크 레코더 등의 메모리를 사용해 접근하기에 자유로운 편집이 가능하며, 이때 촬영본의 디지털 데이터화가 필수적으로 요구된다. 반대 개념은 선형편집(Linear Editing)으로, 종전의 테이프를 활용한 편집을 가리킨다. 한국학중앙연구원, 한국민족문화대백과사전 '비선형 편집' 항목. https://encykorea.aks.ac.kr/Article/E0074626

를 시청자와 실시간으로 호흡하면서 함께 만들어갔던 한국 예능이 세계 시장의 일관된 포맷과 시스템화를 추구하는 넷플릭스 예능에 편입될 경우 그 고유성을 잃어버리고 만다. 이는 '예능 피디'라는 분야의 특수성과도 연결되어 있다. 포맷 기획을 통한 매뉴얼 제작 시스템이 적용되는 글로벌 시장과 달리, 한국 예능은 기획-연출-편집까지 총괄하는 프로듀서 & 디렉터 시스템으로 운영된다. 단순히 제작자producer가 아니라, 제작자producer와 감독director을 겸한다는 점에서 연출자의 재량을 마음껏 발휘할 수 있지만, 그만큼 모든 과정을 혼자 책임지는 '장인적 제작 시스템'이다.[20] 하지만 글로벌 시장을 전제로 하는 넷플릭스 예능에서는 그러한 만능 재주꾼이 요구되지 않는다. 문화적 할인을 크게 하지 않아도, 어느 문화권에서도 동일한 방식으로 이해될 수 있어야 하기에 자막뿐 아니라 언어유희, 말장난도 삭제된다. 넷플릭스 오리지널 예능이 밍숭맹숭하고 밀도가 떨어지는 느낌이 드는 이유는 일상성의 소멸과도 같다.

매주 편성되는 '레귤러 예능'의 장점인 시의성도 넷플릭스 예능에서는 찾을 수 없다. 플랫폼 변화에 따른 사전 심의기간의 차이 때문이다. 주지하듯이 방송국 프로그램은 자체 심의실을 거쳐 문제가 있을 때에만 방통위의 심의를 받게 되지만, OTT 콘텐츠는 영등위 심의를 받는다. 영등위 심의는 최대 2주까지 소요되기에 심의기간을 고려해 훨씬 이전에 콘텐츠를 납품해야 한다. 이른바 '금주의 핫피플'을 해당 주에 섭외해 녹화한 후 그다음 주에 나갈 수 있도록 만드는 시의성이 레귤러 예능의 큰 장점이었다. 하지만 장기간의 심의를 염두에 둬야 하는 OTT 예능은 '핫한' 인물의 화제성이 모두 사라진 뒤에야 유통이 가능하다는 위험부담이 있다. 이로써 텔레비전 프로그램이 지닌 '시의성'이라는 장점은 플랫폼에서는 소거된다. 드라마도 마찬가지다. 촉각을 다투는 제작 일정으로 스태프들을 옥죄는 디졸브 촬영[21]을 미화해서도 안 되지만, 그것은 다른 한편으로 시청자 반응을 수시로 확인하면서 대본을 고쳐가고, 화제성을 띤 출연자의 주목도가 유효기간을 잃지 않도록 조절할 기회를 마련하기도 했다. 이와 달리 충분한 제작기간을 확보해 글로벌 시청자를 대상으로 완성품을 제공하는 넷플릭스 드라마는 제작 과정상 시청자의 일상적 피드백이 수시 반영되기는 어렵다. 방송국 사서함 또는 시청자 게시판을 통해 시청자 반응을 주별로 살펴가며 방향을 수정해갈 수 있었던 텔레비전 프로그램과 달리 시청자 반응을 확인할 수 없는 사전제작 콘텐츠는 기간과 예산이 여유롭게 투입된 만큼이나 실패에 대한 부담감도 상당하다. 민성의 말처럼 넷플릭스에 이미 완납한 에피소드 여러 개가 "와르르 망할 수도 있"다는 점에서다.

넷플릭스 젠트리피케이션은 기존 방송영상산업 제작 시스템에서 '시의성을 살려 시청자와 소통하면서 일상적으로 편성되었던 프

---

20 권성민, 「한국 예능 독보적이거나 고립적이거나」, 『코로나19 이후의 한류』(서울: 한국국제문화교류진흥원, 2021), 96-123.
21 '디졸브(dissolve)'는 영상에서 장면이 바뀔 때 한 화면이 흐려지며 다 사라지기 전에 새로운 화면을 등장시켜 두 장면이 조금 겹치게 하는 기법이다. 방송 현장에서는 이렇게 화면이 디졸브되듯 밤샘촬영 끝에 동이 트고 출근과 퇴근, 노동시간과 휴게시간의 구분이 없는 상황을 가리키는 은어로 쓰인다.

로그램'을 더 볼 수 없다는 한계를 가리키는 말로도 이해될 수 있다. 기존 방송과는 다르게 '완성된 데이터'를 전 세계 구독자에 맞춰 조정하는 OTT 플랫폼의 특성상 넷플릭스-제작사-시청자 간 능동적 상호작용은 매우 제한적일 수밖에 없다. 또한, '자막의 퇴출'이라는 말이 보여주듯 넷플릭스 예능은 그간 한국 예능 제작자들이 수행해왔던 고유한 제작 방식을 지워간다. 국내 콘텐츠시장의 실질적 권력이 넷플릭스로 옮겨 가는 상황에서 예능 제작자들은 한국 시청자들이 일상적으로 즐기는 예능 콘텐츠의 고유성을 소거하는 아비투스의 기제들을 습득해가고 있다.

4장 '피크 넷플릭스' 그 이후

피크 TV에서 피크 넷플릭스로

'피크 TV'는 미국 케이블 채널 FX의 회장인 존 랜드그래프John Landgraf의 용어다. 그는 2015년 미국에서 텔레비전 드라마가 422편 생산된 것을 두고, 최고점을 찍은 드라마의 과잉공급이 감소세에 접어들 것이라고 언급했다.[1] 하지만 2021년 미국 텔레비전 드라마 제작 편수는 599편으로 또 한 번 최고점을 기록했다. 랜드그래프는 최근 '텔레비전 비평가 협회' 기자 모임에서 2022년이 피크 TV의 정점이 될 것이라며 2015년 당시 자신의 발언을 수정했다.[2] 2022년 8월 미국 내 스트리밍TV 시청시간은 이미 앞선 지상파 시청시간을 넘어 케이블TV까지 처음으로 추

---

1   M. Schneider, "FX's John Landgraf Predicts That 2022 Will Now Be the 'Peak' of the 'Peak TV' Era," *Variety* (2022. 8. 2). https://variety.com/2022/tv/news/john-landgraf-fx-tca-press-tour-hulu-1235331736/
2   홍수경, 「홍수경의 핫 아메리카노 | 미국 드라마 황금기, 드디어 막을 내리나?」, 『차우진의 엔터문화연구소』 2022년 9월 15일 자. https://maily.so/draft.briefing/posts/0ebba26e

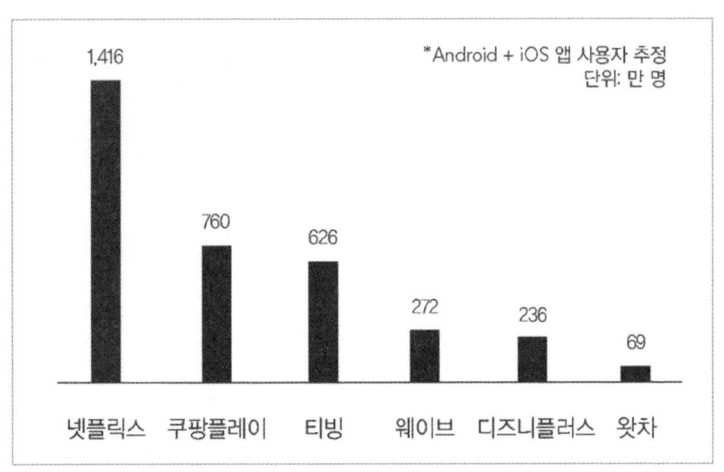

그림 5. 한국인이 가장 많이 사용하는 OTT 어플리케이션
(2025년 1월 기준)
출처: 와이즈앱

월[3]했고, 이러한 추세는 2024년 이후에도 더욱 강화되고 있다.

과포화 상태의 스트리밍 시장이 곧 감소세에 접어들 것이라는 예상은 역으로 해당 시기가 최대 호황임을 증명한다. 최고점을 찍고 곧 하락장을 맞이할 것이라 여겼던 주가가 그 예상을 뒤엎고 계속 상승하듯 2022년과 2023년을 기점으로 방송영상판은 역대 최대치의 과열을 겪었다. 자체 오리지널 제작 플랫폼만 해도 넷플릭스, 애플TV+, 디즈니+, 웨이브, 쿠팡, 티빙, 카카오, 아마존프라임비디오 8개, 여기에 KBS, MBC, SBS 지상파 3사와 tvN, JTBC, CJ ENM의 방송채널사용사업자, 그리고 채널A, TV조선, MBN 종편까지, 인구 5,000만 명인 작은 나라에서 수많은 주체가 저마다 살아남기 위해 공격적으로 돈을 퍼부었고, 시장은 구조적으로 말이 안

될 정도로 팽창했다. 하지만 얼마 지나지 않아 호황은 불황으로 치달았다. '한국에서 어떻게 이렇게 많은 작품이 쏟아져 나올 수 있는가' 하는 놀라움은 이제 존재하지 않는다. "이러다간 다 망한다"는 한탄이 나올 정도로 역대 최악의 상황을 겪고 있다. 그리고 그 한가운데에 넷플릭스라는 미국의 시장 지배적 사업자가 서 있다.

이 대목에서 한국 OTT 시장을 다시 살펴볼 필요가 있다. 〈그림 5〉는 한국 OTT가 넷플릭스와 매우 큰 격차로 물러나 있음을 보여 준다. 기존 한국 방송국의 VOD 재유통 사업으로 출발한 웨이브, 티빙, 시즌 등은 팬데믹 기간 가입자 격차를 줄이지 못했다. 티빙은 2021년부터 연간 1,000억 원 수준의 오리지널 콘텐츠 전략을 선보였지만, 가입자 상승은 제한적이다. 반면 넷플릭스는 기존의 드라마를 넘어 예능 주간편성까지 한국 콘텐츠에 대한 투자를 지속할 것이라 밝혔다. 이뿐 아니라 지상파 3사와 CJ ENM, 종편에서는 자사 핵심 드라마를 넷플릭스에 꾸준히 공급하고 있고, 2024년 12월에는 SBS가 토종 OTT 웨이브에서 빠져나와 넷플릭스와 'K-콘텐츠 경쟁력 확대를 위한 전략적 파트너십'을 체결했다. 향후 6년간 콘텐츠 공급 계약을 맺은 SBS는 최소 6,000억 원이 넘는 투자·수익을 기대함으로써 경영 악화를 줄여갈 수 있다는 것이 업계의 중론이다. 로컬 콘텐츠 수급에 애를 먹던 넷플릭스는 한국의 인기 프로그램을 보유한 채널과 제휴해 보유 콘텐츠 수를 확대해가고 있다.

3 정윤섭, 「美 스트리밍 시청시간, 케이블TV 첫 추월…1년새 22.6%↑」, 『연합뉴스』 2022년 8월 19일 자. https://www.yna.co.kr/view/AKR20220819005300075

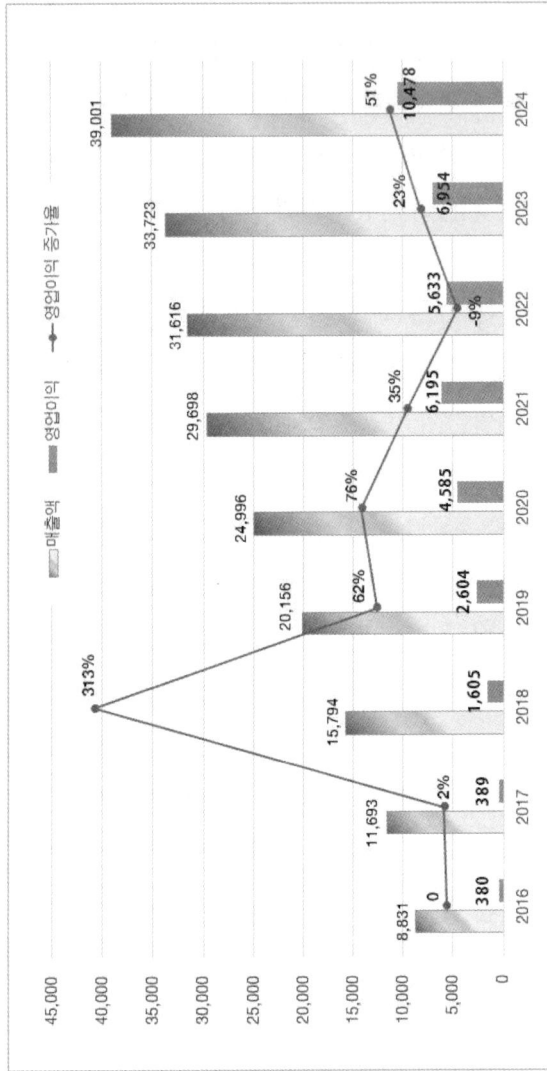

그림 6. 넷플릭스 연간 매출액(2022~2024년)
출처: Statista, 넷플릭스 (단위: 100만 원)

국내 여러 방송국이 글로벌 OTT에 자사 콘텐츠를 공급하는 이유가 '수익 유지 전략'의 일환이라면, 한국에서 넷플릭스의 위상은 꽤 오랫동안 유지될 가능성도 배제할 수 없다.[4]

여기에 넷플릭스의 연간 매출액과 구독자 수가 꾸준히 늘고 있다는 것도 중요한 지점이다. 〈그림 6〉에서 알 수 있듯이 2022년 넷플릭스의 매출액은 316억 달러(약 45조 원)로, 이는 10년 전 35.4억 달러의 약 9배에 달하는 수치이다. 〈그림 7〉은 구독자 수 역시 계속해서 늘고 있음을 보여준다. 권역을 따로 떼어보면, 미국/캐나다 구독자는 2017년 5,800만 명에서 시작해 2024년 8,900만 명으로 53% 증가했으며, 유럽·중동·아프리카 구독자 수는 2017년 2,600만에서 7년 만에 289% 증가해 2024년에는 미국 구독자 수보다 더 높은 1억 1,000만 명에 달했다. 라틴아메리카의 경우 1,971만에서 5,333만 명으로 170% 상승했다. 타 지역 대비 가장 낮은 구독자 수로 시작했던 아시아에서는 2017년 650만에서 2024년 5,700만 명으로 증가율이 무려 776%(약 8.7배)에 달할 만큼 성장했다. 물론 2021년에서 2022년 사이 적게는 1%대, 많게는 16%대로 성장이 크게 둔화했으나 2022년 4분기 가입자 수가 766만 명 증가해 2025년

---

4 넷플릭스 국내 1위는 2024년 말에도 여전했다. 2024년 국내 앱 월간 사용자 수(MAU)에서 넷플릭스는 1,299만 명을 기록해 전년 동기 대비 약 12% 증가한 수치를 보였다. 이어 티빙 725만 명, 쿠팡플레이 709만 명, 웨이브 437만 명, 디즈니+ 293만 명, 왓챠 52만 명 순으로 순위 경쟁을 보이고 있다. 배문규, 「시들하던 넷플릭스, '오징어게임2' 특수에 사용자 급증」, 『경향신문』 2025년 1월 5일 자. https://www.khan.co.kr/article/202501051116001

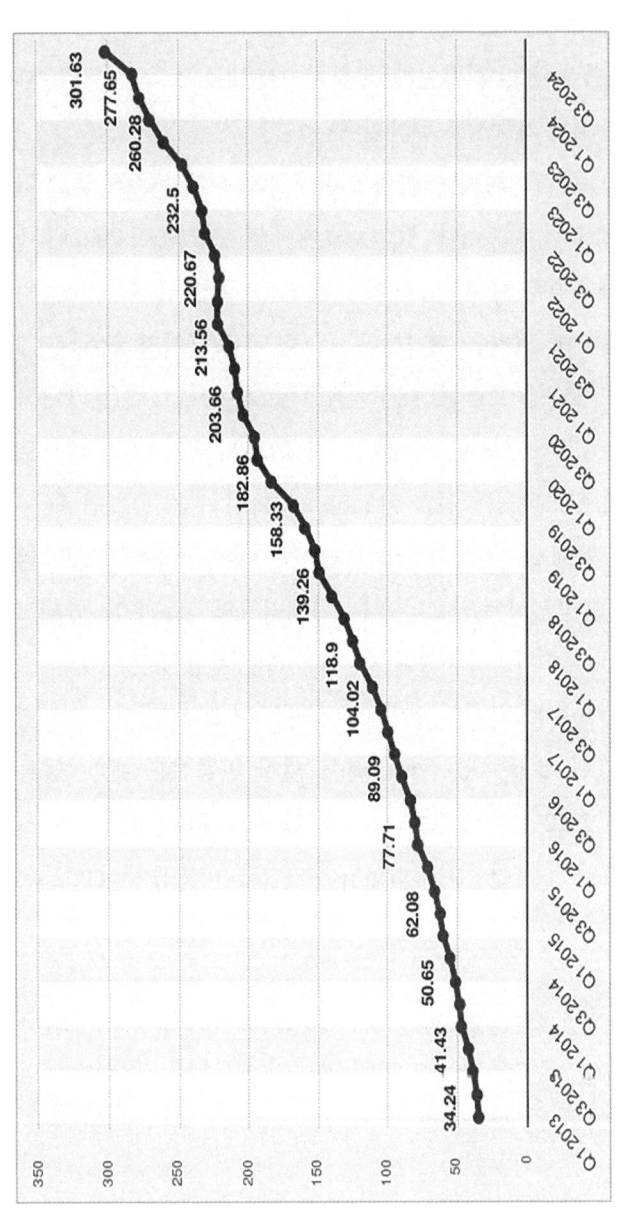

그림 7. 분기별 넷플릭스 구독자 추이(2013년 1분기~2024년 3분기)
출처: Statista, Netflix (단위: 백만)

1월 기준 전 세계 3억 명이 넘는 회원 수를 보유하게 됐다. 다른 OTT와 비교했을 때 넷플릭스가 규모의 경제를 이미 달성했다는 사실은 새삼스러울 게 없다. 넷플릭스는 최근 4~5년 사이 구독자 수를 늘리는 데 주력했고, 이를 지렛대 삼아 콘텐츠 제작을 통한 비용구조를 개선해갔다. 단독 스트리밍 계약에 머물지 않고, 오리지널 콘텐츠를 제작해 콘텐츠 수급에 드는 변동비용을 고정비용으로 바꾼 이후부터 구독자 수가 늘수록 구독자당 지출 비용은 크게 줄었다.

영원한 1등이 없는 OTT 시장이지만, 가입자의 구독료가 콘텐츠 투자로 이어지고, 이것이 또 다른 가입자를 유인하는 순환구조를 형성한 스트리밍 서비스로는 단연 넷플릭스가 선두에 있다. 2022년 전체 유료 가입자 중 60%가 한국 작품을 한 편 이상 시청했고, 2025년 상반기 톱 25 시리즈 중 한국 작품이 4편(〈오징어 게임〉 시즌 2, 시즌3 각각 2위와 3위, 시즌 1 18위, 〈폭싹 속았수다〉 25위)이나 순위에 오른 점[5]은 한국을 향한 넷플릭스의 투자가 불가피함을 확인시켜준다. 〈그림 8〉에서 보듯이 2022년 아시아에서만 16.5%로 타 권역 대비 가입자 증가율이 최대치를 보였다는 점은 넷플릭스에게 아시아가 '신흥 시장'임을 일러준다. 넷플릭스는 2022년 1분기 충격적인 침체 이후 정리해고, 광고요금제 도입 등 전반적인 지출 억제 계획을 보였지만, 영화, 시리즈 제작을 위한 자금 조달은

---

5   Netflx, "What We Watched the First Half of 2025," (2025. 7. 18). https://about.netflix.com/en/news/what-we-watched-the-first-half-of-2025

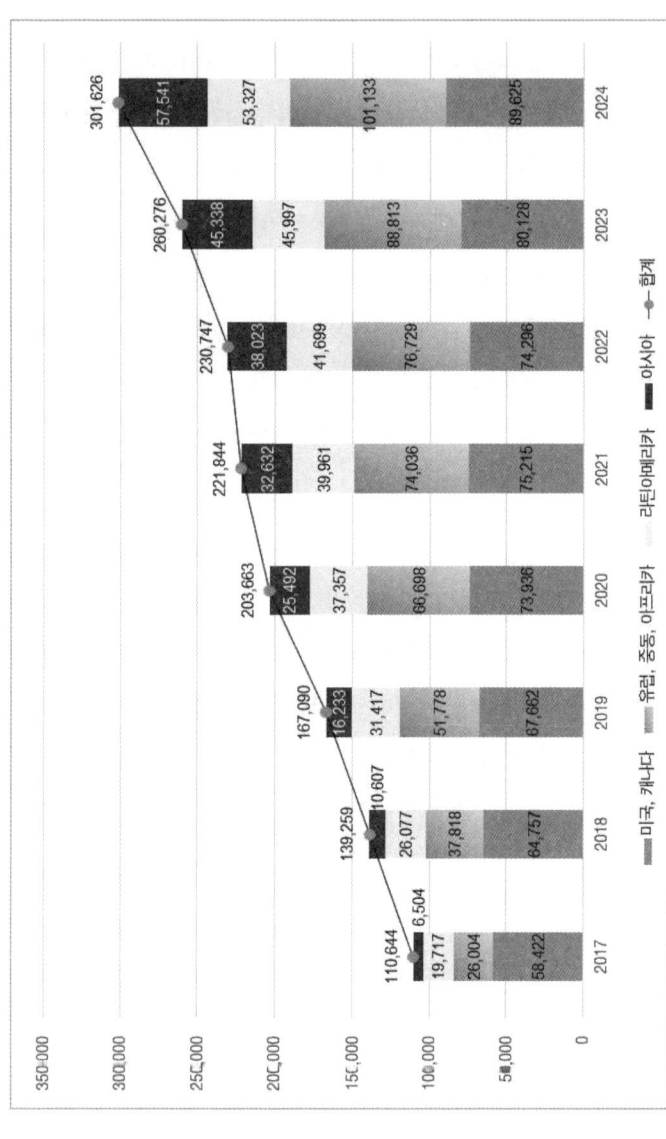

그림 8. 넷플릭스 권역별 구독자 수 추이(2017~2024)
출처: 넷플릭스 연례보고서 각 년도(2017~2024). (단위: 천 명, %)

계속 확대하겠다고 공언했다.

향후 넷플릭스는 신용카드 사용이 활성화되지 않은 지역에서 잠재고객을 유치하기 위해 더 많은 통신 사업자, 디지털 결제회사와 파트너십을 모색하고 다양한 결제 옵션을 제공할 것이다. 국가별로 다른 이용자 성향과 선호도를 고려하고 훌루, 디즈니+ 등 여타 OTT와의 경쟁도 염두에 두면서 말이다.[6] 하지만 넷플릭스에게 언제나 중요한 사실은 이미 포화된 북미와 유럽 시장을 넘어 신흥시장 확대로 균형을 맞춰야 한다는 점이다. 그 가운데 아시아는 여전히 유력한 거점지역이며, 그중에서도 한국은 아시아 시청을 지탱하는 주요 공간임은 분명한 사실이다.

상징적 신용의 무대

한편 넷플릭스가 단순히 온라인 플랫폼에 국한된 기업이 아니라는 점은 넷플릭스 오리지널 작품의 에미상Emmy Awards 수상 실적에서도 확인할 수 있다. 에미상은 넷플릭스가 오리지널을 제작한 이후부터 '꿈꿔왔던 장면이 현실이 되는 무대'다. 넷플릭스는 할리우드에서 오리지널이 엄연한 작품으로 인정받을 수 있도록 애써왔다.

---

[6] S. Zhao, "Netflix's Plan to Fix Its Subscription Crisis Starts in Asia," *Bloomberg* (2022. 6. 28). https://www.bloomberg.com/news/articles/2022-06-27/netflix-s-plan-to-fix-its-subscription-crisis-starts-in-asia#xj4y7vzkg

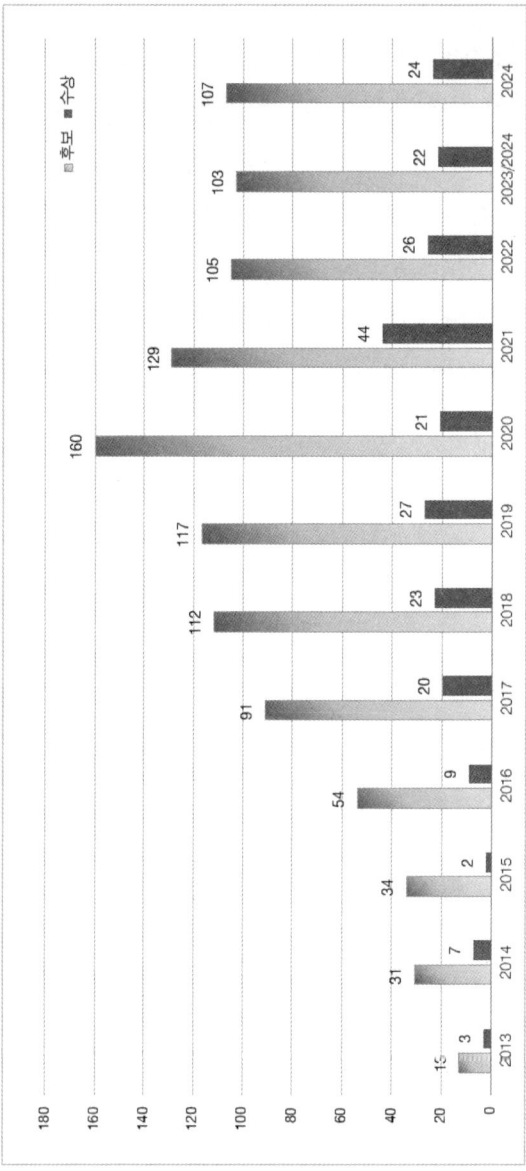

그림 9. 넷플릭스 오리지널 프로그램의 프라임타임 에미상 후보 및 수상 횟수(2013~2024)
출처: Statista, "Number of nominations and wins for Netflix original programs at the Primetime Emmy Awards from 2013 to 2024"(2024.9).

영상물의 불법 유통을 막기 위한 캠페인에 적극 동참했고, 2019년에는 미국영화협회 회원사로 가입했으며, 선댄스영화제에도 후원으로 애정을 보냈다.[7] 넷플릭스의 국제상 수상실적은 권위 있는 시상식이 쌓은 "상징적 신용symbolic credit"[8]을 넷플릭스에 이전시켜, 넷플릭스 오리지널에 상징자본을 부여하는 중요한 계기가 됐다.

실제 넷플릭스 오리지널 작품의 에미상 후보는 2013년 13편에서 2018년 112편으로 처음으로 백 단위를 넘어섰으며, 2020년에 정점을 찍었다. 넷플릭스가 한국에서 서비스를 시작한 2016년에는 54개 작품이 노미네이트 됐고, 〈오징어 게임 1〉이 에미상 6관왕을 기록했던 2022년에는 그 두 배 이상인 129개가 후보에 올랐다(〈그림 9〉). 특히 2021년은 넷플릭스가 오리지널을 제작한 이래로 44개 부문 수상을 내 1974년 CBS 이후 최고의 성적을 거둔 해다. OTT 서비스 초반만 해도 전통적인 방송 시상식에서 'OTT 작품이 후보가 될 수 있는가'를 두고 갑론을박이 벌어졌지만, 이제 넷플릭스를 비롯한 여타 OTT 작품은 '무림의 강호' HBO를 뛰어넘는 성적을 보여주고 있다. 넷플릭스 오리지널 콘텐츠가 방송 콘텐츠 수상실적을 역전했다는 사실조차 더는 특이 사례로 다룰 필요가 없게 된 것

---

7 유건식, 「넷플릭스, 에미상 싹쓸이…韓 작품 수상 머나먼 꿈 아니다」, 『피디저널』 2021년 9월 23일 자. https://www.pdjournal.com/news/articleView.html?idxno=72929

8 이상길, 「1990년대 한국 영화장르의 문화적 정당화 과정 연구 영화장의 구조변동과 영화 저널리즘의 역할을 중심으로」, 『언론과 사회』 13권 2호(2005): 63-116.

이다. 이는 오늘날 한국, 나아가 글로벌 방송영상산업계에 미치는 넷플릭스의 영향이 앞으로도 그리 적지 않을 것임을 설명하는 요소일 것이다.[9]

나아가 넷플릭스는 여전히 전 세계적으로 수많은 국가에서 가장 많이 이용하는 스트리밍 플랫폼이라 해도 과언은 아니다. 넷플릭스의 전 세계 월간 검색량은 2022년 기준 아마존의 3억 3,540만 건에 이어 1억 4,020만 건으로 2위이며, 유럽에서는 가장 유명한 브랜드로 자리매김했다.[10] 전 세계 구독자의 이용 정보를 토대로 스트리밍의 왕좌를 차지한 넷플릭스가 기존보다 저렴한 광고요금제를 통해 추가 구독자를 지속적으로 유입하고, 성공적인 사업 전환을 이룬다면 성장은 계속될 수 있다. 실제 광고요금제가 시행된 지 두 달 만에 월간 활성 이용자 수 100만 명을 초과 달성했고, 당시 주가는 약 364달러(약 52만 원) 선으로 2021년 말 690달러(약 98만 원) 수준에서 크게 하락한 후 다시 회복세에 접어들었다.[11] 이는 비교적 '현재적 관점'에서 넷플릭스를 둘러싼 긍정적 신호다.

넷플릭스가 한국에서 지속적으로 영향력을 행사하는 모습은 '피크 넷플릭스' 이후를 상상하게 한다. 1999년 가을 처음 DVD 구독 서비스를 시작한 넷플릭스는 구독모델이 미래임을 간파해 VOD 시대를 열었다. 20년의 구독 서비스 노하우를 보유한 넷플릭스에 이미 매월 구독료를 지불하는 이용자들은 월정액이라는 구독경제 안에 '갇혀' 있다. "볼 게 없다"고 말하면서도 습관적으로 앱을 켜 어떤 콘텐츠가 있는지를 탐방하는 일이 일상이 된 모습, '오직 넷플릭스에서만 볼 수 있는' 예능이 매일 '방송'되는 것은 넷플릭스뿐 아니라 플랫폼 아비투스를 담지한 국내 행위자들의 적극적인 협조가 응축된 것이라 평가할 수 있다.

기술 위에 쌓아 올린 엔터테인먼트

국내 방송영상사업자가 넷플릭스와의 힘의 관계를 조절하거나 변환하기 어려운 이유는 바로 넷플릭스의 데이터 권력에 있다. 데이터 권력은 한국방송영상산업 구조변동 과정의 동력으로 작용하면서, 국내 사업자의 절합적 사고, 즉 안팎으로 새로운 대안을 두루 고민하는 일을 어렵게 만든다. 널리 알려져 있듯 넷플릭스는 자사의 고유한 데이터 세트를 생성해 차별적인 경쟁력을 얻은 '데이터 기업'이다. 이는 리드 헤이스팅스가 넷플릭스의 사업 영역을 크게 두 가지로 분류한 것에서도 알 수 있다. 첫째, 흥행할 콘텐츠를 찾

9   전문가들도 엇갈린 예상을 펼치는 가운데 엎치락뒤치락하는 글로벌 OTT 경쟁 상황은 미래를 쉽게 점칠 수 없게 한다. 다만 이 글이 넷플릭스를 글로벌 OTT의 메타포로 설정하고 있다는 점, 적어도 한국에서는 넷플릭스가 압도적 '1황'으로 지목돼 온 상황에서 한국 방송영상산업의 변화와 전환점을 살펴보는 데 집중한다는 점에서, 넷플릭스의 부침성망을 예측하는 것에 너무 많은 에너지를 쏟진 않으려 한다.
10 Businessfinancing, "The Most Popular Consumer Brands in America and the World," (2022. 7. 11). https://businessfinancing.co.uk/popular-consumer-brands
11 VectorVest, "JPMorgan Still Optimistic About Netflix Despite User Grievances with Shared Password Prohibition," (2023. 3. 27). https://www.vectorvest.com/blog/hot-stocks/jpmorgan-optimistic-on-netflix-despite-user-grievances

아 투자하는 제작사업, 둘째 인터넷 기반 시스템을 만들고 이용자 취향을 분석하는 IT사업이 그것이다. 특정 사안을 볼 때 숫자와 알고리즘을 본다는 넷플릭스 CEO의 말은 넷플릭스가 "기술 위에 쌓아 올린 엔터테인먼트 회사"[12]임을 실감하게 한다.

일찍이 넷플릭스는 태거tagger들을 고용해 세분화된 취향 분류틀 아래에서 콘텐츠를 소비하는 시스템을 갖춰놓았다. 영화나 방송산업 종사 이력이 있거나 해당 분야를 전공한 태거들은 콘텐츠의 제목, 제작연도, 언어, 출연진, 장르, 비속어와 성관계 신scene의 빈도까지 수동으로 입력해 수천 개의 메타 태그를 만들어냈고, 이 태그를 조합해 7만 6,000개가 넘는 마이크로 장르를 분류했다.[13] 이렇게 분석된 데이터베이스는 넷플릭스가 무엇을 만들어야 하는지를 알려준다. 예컨대 〈하우스 오브 카드〉는 사람들이 무엇을 원하는지가 아니라, '데이터가 무엇을 말하는지'에 근간해 탄생한 결과물이라는 점에서다.[14]

민종과 범수에 따르면, 한국 콘텐츠의 투자 가능성과 전 세계 수익성은 알고리즘을 통해 양화된 데이터에 근간해 "이미 계산된 것"이나 마찬가지다. 기존 텔레비전 시청자 데이터는 샘플링을 통해 얻을 수밖에 없었고, 그 샘플링된 시청자마저도 어느 대목에서 텔레비전을 끄는지, 어떤 장면에서 채널을 돌리는지 등 세세한 데이터를 얻기는 불가능했다. 이와 달리, 모든 것이 디지털로 이루어지는 넷플릭스 스트리밍에서는 식별된 개인 이용자와 관련된 데이터가 인공지능에 의해 실시간으로 분석된다. 몰아 보기 양상, 북마크 저장 위치 정보, 특정 장면에서의 멈춤, 이동, 종료 등 추천 콘텐츠에 대한 여러 가지 반응 데이터가 수집되고 이것이 빅데이터로 나타나는 것이다. 이광석의 표현을 빌리자면 넷플릭스 구독자는 "5만 분의 1로 분할 가능한 알고리즘 분석의 대상체"이자 "수량화된 자아quantified self"로 존재한다.[15] 이로써 넷플릭스는 "관객 데이터, 제작 데이터 안에 우리가 있"게 만드는 권력이 되고 만다. 데이터, 정보, 인터넷이 바꿔놓은 문화적인 지형은 넷플릭스라는 사례를 통해 극명하게 드러난다. 이렇게 축적된 데이터는 "어떤 배우가 나오니까 100억 줄게" 하는 스타배우 의존 방식을 벗어나게 한다. 달리 말해, "전 세계에서 엄청난 양의 콘텐츠를 핸들링할 수 있는 데이터"가 "너의 콘텐츠는 얼마짜리야"라고 하는, 콘텐츠의 가격을 결정하는 중요한 명분이 되는 것이다.

넷플릭스는 제 나름대로 알고리즘을 써서 '이 콘텐츠는 투자할 만해', '내가 한국 시장에 얼마를 부었을 때 전 세계에서 어느 정도 수익을 받을 수 있어', 이런 것들을 다 갖고 있는 거죠. [⋯] 전 세계에

---

12 리드 헤이스팅스, 에린 마이어, 『규칙없음: 넷플릭스, 지구상 가장 빠르고 유연한 기업의 비밀』, 이경남 옮김(서울: 알에이치코리아, 2020), 300.

13 M. Grothaus, "How I Got My Dream Job Of Getting Paid To Watch Netflix," *Fast Company* (2018. 3. 18). https://www.fastcompany.com/91115162/proven-practices-to-rewire-your-brain-to-help-you-live-your-best-life

14 A. Madrigal, "How Netflix Reverse-Engineered Hollywood. The Atlantic," *The Atlantic* (2014. 1. 3). https://www.theatlantic.com/technology/archive/2014/01/how-netflix-reverse-engineered-hollywood/282679/

15 이광석, 『디지털의 배신』(서울: 인물과사상사, 2020), 55.

서 엄청난 양의 콘텐츠를 핸들링 할 수 있는 근거가 있는 거예요. 데이터 입장에서 봤을 때는 가장 좋은 방식을 취하는 거죠. […] 제일 중요한 건 누가 정보를 통제하느냐예요. 디지털이니까 누가 데이터를 제일 많이 갖고 있을까? 데이터를 수집하잖아요. 관객은 그 데이터에 접근할 수 없거든요. 보여지는 데이터에 반응하는 거죠. 그러니까 플랫폼이 권력을 갖는 거죠. 그래서 이 데이터를 가지고 제작사에 얘기를 하는 거고, 가치를 평가하는 것도 이 데이터에 의존하는 거거든요. '이러한 조건이면 너의 콘텐츠는 얼마짜리야' 하는 거죠. 예전처럼 '어떤 배우가 나오니까 100억 줄게'라고 하는 식의 구조가 아니라, '여러 가지 조건들을 봤을 때 이건 얼마짜리야' [라고 평가하는], 디지털로 변화된 시기의 산업 지형이라고 보는 거죠. (민종)

기존 TV는 아예 시청률이라는 것도 샘플링을 통해서 얻을 수밖에 없었고, 실제로 그런 시청자들이 어떤 장면에서 TV를 끄는지 어떤 장면에서 돌리는지 같은 세세한 데이터들은 얻을 수 없는 상황이었잖아요. 모든 게 디지털로 이루어지는 넷플릭스 스트리밍에서는 그게 기술적으로 그게 가능한 거죠. 사람들이 채널을 소비하는 성향과 패턴에 대해서 당연히 많은 인사이트를 얻을 수 있고요. 어떤 작품에 얼마를 투자할 것인가 그리고 작품의 횟수, 기승전결의 범위까지 충분히 결정할 수 있죠. 게임 쪽에서는 그런 데이터 분석이 너무나 당연한 거거든요. 게임도 그렇고 인터넷 서비스들도 퍼널분석funnel analysis[16]을 하잖아요. 처음에 마케팅을 통해서, 클릭을 통해서 이 홈페이지에 들어왔을 때 회원 가입하는 비율은 얼마고, 이탈하는 타이밍은 언제고, 마지막 플레이까지 가는 사람은 몇 퍼센트고, 최초의 플레이 한 사람 중에서 다음 날 또 재방문하는 사람들은 얼마고 이런 것들을 갖다가 온라인 서비스에서 너무나 자연스럽게 분석했었던 방법인데 기존 영화, 기존 TV 채널, 기존 다른 매체에서는 그런 걸 못 했었거든요. 넷플릭스는 그걸 할 수 있게 된 거죠. (범수)

마치 "기술이 스스로를 기반 삼아 또 다른 기술을 발전시키면서 무한히 증식해가는" "기술의 지수함수적인 발전"[17]처럼, 넷플릭스는 시청 데이터를 끊임없이 내부로 확장하며 가치를 상승시킨다. 이렇게 고안된 데이터를 비롯한 모든 정보는 넷플릭스 오리지널 제작자들에게 구체적으로 전달되지 않는다. 수익 정보는 차치하고라도 제작자가 만든 오리지널 콘텐츠의 흥행 여부조차 별도로 고지되지 않는데, 이러한 폐쇄성은 자사 직원을 포함해 넷플릭스와 금전적으로 엮인 모든 제작자를 향한다. 가령 넷플릭스는 "방송인 데이브 샤펠Dave Chappelle의 스탠드업 코미디 〈더 클로저The Closer〉

---

16   웹사이트에서 특정 결과에 도달하는 데 필요한 단계와 각 단계를 통과하는 사용자 수를 파악하기 위한 방법을 말한다. 얼마나 많은 방문자가 사이트에 가입하는지, 또 구매자로 변환이 되는지 등의 정보를 특정 퍼널에 매핑하게 된다. 각 단계를 통과할 때마다 유저 수는 줄어드는데, 이를 그림으로 그렸을 때 점점 좁아지는 형태의 깔대기(funnel) 모양이기에 퍼널 분석이라고 칭한다. 데이터리안, 「퍼널분석」 2022년 2월 13일 자. https://datarian.io/blog/funnel-analysis
17   박승일, 『기술은 우리를 구원하지 않는다』(경기: 사월의책, 2025), 174, 177.

에 제작비 2,410만 달러가 투입되었고, 실제 임펙트 벨류는 그보다 낮다"는 데이터가 블룸버그 기사에서 다뤄진 이후 해당 내용을 외부에 발설한 직원을 해고했다.[18] 당시 〈오징어 게임〉을 포함한 일부 프로그램의 제작비 정보도 유출되었는데, 이는 넷플릭스에는 이례적인 사건으로 평가된 바 있다.

알고리즘 역추적을 막아라

제작자에게 제작 데이터를 제공하지 않는 것은 넷플릭스의 영업 "기밀"이자 "재산"이며 통상적인 비즈니스의 규칙이기도 하지만, 한편으로는 제작자를 배제한 독단적인 판단권을 유지하기 위한 방책이다. 따라서 제작자들이 작품의 흥행 여부를 판가름할 수 있는 유일한 근거는 다음 시즌 제작에 대한 공지에 달려 있다. 플랫폼이 전권을 쥐게 되었을 때 제작자들의 종속은 너무 뻔히 보이는 문제일 수 있다.[19] 한편 이미 여러 오리지널 콘텐츠 제작자의 입을 통해 넷플릭스의 제작 자율성에 대한 긍정성이 이야기된 바 있지만, 이러한 자율성은 선험적으로 주어지지 않고, 경험적으로 주어진다. 감독, 배우, 작가를 비롯해 방송영상산업을 둘러싼 여러 조건을 고려해 흥행 가능성이 어느 정도인지 미리 파악한 상태에서 보장하는 자율성인 것이다. 넷플릭스 제작 시스템에서 확인되는 제작 자율성은 경제적 예속 상태에서 얻는 보편적 가치라 할 수 있다.

넷플릭스 '안 주는' 걸로 유명합니다. 일절 아무 정보도 주지 않고, 손익분기점도 안 알려줘요. 구체적인 데이터를 떠나서 그냥 내 콘텐츠가 수익이 얼마나 났는지 흥행이 얼마나 됐는지 BEPBreak Even Point(손익분기점)를 넘겼는지 안 넘겼는지도 알려주지 않고요. 데이터를 안 주는 이유는 뭐랄까요, 정보에 대한 근거를 알려주면 이 근거를 들고 다른 얘기를 한다든지 그럴 수 있잖아요? 근데 정말 아무 근거 없이 결과만 알려주면 상대방이 할 수 있는 게 아무것도 없으니까. 제작할 때 대부분 그런 내용들도 계약서에 포함되고요. 오로지 내 작품이 엔간히 흥행했는가 안 했는가를 판단할 수 있는 유일한 근거는 '다음 시즌 제작을 하라고 하느냐 안 하느냐'뿐인 거니까요. (민성)

내 알고리즘을 역추적할 수 있는 단서를 안 주는 조건으로 돈을 더 줄 거잖아요. 그러니까 '어떤 거 절대 얘기하면 안 된다, 이 작품에

18　K. Paul, "Netflix fires employee trans activist for allegedly leaking internal documents," *The Guardian* (2021. 1. 3). https://www.theguardian.com/media/2021/oct/15/netflix-fires-employee-trans-activist-for-allegedly-leaking-internal-documents

19　향미는 유튜브 역시 넷플릭스와 마찬가지로 "갑질 아닌 갑질을 하고 있다"고 말했다. '채널 분석'에서 도달범위나 참여도, 시청자층 정보가 기본적으로 제공되기는 하지만, 동일 조회수의 콘텐츠가 인기 탭에 뜨거나 뜨지 않는 이유에 대해 유튜브는 그저 "알고리즘이다"라고 대답한다는 것이다. 그래서 이들은 "어느 날부턴가 '알신'(알고리즘 신)이 강림하기를 바라고 있었고, 요즘에는 알고리즘 코인을 탄다"라고 얘기한다면서 오리지널을 만드는 팀이 시청자 데이터에 훨씬 더 민감할 수밖에 없다고 말했다.

1,000억 넣는데 발설하면 너는 몇천 억을 나한테 배상해야 해', 이런 조건을 넣는 거죠. […] 일단 투자를 결정할 때 콘텐츠가 뜰지 안 뜰지에 대해 데이터를 가지고 판단을 하는 거고. 제작자 입장에선 자기가 만들고 싶은 걸 다 만든다고 생각하지만. (민종)

넷플릭스 TOP 10이나 플릭스패트롤로 가늠할 수 있는 시청 지표가 있기는 한데 예전에 제가 방송국 다닐 때처럼 명확하게 시청률로 수치화된다든지 그런 건 아직 없어요. 설사 있다고 해도 그들의 기밀이죠. 자기들의 재산이잖아요. 사실 을의 입장에서는 문제가 있죠. 데이터가 있으면 협상력이 높아지는데 그 데이터는 기밀 처리를 하기 때문에 [접근할 수 없으니까요]. 하지만 제작자 입장에서는 플랫폼에 이용하는 타깃이랄지 단순한 성공 달성 수치 외에도 세부적인 데이터를 알면 좋죠. 데이터의 시대고, 맞춤 시대고, 취향이 다 보편화되고 파편화되는 시대인데 그런 걸 조금이라도 알면 향후 시즌에서 그런 내용에 더 집중할 수 있거든요. (선미)

한국 영화 배급사가 과거 넷플릭스와의 블록 딜에 실패한 이유는 넷플릭스가 내린 '주관적인' 판단이 아니었다. 가령 A라는 배우에 B라는 내용, C 정도의 완성도라고 계산했을 때 전 세계 뷰view 수를 가늠할 수 있고, "여기에 곱하기 몇을 하면 이 값이야"로 산출된 넷플릭스의 금액과 한국 영화 배급사가 제시하는 금액의 격차는 상당했다. 민종은 한국 시장이 받아들일 수 없었던 넷플릭스의 '블록세일 block sale(일괄매각)' 요구는 결국 넷플릭스의 데이터에 따라 정해진 가치였다고 주장한다. 한국 방송영상제작자들이 우선순위에 두었던 '유명한 감독' 혹은 '뛰어난 미학적 창안'과 같은 좋은 콘텐츠의 가치는 '넷플릭스가 데이터로 산출한 가치'와는 사뭇 다른 것이었다.

넷플릭스 진입 초기에 영화 데이터를 다 가지고 있는 배급사에서 이걸 블록 딜을 하고 싶어 했어요. '100개의 라인업이 있다, 이걸 다 넷플릭스에 넘길 테니 얼마를 줘', 이런 걸 하고 싶었던 거죠. 근데 실제로 가격 협상했을 때 잘 안 됐어요. 나중에 보도자료 나올 때는 "넷플릭스가 우리 시장을 위협하고 있기 때문에 그걸 방어했다", 이런 식으로 나온 거예요. '우리는 IPTV 시장도 있고, 극장도 있는데 넷플릭스가 들어오면 생태계가 망가진다, 그래서 우리 것을 안 넘겼다'라고 말했지만, 그 이면의 이야기를 들어보면 가격을 되게 낮게 책정했죠. 근데 적게 준 이유가 주관적인 판단이 아니라, '이러이러한 배우가 나오고 이러이러한 내용이 있고, 이러한 퀄리티면 전 세계에서 어느 정도 뷰 수가 나올 거다. 여기서 곱하기 얼마 하면 이 값이야' 하는 그 격차가 상당히 컸다는 거예요. […] 완전히 데이터 중심 사고인 거죠. (민종)

방송영상 콘텐츠 판매에서 월정액 구독 서비스를 취한 플랫폼 공간은 공급자와 이용자를 잇는 유통구조의 틀을 완전히 바꾸어냈다. 일정 금액을 내면 무제한으로 콘텐츠를 볼 수 있는 월정액 서비스는 단건 결제에 비해 저렴하다는 이점이 있다. 하지만 무제한 접근이 가능하다고 해도 플랫폼에 탑재된 모든 콘텐츠를 다 볼 수는 없다. 월정액을 지불하면서 콘텐츠를 "다 본다고 착각"을 하는 구독자와 구독자의 시청행위 그 자체는 넷플릭스 데이터 수집의 도구가 된다. 주지하다시피 넷플릭스는 영화와 드라마를 '미끼'로 관객 데이터를 수집해 돈을 벌면서 그 자체의 가치를 만들어가고 있다. 2021년 10월 넷플릭스는 영상콘텐츠 사업을 넘어 게임사업 진출을 선언했는데, 이는 2억 명이 넘는 구독자의 '시간'을 더 오랫동안 점유하기 위한 방법이다. 2022년에는 주주들에게 보낸 편지에서 자사의 최대 경쟁자로 에픽게임즈Epic Games와 틱톡TikTok을 꼽기도 했다. 게임과 쇼트 폼 플랫폼에서 많은 시간을 보내는 사람들이 두드러지게 관찰됐기 때문이다.[20] 논의의 연장선에서, 수십 년 전부터 수집한 이용자 데이터를 사업 모델에 적용해왔던 게임사에게는 '데이터 수집'이라는 이슈 자체가 새로울 것이 없다. 특히 테크tech 기업의 데이터 사이언티스트data scientists는 1990년대 후반에 등장한 빅데이터 환경에 발맞추어 소개된 직종으로, 정형·비정형 등 여러 형태의 대규모 데이터의 의미를 파악해 현재와 미래의 인사이트를 끌어내고 있다. 그들이 도출한 예측 또는 처방 분석이 경영전략에 적극 활용되고 있음은 물론이다.[21] 이러한 점에서 방송영상 영역에서 분석된 빅데이터 자체가 비사용자를 주사용자로 만들고 기업의 주요한 의사결정 지표가 되는 일은 OTT 플랫폼이 활성화된 이후에야 본격적으로 가시화되는 추세다.

결국 넷플릭스가 추구하는 데이터의 극단에는 구독자의 마음까지 읽어내려는 욕망이 자리한다. 〈하우스 오브 카드〉가 조건부 확률의 원리로 데이비드 핀처David Fincher를 감독으로 들이고 케빈 스페이시Kevin Spacey를 주연배우로 선택했듯이, 더 많은 이용자 데이터를 분석해 취향 정보를 확인하는 작업은 '마음'을 포함한 "인간 전 존재의 데이터화"[22]를 통해 더욱 고도화될 수 있기 때문이다. 최대한 많은 데이터를 활용해 인공지능을 학습시키고, 성공의 조건을 찾아 흥행 확률을 높여가는 것은 불안한 콘텐츠 시장에서 예측 가능성을 높이려는 테크 기업의 숙명이다. 리드 헤이스팅스는 2020년 9월, 넷플릭스를 '엔터테인먼트 회사"[23]로 명명하면서 과거 'IP 기업'이라 언급했던 자신의 발언을 바꿨지만, 엔터테인먼트라는 기업의 주요 속성 역시 기술과 데이터 위에 쌓아 올려진다. 이 대목에서 데이터와 알고리즘을 통해 작동하는 구글의 권력 과정을 탐구한 박승일의 논의에 주목할 필요가 있다. 그는 무선인터넷, 스마트폰을 통해 무언가를 하기 이전에 "그것이 구성해놓은 시공간 환경 '안에' 들어가야만" 한다는 점에서 이를 "매체가 열어 놓은 매개적 '관계 안에'" 있는 상황이라고 주장한다.[24] 이러한 주장에 넷플

---

20 문동열, 「북미서 OTT 1위 넘겨준 넷플릭스…왜 게임 사업에 몰두하나」, 『한겨레』 2023년 2월 9일 자. https://www.hani.co.kr/arti/economy/economy_general/1078982.html

21 고승곤, 「기업 내 데이터 사이언티스트 양성과 활용에 대한 연구」, 『창조와 혁신』 14권 4호(2021): 143-171.

22 김예란, 「디지털 아비투스: 플랫폼을 넘나드는 콘텐츠 소비문화」, 『방송문화연구』 17권 2호(2005): 67-109.

23 A. Sherman, "Netflix isn't a media company or a technology company — it's an entertainment company, CEO Reed Hastings says," CNBC (2020. 9. 9).

24 박승일, 『기계, 권력, 사회: 인터넷은 어떻게 권력이 되었는가?』(경기: 사월의책, 2021), 178.

릭스를 빗대어 본다면, 플랫폼 기반을 만들고, 이용자 취향을 분석하는 IT 사업자 넷플릭스는 그들이 구축해놓은 설계도 안에 제작자와 구독자를 포섭하고 있다고 설명할 수 있다. 넷플릭스의 수익 창출을 위한 '모든 것의 데이터화'가 한국 방송영상산업을 재편하는 핵심 기제이자 권력 효과로 제시된다고 하겠다.

5장 기묘한 파트너 넷플릭스

세계체제로의 뒤늦은 편입

2015년과 2024년, 각각 '전략적 거점'이자 '콘텐츠 엔진'에 한국을 빗댄 넷플릭스 CEO의 말은 오늘날 넷플릭스 체제에 편입된 한국 방송영상산업을 떠올려볼 때, 단순히 의례적인 발언에 그치진 않았다. 승승장구했던 넷플릭스가 추락의 조짐을 보인 것은 2011년이다. 당시 리드 헤이스팅스는 포브스가 선정한 그해 최악의 CEO로 꼽혔다. 무분별한 가격 인상으로 유료회원 약 80만 명이 탈퇴하고, 그의 스톡옵션이 절반으로 줄었던 때였다.[1] 이러한 위기는 넷플릭스가 해외 시장으로 서비스를 확대할 강력한 동기를 제공한 듯 보인다. 단순화의 위험을 무릅쓴다면, 글로벌 콘텐츠 시장이라는 세계체제에서 자사의 위기전환 전략을 행할 거점으로 한국을 지목해 한국에 깃발을 꽂은 것이다. 실제 한국은 넷플릭스의 하위 스튜디오 역할을 하며 수많은 흥행작을 만들어낸, 객관화된 거점지가

---

1   정현정, 「'승승장구' 넷플릭스의 추락…왜?」, 『지디넷코리아』 2011년 12월 29일 자. https://zdnet.co.kr/view/?no=20111229095525

됐다. 역사적 과정 속에서 양질의 작품을 납품할 준비를 이미 갖추고 있었던 한국은 마치 주문자생산방식OEM의 하청제작, 혹은 기획창작제작자로서 넷플릭스의 하위 파트너로 기능하고 있다.

지금까지의 여정을 정리한다면, 이를 한국 방송영상산업의 '세계체제로의 뒤늦은 편입'으로 개념화할 수 있다. 이와 관련해 미국의 사회학자 이매뉴얼 월러스틴의 논의를 경유해보자. 월러스틴은 국제지형의 분업구조 형성과 그 안에서 이뤄지는 핵심 상품의 교환, 자본과 노동의 흐름이 광범위하게 통합된 자본주의 체제를 설명하기 위해 '세계체제world system'라는 개념을 정초했다. 그에 따르면 현 세계체제, 즉 자본주의 체제의 핵심은 '중단 없는 자본축적'에 있으며, 이는 분업구조를 통해 달성된다.[2] 논리를 세우기 위해 월러스틴은 중심부core, 반주변부semi-periphery, 주변부periphery라는 세 가지 계층적 개념을 부각시켰다. 1) 서유럽, 미국, 일본 등 중심부 주위를 2) 한국, 대만, 싱가포르와 같은 반주변부가 둘러싸고, 3) 또 그 바깥을 동남아시아, 아프리카, 라틴아메리카 등의 주변부가 둘러싸고 있으며, 이들 사이에 착취와 예속관계가 만들어진다는 주장이다. 월러스틴의 세계체제 분석에서 핵심은 중심부와 주변부를 가르는 기축적 노동 분업axial division of labor구조다. 이 분업구조 속에서 노동력은 임노동자, 노예 등 다양한 형태로 존재하며, '생산과정의 수익성profitability'에 따라 새로운 체계적 축적순환이 이뤄진다. 계급 불평등이나 중심-주변 불평등이 존재하는데도 근대 세계체제가 재생산될 수 있었던 이유는 세계체제를 합리화하는 지배 이데올로기, 즉 자유주의 덕분이다.[3] 이로써 글로벌 자본주의 경제에서는 중심부 국가가 더 많은 이윤을 불균등하게 거둬들일 수 있게 된다.(준)독점적 상품생산 과정이 중심부에 쏠리기 때문이다.[4]

세계체제의 분업구조 작동을 세 가지 특성으로 풀이하면 다음과 같다. 첫째, 독점기업은 강한 국가의 힘에 기댄다는 점에서 중심부 안에 위치한다. 중심부에 속한 국가가 자본과 기술집약적인 상품 수출에 주력하는 반면, 주변부와 반주변부에서는 상대적으로 노동집약적인 상품 생산과 수출에 집중한다. 둘째, 다수 생산자의 동일상품 생산 경쟁과 독점 생산자의 단일상품 생산 사이에는 힘의 불평등이 존재한다. 중심부와 주변부 간 교역에서 중심부 국가로 잉여가치가 흘러들고, 이로써 불평등 교환unequal exchange이 성립한다. 중요한 점은 불평등한 교역관계에서 부를 축적하기 훨씬 용이한 체제를 갖춘 국가들이 중심부 국가들에 쏠려 있다는 점이다.[5] 세계체제 분업구조의 마지막 특성은 이 세계체제를 구성하는 국가 대다수가 중심부로 이동하려는 열망을 보인다는 데 있다. 이러한 열망은 중심부에 속한 국가들의 협상력을 키우는 것이지만, 주변부 국가는 별다른 영향력을 발휘하지 못한 채 주어진 역할을

---

2 김진철,「세계체제와 지역주의 정치경제학」,『사회과학연구』7호(1998): 1-16.
3 백승욱,『자본주의 역사 강의: 세계체제 분석으로 본 자본주의의 기원과 미래』(서울: 그린비, 2006), 129-142.
4 임현진·장진호,「21세기 문명위기와 세계체제론: 이매뉴얼 월러스틴(I. Wallerstein)의 비교역사적 전망」,『아시아리뷰』통권 20(2020)호: 3-35.
5 I. Wallerstein, *The Modern World System, Capitalist Agriculture and the Origins of the European World Economy in the Sixteenth Century* (NY: Academic Press, 1974), 307-309.

수동적으로 받아들인다.[6]

중심부 미국의 초대

월러스틴의 주장을 전유해 넷플릭스와 한국 방송영상산업 간 수직적 분업 관계를 제시해보자. 첫째, 한국 방송영상산업은 중심부 미국의 소유인 넷플릭스의 위계 구조 아래에 있으며, 넷플릭스 오리지널 콘텐츠는 반주변부 국가인 한국에서 생산하고 수출한다. 방송영상산업은 노동집약적인 산업으로, 이를 통해 생산한 콘텐츠는 중심부 국가가 주력하는 기술집약적인 상품 수출과는 차이가 있다. 둘째, 세계 시장에서 여러 나라 제작자가 동일한 종류의 콘텐츠를 생산하고 경쟁하는 환경과 넷플릭스와 같이 오리지널 콘텐츠를 독점적으로 생산할 수 있는 환경 사이에는 힘의 불평등이 존재한다. 이 둘 간의 교역에서 발생하는 이윤은 넷플릭스로 흘러들고, 이로 인해 불평등한 교역관계가 형성된다. 물론 이윤은 한국 방송영상산업보다 넷플릭스에 '축적'된다. 셋째, 한국 방송영상산업은 넷플릭스와 같이 글로벌 영상산업에서 헤게모니를 쥔 OTT 플랫폼을 구축하기를 열망한다. 이는 콘텐츠의 힘이 상대적으로 낮은 주변부 국가로 권력이 옮겨 가 한국의 지위가 낮아지는 일을 막고, 한국 콘텐츠의 위상을 핵심부 지위로 완전히 끌어올리기 위한 전략 추구이기도 하다. 이러한 상황에서 주변부 국가는 세계 방송영상 제작 시장에서 별다른 영향력을 행사하지 못하고 주어진 환경에 순응한다.[7] 종합한다면, 넷플릭스 체제를 장기간 유지하도록 돕는 것이 지배-예속 관계에 자발적으로 뛰어들면서 중심부를 향해 나아가는, 한국이라는 반주변부의 존재일 수 있다는 점이다.

더욱이 이러한 흐름은 미국의 착취와 완전한 종속이 아닌, '중심부 미국의 초대'에 의해 이루어진다. 넷플릭스에 오리지널 콘텐츠를 납품하는 한국 방송영상산업은 중심부에 완벽히 포섭된 반주변부라기보다는, 협업 경험을 지렛대 삼아 플레이메이커 역할을 수행하는 위치로 이행할 가능성이 있다. 1990년대 후반, 한류라는 이름으로 글로벌 콘텐츠시장에서 간헐적인 주목을 받아왔던 한국 방송영상물은 30년이 지나 넷플릭스의 환영을 받는 파트너가 되어 연일 회자되고 있다. 만약 이러한 상황을 한국 방송영상 제작자들에게 자주적 대안이 전혀 없는 종속의 관점으로만 본다면, 변화 과정에서 일어나는 다양한 움직임의 이유를 설명할 수 없게 된다. 오

---

6 I. Wallerstein, *World-Systems Analysis: An Introduction* (NC: Duke University Press, 2004), 41-45; 서문기·김태령, 「세계체제와 IT 발전격차 : 국가간 네트워크 분석을 중심으로」, 『사회과학논총』 12호(2209): 1-27.

7 물론 주변부 국가의 잠재력은 크며, 이들의 상승 이동 가능성도 열려 있다. 세계체계론의 기본 발상 자체가 서구의 등장을 일종의 역사적인 우연이자 '마주침'에 의해 만들어졌다고 보기 때문이다. 백승욱, 『자본주의 역사 강의: 세계체제 분석으로 본 자본주의의 기원과 미래』(서울: 그린비, 2006), 132. 따라서 넷플릭스와 한국 간 수직적 분업에서 반주변부에 속한 한국의 지위는 늘 고정된 것이 아니며, 체제의 변화에 따라 주변부로 전락할 수 있다. 그럼에도 불구하고 동남아시아를 예로 들어본다면, 아직까지 반주변부 한국은 주변부 동남아시아에게 기회의 땅으로 간주된다. 한류 콘텐츠의 인기 지역이 동남아시아에 집중되어 있다는 점, 국내 대학의 유학생 국적의 대부분이 동남아시아를 모 지역으로 한다는 점에서 그 징후를 읽을 수 있다.

늘 한국 방송영상산업의 모습은 체제 위기와 글로벌 OTT 유입이라는 새로운 질서의 탄생 사이에서 이행기를 살아가는 것과도 같다. 결국 이행기의 현 상태는 '한국 방송영상산업의 글로벌 밸류체인으로의 갈아타기'로 설명할 수 있으며, '세계체제로의 뒤늦은 편입'으로 규정지을 수 있다.

이렇듯 반주변부 한국이 넷플릭스와의 수직적 분업 체제를 장기지속하고, 한국이 글로벌 히트작의 주요 공급지로 간주된다면, 한국 방송영상제작자들의 지위는 높아졌다고 볼 수 있는가? 문제는 그리 간단치 않다. 이를 세밀하게 읽어내기 위해 이철승[8]의 '결합노동시장지위'라는 개념을 불러들여보자.[9] 그는 기존 노동시장 연구에서 독립적으로 분석되어온 세 가지 변수를 이용해 한국 노동시장 특유의 '다중구조'를 설명했다. 이른바 '결합노동시장지위 계층모델'을 수립하고, 장기간 확대된 임금불평등의 요인 분석을 통해 세 가지 기준을 제시했다. 기업 규모(대기업, 중소기업), 고용 형태(정규직, 비정규직), 노조 여부가 그것이다. 이 세 기준 가운데 두 가지 이상이 충족되면 노동시장 지위에서 상층을 차지하게 된다. 상층에 부합하는 경우의 수 역시 다시 세 개로 나뉜다. 1) '대기업-정규직-노조 있음', 2) '대기업-정규직-노조 없음', 3) '중소기업-정규직-노조 있음'이다.

앞서 살펴보았듯이 이 글의 참여자 가운데 대기업 방송사에 소속된 피디나 작가는 방송영상 노동시장 지위에서 상층을 구성하며, 이들을 중심으로 넷플릭스 오리지널 콘텐츠 제작과 납품이 이루어졌다. 요소시장의 이동 역시 1) 유형 출신들이 또 다른 1) 유형으로 안착되는 양상을 보였다(지상파에서 외주제작사로, 지상파/외주제작사에서 종편/케이블/엔터사로). 고임금, 높은 안정성, 좋은 근로조건이라는 1차시장에 속한 제작자와 저임금, 낮은 안정성, 열악한 근로조건에 속한 2차시장에 속한 제작자는 기본적으로 노동시장의 이중구조 안에서 큰 격차를 보여왔다. 거개는 1차시장에 속한 제작자를 위주로 글로벌 OTT에 편입되고 있고, 2차시장에 속한 국내 중소/영세 외주제작사의 경우 그 체제에 편입될 기회조차 얻지 못한다. 이 점에서 세계체제 속 한국 방송영상산업의 이중구조화는 간명하게 요약된다. 덧붙이자면, 넷플릭스 시대에 한국 제작자가 그 어느 나라의 제작자들보다 나은 대우를 받았다고 여기는 사람들은 대체로 1)의 유형에서 지위와 권력을 이미 획득한 이들이다. 이들은 넷플릭스와 오리지널 콘텐츠를 제작함으로써 기존보다 더 많은 자본을 획득하고 상징권력을 누린 사람들이라고 볼 수 있다.

나아가 더 근본적인 문제는 거의 모든 국내 방송사가 킬러 콘텐츠를 통해 전 세계적으로 좋은 성과를 얻기 원하면서도 정작 안으

---

8   이철승, 「결합노동시장지위와 임금불평등의 확대(2004~2005)」, 『경제와사회』 115호(2017): 103-144.
9   이철승은 고용형태나 기업규모라는 변수에 기초해 노동시장을 단순히 1차, 2차로 분절하는 노동시장의 이중구조만으로는 다양한 불평등 패턴과 복잡성을 설명하기에 설득력이 떨어진다고 주장한다. 동일 규모의 조직 안에서도 각기 다른 고용형태가 광범위하게 확산되어 있는 데다가 비정규직 확대와 노동운동이 기업규모 못지않게(또는 기업규모와 결합해) 중요하다고 보았기 때문이다. 그는 세 가지 노동시장 지위의 결합효과를 통해 세 가지 계층의 형성과 격차확대의 매커니즘을 밝혀냄으로써 계급론이 설명하지 못한 한국 사회의 소득 불평등 증가 원천에 접근했다.

로는 내부 제도를 변화시키려 하지 않는 이중성에 있다. 기욱은 자신이 소속된 방송사에서 프로그램을 기획해 국내 OTT에 판매하려 했지만 그조차 "본부 내부의 보직자들"의 반대로 가로막혔다고 설명했다. 결국 자신이 유일하게 가지고 있었던 OTT 관계자 연락처가 넷플릭스였던 탓에 그들에게 기획안을 직접 보내고, 오리지널 프로그램을 제작했다면서 초기 넷플릭스 진입 과정을 회상했다. 글로벌 스튜디오화로의 전환을 외치면서도 공적 역할을 강조하는 의사결정자들의 관료주의, 이에 더해 효율성이 떨어지는 소통 체계가 창작자들을 혼란에 빠뜨리고 있는 것이다.

제가 (넷플릭스 오리지널) 〈***〉을 (자사 소속) ***에 냈던 거잖아요. 근데 ***에서 하기 싫다고 했죠. △△△(국내 OTT)에도 내려고 했었어요. ***에서 △△△ 연락처를 안 알려줬어요. "너 같은 듣보잡 피디는 안 되니까 내지 마." △△△ 같은 데 하려면 윗선에서 얘기하는 거지 피디가 이력서 딸랑딸랑 들고 가서 낸다고 그렇게 쉽게 결정되는 게 아니라고 해서 끝까지 제게 전화번호를 안 알려줬다니까요. [⋯] 제가 몇 년 동안 피눈물을 머금고 제 작업 열심히 해서 파일럿 기회가 왔는데 제가 다시 OTT와 콜라보하는 팀으로 보내달라고 했는데 갈 수 없다고 했어요. [⋯] 그런데 제가 가지고 있던 유일한 연락처가 넷플릭스였어요. 넷플릭스 미국 자본에 한국 작품이 팔려가고, IP 다 팔아넘기고 그거랑은 전혀 달라요. 현실은 그냥 어디든 되면 창작자 입장에서는 가는 거예요. 기왕이면 넷플릭스면 좋은 거고. 더 많은 자본 가치와 자율성을 보장해주기 때문에. 그렇게 해서 기회가 조금씩 생겨서 간 거죠. […] 왜 본인들은 위험을 감수할 생각을 전혀 하지 않고 그냥 꽝꽝 싸매고 심의하고 평가하려고만 하면서 수십, 수백억의 리스크를 배팅하는 미국 사람들한테 한국에 남는 것도 없이 빼앗겼다고 하는지. 그럼 진작에 투자를 하든가. […] 잘 되려고 하는 마음에 비전을 새롭게 제시하면 피디들이 자꾸 나가잖아요. […] 제가 앞으로도 더 많은 지원과 자율성을 보장받으면서 제작하기엔 어려움이 많겠다는 판단을 하게 돼서 끝까지 회사와 협의를 하다가 결과적으론 제가 떠나게 됐죠. (기욱)

어쩌면 앞으로 예민하게 촉각을 세워야 할 부분은 1)의 지위에서 독립해 최근 몇 년 사이 홀로서기를 한 독립제작사들의 행보에 있을지 모른다. 이 글의 인터뷰 대상자를 포함해, 넷플릭스를 통해 자신의 제작물을 '글로벌 콘텐츠'의 반열에 올려놓은 이들 중 거의 대다수가 독립제작사를 설립했다. 그간 요소시장의 이동은 지상파에서 외주제작사로, 다시 지상파/외주제작사에서 종편/케이블/엔터사로 진행되는 중첩적이면서도 단계적인 변화를 보였다. 한 단계 나아가, 그 이후 시기에 발견되는 주된 양상이 '퇴사 후 독립제작사 설립'과 '연이은 도산', 그리고 자신들이 입사했던 '친정으로의 복귀'라면 이를 구조변동의 새로운 시작점으로 설정해볼 수 있다. 한 예로, "피지컬:100 장호기 피디 결국 MBC 떠났다"[10]라는 어느 기사

---

10 임경호, 「'피지컬:100' 장호기 PD 결국 MBC 떠났다」, 『PD저널』 2023년 4월 11일 자. https://www.pdjournal.com/news/articleView.html?idxno=74929

의 제목은 엑소더스를 꿈꾸는 젊은 피디들의 마음을 얼마나 뒤흔들고 있을지 알 수 없다. 물론 방송사 조직 내부에서 안팎으로 제기받은 문제를 살펴 교정하려는 노력을 한다면 일선 피디들의 독립이 화제가 되지도 않을 것이다. 기욱의 사례와 같이, 여기서 잘 드러나지 않는 점은 피디의 퇴사와 독립이 그리 짧은 과정에 이뤄지는 것이 아니며, 새로운 기획안에 대한 관리자들의 반복된 거절과 거부에 따라 장기간에 걸쳐 진행된다는 것이다. 방송사를 퇴사한 피디가 보기엔 "위험을 감수할 생각을 전혀 하지 않"으려는 관료주의의 폐해이지만, 조직은 그것이 돈에 기반을 둔 피디의 사리사욕 때문이라고 주장하는 상황이 벌어진다.

유행처럼 번져가는 피디들의 대탈출이 기존 방송사가 자율성과 창의성을 억제한 조건에서 발생하는 반사작용 또는 부산물이라면, 그 배경과 결과에 대한 비판적 논의를 이제는 좀 더 본격적으로 해야 할 때다. 작금의 여러 한계에도 불구하고 넷플릭스의 생명선이자 비즈니스의 열쇠요 무한한 상품시장이라는 한국의 중간자적 지위가 사라지지 않는다면, 제작 자유와 자본을 향한 생산자들의 독립은 계속될 수 있다. 하지만 그 역의 상황이 벌어진다면 우리는 어떠한 변화를 맞이하게 될까? 이는 어쩌면, 넷플릭스의 자본이 언제까지 한국에 머무느냐에 대한 고민보다는 한국 방송산업에 내제된 문제점을 얼마나 개선할 수 있을지에 달려 있을 것이다.

모든 것은 '영세성' 탓?

우리는 1부와 2부 4장에 걸쳐 한국 방송영상산업의 역사적 변화 국면에서 생산요소시장이 어떻게 균열되고 스튜디오화가 어떤 과정으로 분화됐는지를 검토했다. 특히 넷플릭스라는 결정적 변수가 국내 제작 시스템을 어떻게 바꾸어놓았는지 살펴봤다. 그 가운데 국내 제작자들이 의식적·무의식적으로 체화한 방송 장의 변화 논리를 플랫폼 아비투스라는 새로운 유형의 아비투스로 명명했다. 글로벌 자본주의 속 OTT 비즈니스 유입이라는 격변기에서, 오늘날 한국 방송영상제작자들은 플랫폼 아비투스를 몸에 각인한 채, 구조의 요구와 관행에 자발적으로 들어가 구조를 재생산해내고 있다. 넷플릭스가 제공하는 전에 없던 경제적 이익과 상징적 이익의 구조화된 축 속에서, 한국 방송 장 역시 자본의 크기에 따라 위계화된 세력관계가 구축되고 있는 것이다. 이러한 위계화는 글로벌 사업이 가능한 넷플릭스-국내 방송사업자, 글로벌 사업에 편입된 1차 시장 종사자와 그렇지 못한 2차시장 종사자 사이를 가로지른다. 넷플릭스라는 특정 영역에서, 무한한 제작 자율성과 수백억의 제작비를 응당 그러한 것으로 받아들일 수밖에 없는 제작자들의 플랫폼 아비투스는 세계체제로의 편입을 정당화하는 성향체계로 작동하고 있다.

그렇다면, 글로벌 OTT로의 종속화로 요약되는 오늘날의 방송영상산업에서 그를 새롭게 상상할 만한 자원은 없는 것일까? 현재까지의 상황을 놓고 본다면, 이에 대한 해결책을 마련하기란 쉽지 않아 보인다. 1차시장 종사자들은 막대한 제작 자율성과 제작비를 쫓아 양질의 콘텐츠를 만들어 넷플릭스에 납품했을 뿐이고, 구독자로서는 일정 금액을 지불하면 전 세계의 수많은 콘텐츠를 내가 원하는 때에 원하는 만큼 볼 수 있을 뿐이다. 지상파 3사와 SK텔레콤이 합작 운영하는 '웨이브'와 KT 시즌을 흡수합병한 '티빙'이 상처뿐인 적자 경쟁을 보이는 가운데 굳이 국내 방송산업이라는 한정된 틀에 갇히지 않고도 더 많은 제작비를 확보해 자본과 이익을 구축하는 것 그 자체는 부도덕한 일이 아니다. 제작비의 약 10~15% 이윤만을 보장하는 넷플릭스의 투자 구조를 타박한들, 그조차 전에 없던 자본 규모임은 분명하다. 자고 일어나면 일간지의 헤드라인을 장식하는 한국 영상물의 글로벌 1위, 한국 배우의 글로벌 시상식 수상 소식을 몇 년간 접해왔던 만큼 이제 제작비는 몇백억 원쯤은 있어야 '대작'이 가능하다는 주장도 그리 어색하지 않다.

하지만 한국 방송영상 제작자들이 넷플릭스의 하위 파트너로 편입되려는 현실이 모두 국내 산업의 영세성 탓이라고 설명하기는 어딘가 충분하지 않다. 물론 이런 식의 설명은 분명 표면적으로는 진실이다. 제작비가 넉넉하면 주먹구구식 제작 시스템에서 벗어나 좀 더 장기적인 관점에서 프로그램을 제작하면서 합리적인 제작 시스템을 도모할 수 있고, 글로벌 톱스타를 섭외해 글로벌 콘텐츠를 만들 수 있고, 글로벌 거래 규모가 늘어난다면 넷플릭스에 대항할 만한 힘을 가질 수 있다는 일련의 기대다. 제작비를 얼마나 가졌느냐가 콘텐츠의 질을 결정하는 것은 분명하기에 이러한 포부를 품어보지 않은 방송영상제작자들은 아마 없을 것이다. 그럼에도 불구하고 자본만 넉넉하다면 그 모든 꿈이 현실화될까. 국내 방송영상자본의 영세성은 꿈의 실현을 가로막고 선 유일한 장벽이기만 한 것일까. 국내 방송영상산업, 국내 OTT가 영세할 수밖에 없는 데는 그럴 만한 사회적 이유가 있는바, 오늘날 한국 방송영상산업의 대타자가 된 넷플릭스 시대에서 우리가 놓치고 있는 것은 무엇이며, 어떠한 대안적 상상이 가능한지를 고민할 필요가 있다.

데이터의 주도권은 누구에게 있는가?

그 첫 번째 상상은 데이터의 주도권을 누가 쥐고 있는가에 대한 고민이다. 플랫폼 세상에서 '데이터 주도권을 누가 쥘 것인가'는 권력관계 설정의 핵심 변수가 된다. 근거는 두 가지다. 첫째, 글로벌 스트리밍 서비스는 '국경'이라는 경계를 무력화시킨다. 둘째, 이제 싸움의 구도는 미국 대 한국, 동남아 대 유럽이 아닌, '구글 대 애플', '애플 대 메타'로 설정된다. 정보 접근성과 활용성을 앞장세운 싸움이 "제국주의와 맞먹을 정도로 어마어마한 자본과 결탁"되어 움직이는 것처럼 말이다. 여기서 민중의 말을 논의의 참조점으로 삼을 필요가 있다. 민중은 OTT의 국적이 어디인지, 한국 제작자들이 제작비를 얼마나 많이 받을 수 있는지보다는 '데이터의 활용과 접근'이 향후 국내 방송영상산업의 핵심 문젯거리라 판단했다. 한국 오리지널 콘텐츠를 통해 끌어모으는 수많은 고객 데이터를 넷플릭스가 쥐고 있는 상황에서 자신의 콘텐츠가 왜 성공하며 실패했는지에 대한 분석을 할 수 없다면 미래를 낙관할 수 없다는 것이다.

누가 데이터를 빨리 많이 수집할 것인가, 한편으로는 누가 적합한 알고리즘을 가지고 있는가가 중요한 것 같아요. […] 미국 OTT, 일본 OTT, 한국 OTT라는 관점에서 보는 게 아니라 자본이나 데이터의 활용성 혹은 접근성에 관한 문제로 봐야 하죠. 오히려 많은 제작비가 아니라, 데이터 접근성에 대한 요구를 해야 할 필요도 있다고 생각하는 거예요. 반대로 넷플릭스가 돈을 많이 주는 건 좋은데 나도 그 원천 데이터에 접근하게 해달라고 요구하는 게 더 중요한 가치인 거예요. 현재 제작비가 100억 원이냐 200억 원이냐의 문제가 아니라, 한국 오리지널 콘텐츠를 만들어서 끌어들이는 수많은 고객 데이터가 넷플릭스로 가는 게 문제인 거죠. 우리는 넷플릭스가 뭘 수집하고 있는지 모르잖아요. 〈오징어 게임〉 잘됐는데, 왜 잘됐는지에 대한 관객 데이터를 모르는 거예요. 예를 들어 왓챠가 그 데이터를 가지고 있다면 왓챠의 확장성이 커질 수 있는 거예요.

그동안 국내 업계에서는 한국이 "토종 OTT의 무덤"이라면서 넷플릭스에 위협을 느끼는 기업끼리 연합해 힘을 모아야 한다는 주장을 계속해왔다. 웨이브, 티빙, 왓챠 등이 모인 한국OTT협의회는 전기통신사업법 개정안을 통해 OTT에 특수 유형 부가통신사업자 지위를 부여할 것을 요청하고, 영화 및 비디오에 대한 개정안으로 OTT서비스를 온라인비디오물제공업으로 지정해 자율등급제를 도입할 것을 촉구했다. 2020년 6월 22일 제12차 정보통신전략위원회를 통해 '디지털 미디어 생태계 발전방안'이 발표된 이후 실제 현장에 아무런 변화가 없자 "갈 길 바쁜 한국 OTT 사업자의 발목을 잡고 있다"는 말까지 보태졌다.[11] 같은 맥락에서 네이버, 카카오, CJ ENM, JTBC를 비롯한 종편 모두가 각자의 플랫폼을 만들어 싸우기보다는 "당나라가 쳐들어오면 고구려, 백제, 신라는 서로 뭉쳐 외적부터 몰아내는 것이 순서"라는 주장[12]도 제기됐다. 하지만 국내 행위자 사이에서 이렇다 할 연대는 이뤄지지 못했다.

일견 국수주의적 시각을 견지한 이들의 입장에서 볼 때 '한국 드라마가 넷플릭스를 타고 해외 수출에 날개를 달고 있다'는 각종 언론보도나 '콘텐츠 산업의 진흥을 위해서라도 넷플릭스를 통한 해외 수출을 적극 검토할 필요가 있다'는 일부 학계의 의견은 어불성설로 간주된다. 가령 〈킹덤〉, 〈지옥〉 등은 한국 감독, 한국 작가, 한국 배우가 참여해 한국에서 촬영한 드라마이지만, 넷플릭스가 투자한 '미국 콘텐츠'이기에 그 거래는 한국 콘텐츠의 '수출'이라 볼 수 없다는 것이다. 이러한 한계를 극복하기 위해 국내 시장 참여자들은 근시안적인 이익에서 벗어나 '통 큰 협력'이 필요하다고 강조했다. 레거시 미디어에 대한 규제를 과감히 완화함으로써 한국 콘텐츠 진출의 '파이프라인'을 구축하자는 논의다. 이는 '미디어 제국주의에 대처'하는 핵심 언설로 기능해왔다.

---

11 김민선, 「토종 OTT "부처 관할싸움 그만…OTT진흥법 조속통과 촉구"」, 『지디넷코리아』 2021년 11월 11일 자. https://zdnet.co.kr/view/?no=20211111144140
12 이희주, 「미디어 제국주의에 대처하는 우리의 자세」, 『방송문화』(서울: 한국방송협회, 2019): 96-110.

하지만 이러한 논의에 앞서 국내 OTT를 통해야만 볼 수 있는 "좋은 콘텐츠"가 있는가를 먼저 생각해야 한다고 민종은 말한다. "한국인이니까 한국 OTT를 육성해야 한다"는 주장을 하기 이전에 콘텐츠가 제공하는 정보 분석이 선행되어야 하며, 그 정보 분석은 단연 좋은 콘텐츠가 뒷받침되었을 때 가능하다는 것이다. 이러한 관점에서는 영향력 면에서 한계가 있는 국내 OTT의 사정상 "덩치를 불리면 우리도 더 커질 수 있지 않을까" 하는 생각은 안일한 판단일 뿐이다. "티빙이며 웨이브며 다 합쳐봐야 똑같은 데이터 양"을 보유한 상황에서 웨이브가 콘텐츠에 대한 정보 분석을 하지 않고, 국내 제작사들이 넷플릭스 데이터에 접근할 수 있는 권리를 요구하고 또 개발하지 않는다면 토종 OTT의 육성이나 국내 OTT의 통합은 별다른 의미가 없다는 주장이다.

나아가 시장 상황은 언제든지 바뀔 수 있다. 기존 제작자들이 OTT로 옮겨 간 상황에서, 제작자의 인적 구성에 변동이 없고, 좋은 콘텐츠가 계속 생산되는데도 명쾌한 이유 없이 넷플릭스의 투자 규모가 오르내린다면, 이는 넷플릭스의 데이터에 근거한 결과일 수 있다는 것이다. 그렇기에 '국뽕'으로 한국 콘텐츠의 세계적인 흥행에 취해 있거나 제작비의 규모만을 따질 게 아니라, 자신의 콘텐츠가 왜 성공했는지, 무엇을 주고받고 있는지에 대해 검토할 필요가 있다.

실상 넷플릭스의 데이터 미공개는 사업자의 고유 권한[13]이라고 생각할 수 있지만, 정보제국주의라는 렌즈를 통해 그를 완전히 다르게 볼 수도 있다. 그간 독과점을 통한 시장지배라는 문제는 대기업 계열 멀티플렉스의 스크린 독과점에 국한됐다. 스크린쿼터로 한국 영화를 보호하던 시절에는 내수시장이 전부였기에 모든 것이 물리적인 지역과 결부됐다. 가령 전라도에 있는 극장에 배급하는 일은 전라도에 있는 업자와 결탁해야만 가능했고, 수입업자의 외화 수입 여부에 따라 영화 관람 여부가 결정됐다. 로컬 시장이 거의 전부였던 과거 한국 영화계가 해외 영화의 국내 진출을 막아내려 발버둥을 친 이유다. 하지만 인터넷을 위시한 정보화와 세계화가 로컬을 하나로 이음매 없이 연결하면서 많은 이들의 시선이 국경 밖을 향하게 됐다.

군대와 같은 강제력이 가능했던 과거 제국주의와는 달리 '정보사회'가 미국으로 하여금 또다른 문화제국의 지위를 구축하게 하는 제국주의의 확장된 영역이라는 J. O. 보이드배럿J. O. Boyd-Barrett[14]의 주장은 일리가 있다. 배럿은 한 국가의 미디어 소유권이나 구조, 보급 이 세 가지 측면 중 어느 하나라도 다른 나라의 영향을 받아 상당한 압력에 종속될 경우 이를 정보제국주의로 보았다. '사악해

13 가령 국내 굴지의 대기업 삼성전자의 세계 최초 '반도체 기술'이 유출되고, 이 기술을 유출한 직원이 법적 처벌을 받게 된다면, 이를 나무랄 한국인을 찾아보기는 어려울 것이다. 같은 맥락에서 넷플릭스의 데이터 자체를 해당 플랫폼의 고유 기술이자 필승 전략으로 간주할 경우 그의 일부라도 공유해달라는 국내 제작자의 요청이 받아들여지는 일은 사실상 불가능에 가까울 수 있다. 그럼에도 불구하고 넷플릭스의 데이터 권력에 대항하는 국내 제작자들의 대안적 상상력을 아예 한정하거나 차단하는 것은 바람직하지 않다는 게 이 글이 취하는 견해다.

14 O. Barrett, *Media imperialism: toward an international framwork for the analysis of media system*, in J. Curran, M. Gurevitch & J. Woollacott(eds.), *Mass Communication and society* (London: Arnold and Open University, 1977), 116-135.

지지 말자Don't be evil'던 구글이 자사의 행동강령을 삭제하고 시장 지배적 사업자가 된 것처럼 넷플릭스의 국내 독과점과 관련해 문제를 제기하는 것도 충분히 가능하다. 구글이 개발한 모바일 운영체제인 안드로이드를 예로 들면, 2009년 3.9%에 불과했던 점유율은 2021년 4분기 78.4%로 급성장했고, 국내 OSOperating System 시장 점유율은 세계에서 가장 높은 93.4%로 한국 시장은 구글 독식 체제가 됐다. 수익 때문에 나쁜 길을 가지 말자던 구글이 이제는 '정말 사악한 짓을 한다You do evil'라는 비아냥을 듣는 이유는 '전방위적인 플랫폼 통제'에 있다.[15]

넷플릭스가 방대한 고객 데이터를 얻을 때까지 충분한 제작비를 제공하고, 이로써 전 세계적인 인간 취향 데이터베이스를 충분히 완성해버린다면? 구글이 인앱결제를 강제하고 수수료 30% 정책을 폈듯이 넷플릭스도 더욱 잦은 구독료 인상과 저작권 독점을 통해 한국 방송영상시장에서 유리한 고지를 독차지할 가능성이 높다. 이 독점은 전 세계 2억 3,000만 명이 넘는 구독자의 개인정보와 활동정보를 연결하고 이를 데이터화한 데이터베이스에 근거를 둔다. 가령 넷플릭스가 한국 제작자에게 "인도에 있는 피디와 영화를 찍으라"고 요구할 때 그 이유를 묻는다면, "알고리즘 분석 결과"라고 말할 수 있다는 것이다. 이 점에서 넷플릭스의 독점은 단순히 콘텐츠의 공급망을 장악한 후 가격을 올려 구독자에게 직접적인 피해를 주는 과거의 독점과는 다르다. 넷플릭스는 고객 활동의 일거수일투족을 수집하고 이를 독점한 뒤 구독료를 조정하거나 제작비를 떨어뜨려 수익을 내는 방식을 택하고 있다. 한국 시장에 연간 수

천억 원을 투자하는 넷플릭스의 정책이 언제고 철회된다면 문제는 간단치 않다. 더더구나 한국 방송영상 제작자들이 넷플릭스에서 유통되는 자신의 콘텐츠와 관련해 어떤 데이터가 오가는지 전혀 알 길이 없다면, "놀음판에 잘못 들어가서 돈을 뜯기는" 최악의 디스토피아적 상황이 연출될 가능성도 배제하긴 어렵다.

재상영분배금, 대안적 상상

한국 방송영상산업이 세계체제 구조 아래서 재생산 동력을 확보하고, 변혁을 위한 조건을 찾는 데 있어 참조해야 할 또 다른 차원의 논의는 미국의 재상영분배금 제도다. 앞서 말했듯이 재상영분배금은 영화나 TV 프로그램이 재방송, 스트리밍 DVD 판매, 해외 방송 등으로 재사용될 때 작가, 감독, 배우 등에게 지급되는 추가 보상금을 말한다. 1946년부터 할리우드에서 일어난 노동조합과 제작자 간 협상의 산물로, 무려 70여 년에 걸친 분쟁의 역사를 거쳐왔다. 이 분쟁의 참여자들은 창작자 측인 미국작가조합WGA, 미국감독조합DGA 등 총 다섯 개 노동조합과 제작자 측이다.[16] 이들은 매년 수백만 달러의 재상영분배금을 모니터링하고 분배하며, 발생한 수익을 회원들에게 지급한다. 2023년 5월 말 작가협회와 제작자협회

---

15 이주환, "사악해지지 말자더니…" 뭇매 맞는 구글」, 『부산일보』 2014년 7월 9일 자. https://www.busan.com/view/busan/view.php?code=20140709000043

사이에서 벌어진 임금 협상의 주요 쟁점 중 하나도 재상영분배금이었다. 미국작가조합은 "지난 10년 동안 우리 고용주들은 수백억 달러의 수익을 올렸지만, 우리의 보상과 잔여금을 삭감하고, 근무 조건을 약화시키는 사업 관행을 수용하고 있다"고 불평했다. "현재 시리즈 작가의 절반이 근무하는 스트리밍의 지배력이 높아지면서 짧아진 횟수, 집필과 제작의 분리, 시즌 주기의 부재로 인해 작가 보수가 하락했다"는 것이다.[17] 미국작가조합과 감독조합은 특히 대본 수정과 같은 소규모 작업에서 역할과 권한이 겹치는 문제로 갈등을 겪기도 하지만 스트리밍 시대의 새로운 보장 모델을 구축하기 위해서는 협력관계를 유지한다.

바로 이 지점에서 미국의 재상영분배금이 넷플릭스와 같은 SVOD에서도 실현된다는 점을 눈여겨봐야 한다. 미국에서는 2020년부터 극장용 영화가 넷플릭스·아마존프라임 등 OTT 플랫폼에서 재상영될 경우 제작사가 받는 사용료 총액의 1.2%를 감독조합과 작가조합에 지급될 수 있도록 했다.[18] 실제 넷플릭스에서 유통된 〈옥자〉 역시 별도 저작권료인 재상영분배금을 받았는데, 이것이 가능했던 이유는 봉준호 감독이 미국감독조합과 미국작가조합 모두에 가입돼 있었기 때문이다. 따라서 봉준호 감독은 각본가와 감독으로서 넷플릭스와 별도의 저작권료, 즉 재상영분배금 지급 계약을 체결했다.

이렇듯 저작료에 대한 글로벌 관행을 체득한 봉준호, 박찬욱은 국내에서도 창작자 권리 문제제기에 앞장섰다. 이들을 포함해 400여 명이 소속된 한국영화감독조합DGK은 2022년 봄, '공정한 보상

캠페인'을 펼쳤다. DGK는 해외 저작권 관리 단체들과 협약해 해외 저작권료를 확보해야 한다고 주장했는데, 이는 두 가지 판단에 기반을 둔다. 1) 제작자들의 단결과 교섭에 따라 보상은 변동할 수 있다는 점, 2) 국내 창작자들이 원하는 수준으로 보상해줄 수 있는 가능성이 해외 저작권 관리 단체와 제작자 양측 모두에 있다는 점이다. 실제 DGK 소속 영화감독 15명은 2021년 프랑스에서 1차 저작권료를 받았다. 프랑스, 스페인, 아르헨티나 등 몇몇 국가에서는 자국에서 상영된 외국 영화 창작자에게 수익 일부를 나누고 있다. 이러한 맥락에서 황동혁 감독 역시 〈오징어 게임〉의 보상을 스페인에서 정산받았다.[19]

16 재상영분배금의 시초는 1933년 미국 라디오 산업의 공정경쟁법안 공청회다. 당시 라디오 배우들은 자신들이 같은 날짜에 같은 방송을 반복하는 것에 대해 재상영분배금을 요구했다. 재상영분배금은 원제작 매체인 1차시장과 독립적 재사용매체인 2차시장 간 각기 다른 계산식으로 산출된다. 여기서 재상영(재사용) 매체는 DVD, 유료TV(예. HBO), 인터넷 다운로드(예. iTunes), 회원제 주문형 비디오 웹사이트(예. Netflix), 케이블 채널(예. FX), 기타 해외 텔레비전이다. 이들 매체 모두 재상영분배금을 발생시킨다. 예컨대 HBO 프로그램이 TV방송인 FOX에서 재방영되는 것도 매우 드문 일이긴 하나, 이때에도 재상영분배금이 발생한다. 유진호 외, 「영화창작자의 재상영분배금(Residuals)에 관한 해외사례 기초연구」, 『KOFIC 연구 2018-09』(부산: 영화진흥위원회, 2018): 1-140.

17 D. Anguiano, "Hollywood writers agree to end five-month strike after new studio deal," *The Guardian* (2023. 9. 27) https://www.theguardian.com/culture/2023/sep/26/hollywood-writers-strike-ends-studio-deal

18 이는 1960년 미국작가조합 파업에서 극장용 영화의 TV 방영 시 라이선스 비용의 1.2%를 처음 도입됐을 때와 동일한 비율이다. WGAW, "A History of WGA Contract Negotiations and Gains," https://www.wga.org/the-guild/about-us/history/a-history-of-wga-contract-negotiations-and-gains

기존 제도에 수정을 가하려는 이들의 움직임은 한국 저작권법을 돌아보게 한다.[20] 저작권법 100조에 따르면, 특약이 없는 한 창작자의 권리는 제작사에 양도되고, 제작사는 다시 그 권리를 투자배급사에 일부 또는 전부 양도한다. 스타 감독이나 배우를 제외한 나머지 창작자들은 로열티, 상여금 계약에서 배제된다. 자신이 참여한 작품이 2차시장에서 수십 년간 재상영된다 해도 절대다수의 창작자는 재상영분배금을 인정받을 수 없다. 제작자 위주로 적용된 '1 영화 1 저작권주의'는 "배우, 감독, 제작자, 배급사 사이의 복잡한 거래 구조를 간단명료하게 해결하기 위한 일반원칙"이라는 주장이 일견 타당한 이유다.[21]

물론 미국이 70년이 넘도록 완성시키지 못한 재상영분배금의 일면을 한국에서 성급하게 적용하기는 쉽지 않다. 주지하듯이 봉준호 감독이 만든 〈옥자〉는 넷플릭스가 모든 권리를 독점하는 오리지널임에도 창작자로서 별도의 저작권료를 받고 있고, 이는 봉 감독이 속한 할리우드 노동조합이 OTT와 협상을 통해 일정한 권리를 확보했기 때문이다. 이와 달리 한국에는 저작권료를 창작자들에게 나눠줄 위탁단체가 없다. 유럽과 남미에서 적용하는 '공정보수fair remuneration와 같은 창작자 권리보호 제도 역시 부재하다. 가령 프랑스, 독일, 스페인, 아르헨티나, 콜롬비아 등의 경우 어떤 플랫폼에서든 영상물이 상영될 때마다 발생 수익의 0.2~0.5%가 창작자에게 돌아갈 수 있도록 법으로 정해두고 있다. 또한 저작권 공동관리단체CMO에 창작자들에게 저작권료를 분배할 수 있는 권한이 위임 · 위탁된다.[22]

미국 제작사가 만든 넷플릭스 오리지널 드라마가 일정 금액 이상 수익을 낼 경우 작가, 배우, 감독에게 추가 인센티브가 제공된다는 사실만을 따로 떼어 본다면, 이 불평등 구조에 새로운 상상력을 불어넣을 가능성이 아예 없지는 않다. 영화의 경우, 한국영화 상영 시장의 대부분을 CGV, 롯데시네마, 메가박스와 같은 상위 3개 멀티플렉스가 점유하고 있고, 이들을 중심으로 한 소수 상품이 매출액의 절대치를 차지한다는 점에서 순수 제작사 측의 어려움도 도외시할 수 없다. 다만 분명한 것은, 국내 제작자들의 몸에 축적된 아비투스가 넷플릭스로부터 얻는 '최대치의 제작비'와 '침해받지

19 나원정, 「넷플릭스 저작권료, 봉준호 '옥자' 받는데 '오겜' 못 받는 이유」, 『중앙일보』 2022년 3월 13일 자. https://n.news.naver.com/mnews/article/025/0003179758?sid=103

20 넷플릭스의 콘텐츠 IP 전권 소유 이슈는 역으로 창작자에 대한 한국 저작권법의 취약성을 점검하는 계기를 마련해준다. 창작자에게서 저작권 일체를 양도받는 국내 저작권법과 그간의 계약 관행을 수정하기 위해서는 국내 제작사뿐 아니라 웨이브와 같은 국내 OTT 역시 재상영분배금 지급 주체가 돼야 하기 때문이다. 하지만 이들은 재상영분배와 관련해 별다른 이야기를 하지 않고 있다.

21 방송 작가, 성우, 탤런트, 가수 등은 저작권 집중관리 제도의 적용을 받아 원저작물의 저작권 보호를 받는다[김동규, 「방송 프로그램 저작권 이용실태 분석」, 『방송연구』 제65권(2007): 27-58]. 이들이 소속된 한국작가협회, 실연자협회는 방송사와 계약을 체결하고, 방송사는 재방송이나 국내외로 작품을 판매한 경우 일정 비율의 금액을 협회에 납부한다. 협회는 이를 다시 창작자 회원에게 분배한다. 한국에서 저작권 신탁 관리 제도가 본격적으로 시행된 때는 1988년부터다[김현정·김미현·이승호 외, 「문화 분야 저작권 신탁 관리 현황: 방송 및 음반 분야를 중심으로」, 『KOFIC 이슈페이퍼 2011-14』(부산: 영화진흥위원회, 2011): 1-28].

22 김보영, 「①거장들도 '그림의 떡'…음원·TV 다 있는데 영화만 없는 저작권료」, 『이데일리』 2022년 8월 2일 자. https://www.edaily.co.kr/news/read?newsId=01088966632423384&mediaCodeNo=258

않을 자율성'에 집중되고, 이 구조의 정당화가 이뤄지고 있다는 점이다. 이 가운데 한국 방송영상산업이 미국보다 훨씬 불안정한 조건에 놓인 상황을 차분히 짚어볼 필요가 있다. 한국 콘텐츠의 세계적 흥행으로 거둔 넷플릭스의 막대한 경제효과를 한국 창작자에게 일부나마 돌려주기 위한 노력, 이는 미국 영상산업계 투쟁의 산물인 재상영분배금에서 그 힌트를 얻을 수 있다.

생태계라는 질문

한국 제작자들이 넷플릭스로부터 막대한 제작비를 공급받을 때, 이를 통해 한국 방송영상산업 전반의 상생을 위한 생태계가 구축되고 있는가? 이 질문은 늘 숙제로 남아 있다. 모두가 '한류병'에 빠지고, 모든 콘텐츠가 '글로벌'을 지향하는 상황에서, "이제 글로벌 성공이 아니면, 국내 흥행에도 크게 고무되지 않는 분위기"다.[23] 특정 스타나 작가 등 소수가 이득을 취하고 말지, 위기를 기회 삼아 창작 인프라를 잘 구축해서 한국 콘텐츠의 미래 가치를 더욱 높이게 될지 그 앞날을 정확하게 예측할 순 없다.[24] 분명한 것은 수요와 공급의 비대칭 속에서 검증된 일부 콘텐츠에 제작비가 쏠리고 있다는 점이다. 이는 곧 방송영상시장에 긍정적인 영향을 줄 수 있는 창의적 기획자에 한해 정부 정책이 '선택적 지원'으로 쏠릴 위험성을 내포한다. 8억 단위로 10편을 만들어 파이를 나누어 가질 바에야, 예산을 모아 큰 단위로 소수를 지원해야 한다는 당위적 믿음이 그를 뒷받침한다. 이는 1차시장 종사자와 2차시장 종사자 간 보상의 차이를 그럴 수밖에 없는 것으로 정당화하는, 시장 경제에서의 합리적 선택을 더욱 가속화시킬 수 있다. 방송영상 생태계가 자생력을 잃고, 소수의 승자를 제외한 모두에게 폐해를 안겨주고 있다면 이 상황을 어떻게 타개해야 할까.

우선 국내 OTT의 해외 진출을 두고 여러 부처에서 시행하는 각종 정책을 조준해보자. 먼저 과학기술정보통신부는 OTT 사업자를 '특수한 유형의 부가통신사업자'로 분류하고 있다. OTT를 통신에 기반을 둔 서비스로 간주하고 최소한의 규제를 적용함으로써 산업 활성화를 도모할 목적에서다. 문화체육관광부는 OTT 사업자를 '온라인 비디오물 제공 사업자'로 정의한다. '경제적 이윤'의 측면에서 영상 업계가 원했던 OTT 콘텐츠의 자체등급분류제도를 도입해 심의 절차를 간소화한 것이 대표 사례다. 방송통신위원회는 기존 방송법의 한계를 보완하기 위해 방송과 OTT를 포괄하는 시청각미디어서비스법을 제정해 OTT를 '온라인 동영상 제공 사업자'로 간

23 이도현, 「샴페인 일찍 터뜨린 K콘텐츠…빛바랜 간판 된 'CJ ENM'」, 『인베스트조선』 2023년 4월 28일 자. https://www.investchosun.com/site/data/html_dir/2023/04/27/2023042780291.html
24 그 어느 때보다 위기에 직면한 영화만을 봐도 그렇다. 글로벌 OTT 서비스의 경제적 혜택이 한국 영화 전반이 아닌 해당 플랫폼에 영화를 공급하는 소수에 한정된다는 점은 수직계열화-스크린 독과점으로 축적된 기존 승자독식구조 문제의 변형에 가까울 수 있다. 투자 규모가 커진 제작 분야 외에 넷플릭스의 성장이 한국 영화산업의 미래에 긍정적으로 작용할 것이라는 전망이 그리 설득력을 얻지 못하는 이유다. 노철환, 「포스트 코로나 시대 독점적 1차 시장으로서 영화관의 존속: 구독제 서비스와 버추얼 시네마를 중심으로」, 『아시아영화연구』 14권 2호(2021): 263-291.

주하려 한다. 과기부가 콘텐츠가 유통되는 기술적 토대와 디지털 생태계 전반에 초점을 둔다면, 문체부는 콘텐츠의 기획·제작·유통을 살피고, 방통위는 공정경쟁 환경 조성과 플랫폼 독과점을 방지하는 데 천착한다. 각 부처마다 특성은 다르지만, 이들의 공통 목표는 단연 'K-콘텐츠의 글로벌 성공'이다.

그런데 이들 정책만으로는 당면한 문제를 해결하기란 쉽지 않다. 모든 정책이 그렇듯, 사회 구성원 사이의 이해관계 충돌이나 과정의 복잡성을 고려할 때 가능한 대안을 모두 탐색해 최적의 결정을 내리기는 불가능하다. 그 대신 만족할 만한 수준에서 정책을 선택하게 되는데, 물론 이는 최선이 아닐 수 있다. 앞서 언급한 정책 역시 이러한 혐의를 피하기 어렵다. 가령 국제방송영상견본시는 콘텐츠를 판매하는 상점의 성격을 띠지만, 전 세계 관계자들이 한 자리에 모여 신작을 소개하고 교류하는 만남의 창구이기도 하다. 각종 어워즈 지원 정책은 작품의 우수성을 공인하는 가장 권위 있는 방법이라는 점에서 수상한 창작자들에게 자부심과 성취감을 고취시키는 미덕이 있다. 시장 조사나 포럼 역시 새로운 트렌드를 발굴하거나 이용자의 수요를 파악하는 데 요긴하다. 하지만 이들 정책이 제작, 투자, 유통이라는 가치사슬 전반을 아우르는 종합적인 지원책이라거나 특정 유형에 특화된 지원이라 보기는 어렵다.

과열된 OTT 시장에서 과잉 제작되어 창고에 쌓여 있던 작품들까지 끝내 제자리를 찾아갔지만, 제작비는 천정부지로 치솟았고, 제작 편수는 급격하게 줄어들었다. 급기야 수많은 스태프가 일자리를 잃어 배달플랫폼 노동에 뛰어든 가운데 신작을 향한 기대만큼이나 흥행 불확실성도 커진 상황이다. 가장 큰 투자처인 넷플릭스가 이른바 '예능 띠편성(특정 방송 프로그램을 매일 같은 시간대에 반복적으로 편성하는 방식)'에 나섰지만, 이들 콘텐츠에는 '넷플릭스 오리지널'이라는 타이틀이 붙지 않는다. 넷플릭스가 직접 투자하고 제작에 관여하는 작품이 아니라 특정 방송사의 콘텐츠가 넷플릭스라는 유통 채널을 경유해 퍼뜨려지기 때문이다. 이는 과거 tvN 〈응답하라 1988〉·〈도깨비〉, JTBC 〈SKY캐슬〉, KBS 〈태양의 후예〉와 같이 주로 지상파나 케이블 방송사에서 이미 방영을 마쳤거나 방영 중인 드라마의 방영권을 구매해 넷플릭스 플랫폼에서 제공했던 것과 동일한 방식이다. 공급은 하되 넷플릭스라는 '명예'를 부여하지 않는 셈이다.

리마스터링과 유통 에이전시의 필요성

이 시점에서 영화관의 변화에 주목해본다. 팬데믹 이후 극장가의 공백을 메우는 과정에서 리마스터링 재개봉이 그 어느 때보다 활기를 띠었다. 2023년 48편이었던 재개봉 영화는 2024년 84편으로 두 배 가까이 늘었다.[25] 매달 평균 7편 이상이 개봉하는 셈인데, 신

---

25 정유미, 「적극 체험하고 안전하게 즐긴다. 2024 한국영화 산업 마케팅 트렌드 결산」, 『한국영화』 2025년 2월호. https://magazine.kofic.or.kr/webzine/web/2595/pdsView.do

작 못지않게 많은 관객을 동원하고 있다. 그 가능성은 이미 2020년에 증명된 바 있다. 1993년작 〈패왕별희〉, 2000년작 〈화양연화〉의 리마스터링 재개봉이 여전히 이어지고 있고, 2025년 3월에는 1999년 한국 최초 블록버스터 〈쉬리〉가 26년 만에 4K 화질로 스크린에 귀환했다. 완성도 높은 명작을 영화 제작비의 25분의 1 수준이라는 적은 비용으로 재탄생시켜 높은 수익을 보장받을 수 있다면, 이를 마다할 제작사나 투자사는 없어 보인다.

이를 드라마에 적용하면 어떨까. 〈겨울연가〉의 영화 버전이 리마스터링되어 2025년 겨울 일본 개봉을 앞두고 있는 것처럼 말이다. 과거 라이브러리를 재검토하고 번역이나 더빙, 화질과 음질을 획기적으로 개선해 해외 여러 나라에 직접 판매하는 방식을 고민해볼 만하다. 극장 개봉을 목적으로 리마스터링되는 영화와 달리 드라마는 OTT 플랫폼과 TV 재방영을 염두에 둘 수 있다는 점에서 확장성도 높다. 다만 작품 발굴과 글로벌 유통망 확보는 만만찮은 작업이다. 특히 후자의 경우 제작과 유통을 겸하는 대형 스튜디오로서는 큰 문제가 아닐 수 있으나, 제작만으로도 급급한 중소 제작사나 글로벌 유통 역량이 낮은 국내 방송사에는 버거운 과제가 될 수 있다. 이미 오래전 여러 방송사가 자사 라이브러리 유통의 주도권을 유튜브에 넘겨준 환경이 그를 방증한다. 더욱이 오랜 적자 구조로 벼랑 끝에 몰린 방송사가 '언젠가 팔릴 것'이라는 불확실성에 대비해 리마스터링을 위한 투자를 선행하기에는 역부족일 수밖에 없다.

정작 더 중요한 문제는 이러한 투자의 주체가 누구인지에 있다.

만약 글로벌 OTT가 리마스터링 비용에 전액을 투자할 경우 자막, 번역과 같은 여러 복원 요소 역시 OTT의 소유물이 되고 만다. 콘텐츠 라이선스에 제한이 없으면서도 해외에 판매할 수 있는 명작을 발굴해 리마스터링한다면 언제고 필요할 때 해외의 여러 스크리너를 설득할 기회를 확보할 수 있다. 같은 맥락에서, 양질의 콘텐츠가 제때 해외에 판매될 수 있도록 유통 전문 에이전시를 설립하고 이를 지원하는 것도 한 가지 방법이다. 제작 시기와 무관하게 재조명되는 명작과 플랫폼, 시청자 층이 공명하는 상황에서 유통 기회를 아예 가져보지도 못하고 미편성의 난항에 좌절해야 하는 제작자에게 최소한의 기회를 보장하는 것과 마찬가지다.

맺음말

넷플릭스가 한국에 진입한 지 벌써 10년이 됐다. 넷플릭스에 유통된 수많은 한국 콘텐츠가 전 세계적인 인기를 얻게 되면서 'K-콘텐츠'는 쾌거를 이뤘다. 한국의 전통 놀이가 글로벌 '구독자'에게 즐길거리가 되고, 테마 상품과 팝업 이벤트가 전 세계 곳곳에서 열리는 진풍경이 벌어졌다. 드라마 주인공의 부채와 절박한 삶이 한국의 높은 가계부채율과 연결되었고, 계층 이동 사다리가 붕괴된 현실에 빗대어 논의되었다. 한국 배우와 감독이 전에 없는 주목을 받는가 하면, 전 세계에 흩어져 사는 한인 디아스포라에는 한국인의 자부심을 고취시키기에 충분했다. 20여 년 전 영미권 바이어들이 중국, 동남아 시장에서 호평받는 한국의 텔레비전 드라마들을 거들떠보지도 않았던 시절이 있었나 싶을 정도로 지난 7년 사이, '넷플릭스 소유'의 한국 콘텐츠는 그야말로 국가 이미지를 제고하는 첨경이 됐다. 넷플릭스가 만든 지배적 효과에 메스를 갖다 대기가 쉽지 않은 이유다.

하루가 멀다 하고 쏟아져 나오는 〈오징어 게임〉 문화담론을 보고 있자니 문득 궁금해졌다. 250억 원을 들인 〈오징어 게임〉이 1조 원이 넘는 가치를 창출했다는데, 한국이 취하는 이익은 어느 정도

일까. 한국이 넷플릭스의 글로벌 프로덕션 센터가 되는 일은 장밋빛 청사진일 뿐일까. 드라마가 마치 반자본주의적인 내용인 것처럼 상찬받고, 한국이 넷플릭스에 가장 독보적인 하청업자가 되자고 주장하는 이들의 생각에는 정말 약점이 없는 것일까. 넷플릭스가 떨어뜨린 돈에 취해 있는 학자들이나 정책 입안자들이 차고 넘치지는 않는가. 플랫폼을 진보적인 존재로 호명하고, 넷플릭스의 독점적 지위를 고착화시키는 이들의 주장은 한결같다. "콘텐츠 비즈니스만이 살길이다."

그런데 그 주장은 순조롭게 실현되고 있는가. 전에 없는 호황이라던 방송영상판의 스태프들이 몇 년이 지나지 않아 배달노동을 전전하는 지금, 그 질문에 대답할 책임이 있다고 보았다. 이 책을 준비하면서 방송영상 제작자들을 두 번째 만났을 때 이들의 뉘앙스는 사뭇 달랐다. "넷플릭스 덕분에"라며 상찬해 마지않던 이들은 불과 2년 사이 "넷플릭스 때문에"로 돌아서 있었다. 이런 상황에서 잘 버티자는 말 이상의 어떤 덕담이 가능할지 가늠이 되지 않았다. 한국 방송영상산업 생태계가 하루가 다르게 생지옥이 되어간다면, 극소수의 글로벌 히트작이 어떠한 의미가 있을까. 실상은 넷플릭스만을 보며 쟁투하는 사이 제작비 폭등, 편성 없는 방송, 잃어버린 일자리로 고통받고 있다는 점이다. 넷플릭스에 꾸준히 작품을 납품하는 '소수의 특권층'을 제외하고는 말이다.

물론 모든 것을 넷플릭스 탓으로 돌릴 순 없을 것이다. 넷플릭스 이전에도, 그 이후에도 한국 방송영상산업의 위기는 계속됐다. 한국 방송영상 시장은 IMF 외환위기 이후부터 지금까지 로컬을 벗어나 글로벌로 뻗어 나가길 희망했고, 공익보다는 상업성을 추구해왔다. 한류의 지향, 지상파 피디들의 계속되는 탈주, 스튜디오화와 같은 일련의 과정은 플랫폼에 대한 낙관적인 기대의 갱신과도 같았다. 그래서 이를 '플랫폼 아비투스'로 명명했다. 또, 지나온 역사를 '넷플릭스화'라는 단어로 간추릴 수 있다면, 이 넷플릭스화는 플랫폼 아비투스를 담지하고 있다고 믿었다. 나아가 넷플릭스화를 추적해가다 보니 이것이 캘리포니아 이데올로기에 속한 현상임을 알 수 있었다. 기술 진보와 자유시장을 선봉하는 캘리포니아 이데올로기야말로 오늘날 넷플릭스와 같은 빅테크 기업의 존립 기반이기 때문이다. 레짐régime의 차원으로 구축된 이 이데올로기는 역사적 체계인 넷플릭스화에 속한 작금의 축적 체제다.

넷플릭스와 같은 빅테크 기업의 비즈니스적 특징은 간명하다. 이들에게 핵심은 바로 '기업가치의 제고'다. 투자자들의 신뢰를 얻고 시가총액을 키우기 위해서다. 시가총액이 높을수록 자본은 쉽게 조달되고, 대규모 투자를 받는 데 유리하다. 넷플릭스가 자본력과 기술력을 바탕으로 시장 지배력을 강화하고 경쟁사를 압박해 시장을 독점할 수 있었던 이유다. '다행스럽게도' 넷플릭스는 한국을 상대로 투자를 계속하고 있다. 더 많은 콘텐츠, 더 나은 서비스를 제공해 시장 점유율을 확대하고, 낮은 구독료로 시장을 장악한 뒤에도 멤버십 비용을 계속 인상하고 있다. 덩치가 커질 대로 커진 이용자 기반 데이터는 서비스 개선과 경쟁 우위 유지에 십분 활용됨은 물론이다. 그런데 한국 콘텐츠가 더는 넷플릭스의 기업가치를 올리는 데 도움이 되지 않는다면 어떨까. '오리지널' 제작을 위한 투자를 이어갈 어떠한 이유도 찾지 못하게 될 것이다.

이 글을 마무리할 즈음 이창동 감독의 신작이 넷플릭스에 공급된다는 소식을 접했다. 전형적인 예술영화 감독으로 상업성보다는 철학적 깊이를 추구해왔던 그가 넷플릭스에 작품을 공급한 이유는 다름 아닌 '자금 조달 문제'였다. 전도연, 설경구와 같은 진폭이 큰 'A급' 캐스팅, 이미 확보된 해외 판매의 잠재력에도 불구하고 한국 투자자들의 관심을 끌기는 어려웠던 모양이다. 이러한 움직임은 역으로 넷플릭스라는 권력의 크기를 가늠하게 해준다. "알고리즘이 영화를 '콘텐츠'로 취급해 예술성을 훼손한다."[1] 언젠가 마틴 스코세이지Martin Scorsese가 지적했던 이 말도 이제는 정녕 식상해져 버린 게 아닐까. 넷플릭스의 투자 덕에 생존하게 된 영화 〈가능한 사랑〉은 극장을 넘어 예산 회수의 압박 없이, 글로벌 배급 네트워크를 경유해 더 많은 관객층에 도달하게 될 것이다.

동맥경화에 걸린 방송영상 산업의 구조적 문제를 해소하기 위한 당면 과제는 방송영상산업의 재생산 기반을 치명적으로 위협하고 있는 유통 문제의 해결이 아닐까 한다. 그 첫 단추는 앞서 제시했던 유통 에이전시일 수도, '토종 OTT'의 합병 이후의 움직임이 될 수도 있다. 특히 후자의 관점에서 한국 콘텐츠의 유통 인프라를 확충하겠다는 정견을 가진 학계와 정치세력 간의 연대도 전에 없이 늘어난 모습이 일견 반갑기는 하다. 하지만 자칫히면, 이러한 움직임이 이미 성할 만큼 성한 넷플릭스가 더 성할 수 있도록 일조하는 것은 아닐지 걱정스럽기도 하다. 그 일조는 넷플릭스의 독점적 지위를 더욱 고착화시켜 문화다양성을 질식시킬 수 있다. 아직 넷플릭스에 비할 바 못 되는, 어쩌면 영원히 불가능한 숙제를 안은 국내 OTT에는 재주껏 분발하라는 말일 테고, 삶을 겨우 버텨내는 방송영상인 대다수에게는 비웃음거리에 지나지 않을 것이다.

여러 방송사와 공공기관이 넷플릭스의 파트너가 되어가는 이 순간에도 방송의 공공성이나 다큐멘터리 전략이 어떻게 가능할지에 대해서는 이 글에서 미처 다 논의하지 못했다. 자본이 부족함에도 이 일을 계속할 수 있는 재생산 동력을 마련하는 길이 어디에 있을지 많은 이들과 함께 이야기할 수 있었으면 한다. 넷플릭스를 상식적인 욕망으로 삼는 이들 이외에도 그를 전복해야 하는 이들의 연대가 더욱 공고해졌으면 한다. 자본만이 경제적 가치의 생산을 독점하는 자본주의 사회에서 옴짝달싹 못하는 상황이야말로 비로소 상상력을 발휘해야 할 시작점일지 모른다는 미련스러운 기대가 여전하다.

---

1 A. Taylor, "Are streaming algorithms really damaging film?," *BBC* (2021. 2. 21). https://www.bbc.com/news/entertainment-arts-56085924

감사의 말

박사 논문이 책으로 나오기까지 많은 분들의 도움이 있었다. 먼저 지도교수이신 원용진 선생님께 깊이 감사드린다. 단언컨대 선생님은 내가 좀 더 나은 사람이 될 수 있도록 도와주셨다. 선생님의 생각과 조언이 책 곳곳에 녹아 있음은 물론이다. 논문 심사로 동행해주신 서강대 이철승, 조재희 선생님, 한예종의 홍성일 선생님, 방송통신대 이성민 선생님께도 깊은 감사의 말씀을 드린다. 삼심에서 "논문이 책이 될 만하다"며 용기를 일깨워주신 이철승 선생님의 말씀이 나를 여기까지 이끌었다.

서강대 선후배들과의 추억은 여전히 살아 있다. 성공회대 방희경 선생님, 방송광고진흥공사 강신규 선생님, 캣츠랩 박승일 선생님, 방송통신전파진흥원 이수엽 선생님, 성신여대 박영흠 선생님, 미디어사회학자 박권일 선생님. 이들은 각기 다른 색깔을 가진 전혀 다른 사람이지만, 나의 삶을 더욱 역동적으로 만들어준, 신선한 자극을 주는 선배들이다. 신참내기 저자의 어리석은 질문에 늘 빠르고 정확한 답을 내준 박승일 선배에게 특별히 감사드린다.

박사과정을 함께한 류지현, 이준형, 윤성인, 이경미, 채다희에게도 고마운 마음을 전한다. 한창 인터뷰이를 찾고 있을 때 도움을 주신 이창민 선생님, 그리고 동기 김예인에게도 감사의 인사를 전해야 마땅할 듯하다. 서로의 '응원단'을 자처한 한림대 강혜원 선생님, 연세대 강보라 선생님, 경남대 장민지 선생님과의 즐거운 수다가 언제까지나 계속되길 바란다.

11년이 넘도록 몸담은 국제문화교류진흥원KOFICE는 애증이 교차하는 공간이다. 그 옛날의 〈모래시계〉부터 시작되는 원장님의 제작 프로듀서 이야기는 언제 들어도 흥미진진하다. 나를 더 큰 무대로 불러주신 김경남 사무처장님을 향한 감사는 아무리 강조해도 지나침이 없다. 두 분의 건강과 행운을 기원한다. 문화교류연구센터 이현지 박사와의 신뢰와 우정에 감사하며, 윤도경, 이소민, 김정현 연구원의 성취를 바란다. 강산이 변한다는 세월 속에 복닥거리며 함께 일해온 여현경 본부장, 박지현 팀장은 정녕 없어서는 안 될 존재가 되어버렸다. 늘 애정 어린 격려를 보내주시는 조아란 본부장님, 강새롬 팀장에게도 고마움이 그득하다. 이제는 각기 다른 곳에서 멋진 이야기를 써내려가는, 코피스가 맺어준 박성현 박사님과 이은경 팀장님, 그리고 권민주, 최유리, 조소영과의 소중한 인연도 변함없길 빈다.

서울대 홍석경 선생님, 성신여대 심두보 선생님, 동국대 조영신 선생님께는 발간을 코앞에 둔 시점에 추천사를 부탁드렸는데, 흔쾌히 '예스'로 답해주셨다. 필설로 표현하기엔 감사의 마음이 너무나 크고 무겁다. 그 누구보다 바쁜 삶을 사는 분들임은 새삼스러울 것도 없지만, 그럼에도 시간을 쪼개가면서 졸고를 읽어주셨다.

출판사를 찾던 초짜 저자에게 기회를 열어주신 현실문화의 김수기 대표님께 감사드린다. 30년이 넘는 업력을 지닌 현실문화는 나에게는 로망이었다. 서가에 꽂아둔 현실문화의 고전들을 보면서 이곳에서 책을 낼 수 있다면 더할 나위 없으리라 여겼는데 그게 현실이 됐다. 가능하기나 한 일인가 싶을 만큼 촉박한 일정이었지만 대표님 특유의 젠틀함과 배려심으로 여정을 마무리할 수 있었다. 비록 현업에 있는 분들의 이름을 밝힐 수는 없지만, 인터뷰에 참여해주신 분들께 한없는 애정과 응원을 보낸다. 이분들과의 대화는 단순한 질의응답이 아닌, 복수의 시선이 교차하는 과정이었다. "누구라도 다른 이에게 의지하지 않고서는 삶을 이어갈 수 없다는 새삼스러운 깨달음을 얻었다"는 언론노조 김동원 선생님의 말씀을 떠올리게 된다.

 가족을 향한 사랑의 마음은 이루 말할 수 없다. 다 큰 나를 늘 가슴 저리게 아끼시는 우리 부모님, 손수 만든 맛있는 반찬으로 몸과 마음을 살찌워주시는 어머님, 동생 태현과 아내 다은, 조카 채이와 서윤이. 컴컴한 방 안에서 타닥타닥 키보드를 두드리고 있을 때 말없이 들어와 간식을 두고 가는 남편, 이제 백일을 갓 넘긴 딸 윤채에게도 깊은 사랑의 마음을 전한다.

2025년 11월
겨울의 시작점에서
김아영

부록

표 1. 2011~2014년 지상파 피디 이적 현황

특징	이름	이적소속	과거소속	이적연도	대표작
종편 개국 · 케이블 채널 확대	신원호	CJ ENM	KBS	2011	남자의 자격 응답하라 시리즈
	김원석	CJ ENM	KBS	2011	성균관 스캔들, 미생, 시그널
	여운혁	JTBC	MBC	2011	황금어장-무릎팍도사
	임정아	JTBC	MBC	2011	우리 결혼했어요 시즌1 위대한 탄생
	성치경	JTBC	MBC	2011	느낌표!, 스친소, 일밤-단비
	이윤정	CJ ENM	MBC	2011	커피프린스 1호점
	김석현	CJ ENM	KBS	2011	개그콘서트
	나영석	CJ ENM	KBS	2012	해피선데이-1박 2일
	이예지	SM C&C	KBS	2014	안녕하세요 우리동네 예체능

표 2. 2014~2019년 지상파 피디 이적 현황

특징	이름	이적소속	과거소속	이적연도	대표작
한한령 · 엔터사 이동	장태유	휴직. 중국	SBS	2014	별에서 온 그대
	김영희	미가미디어	MBC	2015	몰래카메라 느낌표!, 나는 가수다
	이병혁	미가미디어	MBC	2015	라디오 스타
	김남호	미가미디어	MBC	2015	섹션TV 연예통신
	장혁재	중국	SBS	2015	X맨, 패밀리가 떴다
	조효진	중국	SBS	2015	런닝맨
	이준규	미가미디어	SM C&C	2015	느낌표!
	강 궁	미가미디어	MBC	2016	우결, 환상의 짝궁 아빠 어디가
	문경태	미가미디어	MBC	2016	나혼자 산다. 진짜 사나이
	남규홍	미가미디어	SBS	2016	그것이 알고싶다, 짝
	임정규	미가미디어	SM C&C	2016	우리동네 예체능
	유호진	몬스터유니온	KBS	2016	1박 2일
	함영훈	JTBC	KBS	2016	태양의 후예 (원작 국경없는 의사회)
	이응복	스튜디오드래곤	KBS	2016	도깨비
	신정수	CJ ENM	MBC	2016	놀러와, 나는 가수다
	여운혁	미스틱엔터	JTBC	2017	황금어장, 아는형님
	조서윤	YG엔터	MBC	2017	라디오 스타
	제영재	YG엔터	MBC	2017	무한도전
	김민종	YG엔터	MBC	2017	진짜 사나이
	박준수	YG엔터	CJ ENM	2017	음악의 신
	유성모	YG엔터	CJ ENM	2017	SNL 코리아
	한동철	YG엔터	CJ ENM	2017	프로듀스 101
	이상윤	YG엔터	CJ ENM	2017	쇼미더머니
	최효진	YG엔터	CJ ENM	2017	슈퍼스타 K
	김성윤	JTBC	KBS	2017	구르미 그린 달빛 (동명 원작)

표 3. 넷플릭스 한국 오리지널 드라마 제작 현황(2021년)

작품명/장르	기획/제작		회차	연출	극본	주요 출연진	제작비 (추정치)	원작
〈좋아하면 울리는〉 로맨틱코미디	시즌 1	스튜디오 드래곤	8부작	이나정 (KBS)	이아연 서보라	김소현 정가람	80억	천계영의 동명 웹툰
	시즌 2	프로덕션 H	6부작	김진우	차연수 김서희	김소현 정가람	60억	
〈무브 투 헤븐: 나는 유품정리사입니다〉 드라마 (18세 청불)	페이지원필름, 넘버쓰리픽쳐스		10부작	*김성호	윤지련	이제훈 탕준상	-	김새별, 전애원 에세이 〈떠난 후에 남겨진 것들〉
〈D. P.〉 밀리터리	JTBC스튜디오		6부작	*한준희	한준희 김보통	정해인 구교환 김성균	-	김보통의 웹툰 〈D.P 개의 날〉
〈오징어 게임〉 서바이벌 (18세 청불)	싸이런픽쳐스		9부작	*황동혁	황동혁	이정재 박해수 정호연	253억	-
〈마이네임〉 액션 누아르 (18세 청불)	스튜디오 산타클로스 엔터테인먼트		8부작	김진민 (MBC)	김바다	한소희 박희순	-	-
〈지옥〉 스릴러 (18세 청불)	클라이맥스 스튜디오		6부작	*연상호	연상호 최규석	유아인 김현주 박정민	200억	연상호의 동명 웹툰
〈고요의 바다〉 SF	아티스트 스튜디오		6부작	*최항용	박은교	배두나 공유 이준	250억	단편영화 〈고요의 바다〉

주: 영화감독(*), 영화 감독과 드라마 감독을 겸하는 인물(**). 미공개된 관람등급, 제작비 등은 별도 기재하지 않거나 '-'로 처리함(〈표 3〉~〈표 8〉).

표 4. 넷플릭스 한국 오리지널 드라마 제작 현황(2022년)

작품명/장르	기획/제작	회차	연출	극본	주요 출연진	제작비 (추정치)	원작
〈지금 우리 학교는〉 좀비 스릴러 (18세 청불)	필름몬스터 JTBC스튜디오 (영화+드라마 제작사)	13부작	*박철수	천성일	박지후 윤찬영	300억	주동근의 동명 웹툰
〈소년심판〉 법정물 (18세 청불)	길픽쳐스, 지티스트 (드라마기획사)	10부작 (시즌 1, 2)	*홍종찬	김민석	김혜수 김무열	-	-
〈썸바디〉 스릴러	비욘드제이	10부작 (시즌 1, 2)	정지우	정지우 한지완	김영광 강해림	-	-
〈수리남〉 (18세 청불)	월광, 퍼펙트스톰	6부작	*윤종빈	윤종빈 권성휘	하정우 박해수	350억	-
〈종이의 집〉 범죄 스릴러 (18세 청불)	BH엔터테인먼트, 콘텐츠지음	6부작 (시즌 1, 2)	김홍선	류용재	유지태 박해수	320억	동명의 스페인 드라마
〈안나수마나라〉 판타지	JTBC스튜디오, 콘텐츠지음	6부작	김성윤	김민정	지창욱 최성은	-	하일권의 동명웹툰
〈글리치〉 SF 코미디	스튜디오329 (드라마)	10부작	*노덕	진한새	전여빈 나나	-	-
〈모범가족〉 범죄 스릴러 (18세 청불)	프로덕션H, 셀트리온 엔터테인먼트	10부작	김진우	이재곤	박희순 윤진서	-	-
〈블랙의 신부〉 복수극, 멜로	이미지나인컴즈, 타이거스튜디오	8부작	김정민	이근영	김희선 이현욱	200억	-
〈사냥개들〉 범죄, 액션 (18세 청불)	스튜디오엔, 씨앗필름, 세븐오식스	8부작	*김주환	김주환	우도환 이상이	-	정찬의 동명 웹툰
〈택배기사〉 SF 액션	프로젝트318	6부작	*조의석	이운균 (작가)	김우빈 송승헌	250억	동명 웹툰
〈더 패뷸러스〉 청춘, 로멘틱 코미디	길픽쳐스	8부작	김정현	김지희 임진선	채수빈 최민호	-	-

표 5. 넷플릭스 한국 오리지널 드라마 제작 현황(2023년)

작품명/장르	기획/제작	회차	연출	극본	주요 출연진	제작비 (추정치)	원작
〈연애대전〉 로코	빈지웍스	10부작	* 김정권	최수영	김옥빈 유태오	-	-
〈더 글로리 파트 2〉 복수, 범죄	스튜디오드래곤 화앤담픽쳐스	16부작	안길호	김은숙	송혜교 이도현	-	-
〈셀러브리티〉 미스터리, 스릴러	스튜디오드래곤 김종학프로덕션 하우픽쳐스	12부작	김철규	김이영	박규영 강민혁	-	-
〈사냥개들〉		8부작			우도환 이상이		
〈D.P.〉 시즌2		6부작			정해인 구교환		
〈퀸메이커〉 워맨스, 정치	인사이트필름 스튜디오포커스 에이스토리	12부작	오진석	문지영	김희애 문소리	-	-
〈택배기사〉 SF	프로젝트318	6부작	* 조의석	조의석	김우빈 송승헌	-	-
〈너의 시간 속으로〉 로맨스, 판타지	앤피오엔터테인먼트, 리안컨텐츠, 스튜디오플로우	12부작	김진원	최효비	안효섭 전여빈	-	-
〈도적: 칼의 소리〉 시대극, 액션	스튜디오드래곤 얼반웍스, 바람픽쳐스	-	황준혁 한진선	한정훈	김남길 서현	300억	-
〈D.P. 시즌 2〉	클라이맥스 스튜디오	6부작	* 한준희	김보통 한준희	정해인 구교환	-	김보통의 웹툰 〈D.P 개의 날〉
〈마스크걸〉 스릴러, 서스펜스	본팩토리, 하우스 오브 임프레션	7부작	" 김용훈	김용훈	고현성 안재홍	-	-
〈경성크리처〉 스릴러, 호러	글앤그림, 카카오 엔터테인먼트, 스튜디오드래곤	10부작 (시즌 1)	정동윤	강은경	박서준 한소희	-	-

작품명/장르	기획/제작	회차	연출	극본	주요 출연진	제작비 (추정치)	원작
〈스위트홈 2〉 공포, 스릴러	스튜디오드래곤, 스튜디오앤	-	이응복 박소현	-	송강 이진욱	-	김칸비 〈스위트홈〉
〈이두나!〉 로맨틱 코미디	스튜디오드래곤, 쇼러너스, 스튜디오앤	9부작	이정효	장유하	수지 양세종	-	민송아의 동명 웹툰
〈정신병동에도 아침이 와요〉 휴먼, 의학	필름몬스터	12부작	*이재규 김남수	이남규 오보현 김다희	박보영 연우진	-	이라하의 동명 웹툰
〈종말의 바보〉 디스토피아 (공개일 잠정 연기)	아이엠티브이	12부작	김진민	정성주	안은진 유아인	-	(일본) 이사카 코타로의 동명 소설

표 6. 넷플릭스 한국 오리지널 드라마 제작 현황(2024년)

작품명/장르	기획/제작	회차	연출	극본	주요 출연진	제작비 (추정치)	원작
〈선산〉 미스터리, 스릴러	와우포인트, 영화사 레드피터	6부작 (283분)	*민홍남 (감독)	연상호 민홍남 황은영 (각본)	김현주 박희순		강태경 외 동명 웹툰
〈살인자 O난감〉 스릴러 (19세 청불)	쇼박스, 렛츠필름	8부작	*이창희	김다민	최우식 손석구		꼬마비의 동명 웹툰
〈닭강정〉 블랙코미디	스튜디오N, 플러스미디어 엔터테인먼트	10부작	*이병헌	이병헌	류승룡 안재홍		박지독의 동명 웹툰
〈기생수: 더 그레이〉 SF, 액션 (19세청불)	클라이맥스 스튜디오, 와우포인트	6부작 (300분, 5시간)	*연상호	연상호 류용재	전소니 구교환		아와아키 히토시의 동명 만화
〈종말의 바보〉	아이엠티브이	8부작 (709분)	김진민	정성주	안은진 유아인		이사카 코타로의 동명 소설
〈The 8 Show〉 스릴러 (19세청불)	스튜디오N, 매그넘나인, 롯데컬처웍스	8부작	*한재림	한재림	류준열 천우희		배진수의 〈머니게임〉&〈파이게임〉 웹툰
〈하이라키〉 학원, 로맨스	스튜디오드래곤	7부작	배현진	추혜미	노정의 이채민		-
〈돌풍〉 정치, 스릴러	스튜디오드래곤, 팬엔터테인먼트	12부작	김용완	박경수	설경구 김희애		
〈스위트홈〉 시즌 3 스릴러, 공포 (19세청불)	스튜디오드래곤, 스튜디오N *거의1년 걸림	8부작 (425분, 7시간 5분)	이응복, 박소현	홍소리 박소정	송강 이진욱		김칸비의 동명 웹툰

작품명/장르	기획/제작	회차	연출	극본	주요 출연진	제작비 (추정치)	원작
〈아무도 없는 숲속에서〉 미스터리, 스릴러	스튜디오플로우, SLL	8부작	모완일	손호영	김윤석 윤계상		
〈경성크리처〉 시즌 2 공포, 스릴러	글앤그림미디어, 카카오 엔터테인먼트, 스튜디오드래곤	7부작	정동윤, 조영민	강은경	박서준 한소희	700억 원	
〈지옥〉 시즌 2 공포, 스릴러 (19세청불)	클라이맥스 스튜디오, 와우포인트, 미드나잇 스튜디오 2024. 10. 3. 부국제에서 선공개	6부작	*연상호	연상호, 최규석	김현주 김성철		연상호, 최규석의 웹툰 〈지옥 2: 부활자〉
〈Mr. 플랑크톤〉 로코	베이스스토리, 하이지음 스튜디오	10부작	홍종찬	조용	우도환 이유미		
〈트렁크〉 로맨스, 미스터리 (19세청불)	프로젝트318, 지티스트	8부작	김규태	박은영	서현진 공유		김려령의 동명 소설
〈오징어 게임〉 시즌 2 데스게임 청불	㈜퍼스트맨 스튜디오	7부작 (430분)	*황동혁	황동혁	이정재 이병헌 임시완	1,000억 원	

표 7. 넷플릭스 한국 오리지널 드라마 제작 현황(2025년)

작품명/장르	기획/제작	회차	연출	극본	주요 출연진	제작비 (추정치)	원작
〈중증외상센터〉 의학, 코미디	스튜디오N, 메이스 엔터테인먼트	8부작	*이도윤	최태강	주지훈 추영우		한산이가 〈중증외상센터: 골든아워〉 웹툰 원작
〈멜로무비〉 로맨스, 청춘	스튜디오N	10부작	오충환	이나은	최우식 박보영		
〈폭싹 속았수다〉 로맨스, 시대극	팬엔터테인먼트, 바람픽처스	16부작	김원석	임상춘	아이유 박보검		
〈악연〉 범죄, 스릴러 (19세청불)	영화사월광, 바람픽쳐스, 카카오엔터테인먼트	6부작	*이일형	이일형	박해수 신민아		
〈오징어 게임〉 시즌 3 데스게임, 스릴러 (19세 청불)	싸이런픽처스	6부작	황동혁	황동혁	이정재 이병헌 임시완		
〈약한영웅〉 학원, 성장, 복수 (19세청불)	-	8부작	유수민/한준희 (크리에이터)	유수민 박현우	박지훈 려운		서패스・김진석의 동명 웹툰
〈광장〉 액션, 범죄 (19세 청불)	용필름, 스튜디오N	8부작	*최성은	유기성	소지섭 허준호		오세형, 김균태의 동명 웹툰
〈탄금〉 가상역사극, 미스터리	스튜디오드래곤, 플러스엠, 에이스메이커무비웍스, 에이치하우스이오콘텐츠그룹 (공동제작사)	12부작	김홍선	김진아 (닥터브레인 집필)	이재욱 조보아		

작품명/장르	기획/제작	회차	연출	극본	주요 출연진	제작비 (추정치)	원작
〈트리거〉 액션, 범죄 (19세청불)	영화사비단길	10부작	* 권오승	* 권오승	김남길 김영광		
〈애마〉 가상역사물, 코미디	더램프, 스튜디오킥	6부작	* 이해영	이해영	이하늬 방효린 진선규		
〈은중과 상연〉 로맨스, 우정	카카오엔터테인먼트, 로고스필름	15부작	조영민	송혜진	김고은 박지현		
〈캐셔로〉 슈퍼히어로, 초능력	SLL, 드라마하우스 스튜디오	미정	이창민	이제인 전찬호	이준호 김혜준		team befar 의 동명 웹툰
〈다 이루어질 지니〉 판타지, 로코	스튜디오드래곤, 화앤담픽쳐스 CJ ENM(기획)	12부작	** 안길호 이병헌	김은숙	김우빈 수지		
〈이 사랑 통역 되나요?〉 로코	이매지너스, 트리스스튜디오, 스튜디오솔	12부작	유영은	홍정은 홍미란	김선호 고윤정		
〈자백의 대가〉 스릴러, 미스터리	프로덕션에이치, 스튜디오드래곤	12부작	이정효	* 권종관	전도연 김고은 박해수 진선규		
〈당신이 죽었다〉 범죄, 미스터리	스튜디오S, 고스트스튜디오, 영화사 미지	12부작	이정림	김효정	전소니 이유미		오쿠다 히데오의 소설 〈나오미와 가나코〉

표 8. 넷플릭스 한국 오리지널 드라마 제작 현황(미정)

작품명/장르	기획/제작	회차	연출	극본	주요 출연진	제작비 (추정치)	원작
〈지금 우리 학교는〉 시즌 2 (19세청불)	필름몬스터, SLL, 김종학프로덕션	미정	**이재규 김남수	천성일	윤진영 박지후		주동근의 동명 웹툰
〈더 원더 풀스〉 코미디, 히어로	낭만크루, 카카오 엔터테인먼트, 판타지오	미정	유인식	유인식	허다중 글라인& 강은경 (크리에이터)	박은빈 차은우	
〈동궁〉 가상역사극, 다크판타지	이매지너스, 쇼러너스	8부작	최정규	권소라, 서재원			
〈사냥개들〉 시즌 2 액션, 범죄	고스트스튜디오, 세븐오식스	7부작	*김주환	김주환	우도환 이상이		정찬의 동명 웹툰
〈레이디 두아〉 미스터리, 스릴러	SLL	8부작	김진민	추송연	신혜전 이준혁		
〈천천히 강렬하게〉 시대극, 성장	스튜디오드래곤, 지티스트	22부작	이윤정	노희경	송혜교 공유	약 753억 원	
〈월간남친〉 로코, 판타지	바람픽쳐스, 와이낫미디어, STUDIO X+U	10부작	김정식	남궁도영	지수 서인국		
〈기리고〉 호러, 청소년	CJ ENM STUDIOS, 카이루스 메이커스	8부작	박윤서	박중섭	전소영 감미ㅣ		
〈참교육〉 학원물, 액션	와이랩 플렉스, 지티스트	미정	홍종찬	이남규	김무열 이성민		채용택·한가람의 동명 웹툰

작품명/장르	기획/제작	회차	연출	극본	주요 출연진	제작비 (추정치)	원작
〈스캔들〉 퓨전사극, 로맨스	무비락	-	* 정지우	-	손예진 지창욱		영화 〈스캔들- 조선남녀 상열지사〉
〈아이쇼핑〉 복수	그룹에이트	-	* 오기환	안소정	염정아, 원진아		엄세윤의 동명 웹툰
〈로드〉	쇼트케이크 (D.P.공동제작사. 24년 네이버 계열사 플레이리스트에 인수)	-	* 한준희	-			한일 합작만화 〈푸른길〉
〈들쥐〉 스릴러, 미스터리	바람픽쳐스	-	-	김홍선		류준열, 설경구	루드비토의 동명 웹툰
〈신과함께〉	리얼라이즈 픽쳐스, ㈜덱스터 스튜디오	-	-	미정	미정		주호민의 동명 웹툰
〈맨 끝줄 소년〉	카카오 엔터테인먼트, 지티스트	6부작	-	김규태	장명우	최민식, 최현욱	후안 마요르가의 희곡 〈맨 끝줄 소년〉
〈버라이어티〉 스릴러	CJ ENM MOVIE	미정	* 김용훈	-	손예진 조유리		

찾아보기

[ㄱ]
가성비 90, 150
강제규 64~65
〈겨울연가〉 48, 69~70, 75, 82, 246
골든글로브 10
공공성 34, 38, 122, 253
〈공동경비구역JSA〉 64,
공정 보수 240
광고요금제 190, 201, 206
구경제 62
국제경쟁력 45, 47, 53, 61, 69, 71, 85, 92
근거이론 24
글로벌 OTT 10, 14, 16, 19~21, 29, 33,
    38~40, 42, 50, 97, 110, 121, 123,
    126, 134, 137, 141~142, 152, 157,
    170~171, 174~175, 179, 182, 186,
    188, 199, 207, 224, 225, 229, 243,
    247
기득권자 40, 125, 137, 172
기술애호광 37
기축적 노동 분업 220
기획영화 154
김기덕 65
김대중 52, 56~58, 65
김민영 115, 136
김영희 175, 191
김우택 98
김은숙 98, 102
김종학 75, 77, 81~83, 95~96
김태호 15, 106, 172, 181

[ㄴ]
나영석 86~87, 89
나이절 뱁티스트 118
누벨바그 44
닐 플릭스틴 40

[ㄷ]
더그 맥아담 40
데이비드 핀처 216
데이터 권력 20, 207, 235
데이터 접근성 232
〈도깨비〉 88, 102~103, 245
도전자 40, 134, 172
독립제작사 17, 52, 67~71, 75, 94, 117~
    118, 227
〈동백꽃 필 무렵〉 117
디아이(DI) 159
디졸브 촬영 193
디지털화 60~63, 141

[ㄹ]
롱테일 효과 153
리드 헤이스팅스 7, 10, 14, 189, 207,
    217, 219
리마스터링 245~247

[ㅁ]

마틴 스코세이지　252
몰아 보기　124, 146~149, 153, 208
〈무빙〉　16, 97
문화의 산업화　63
미국감독조합　237~238
미국작가조합　237~239
미드　117, 124, 146
미디어법　48, 84, 88, 92
〈미생〉　88, 90
〈미스터 션샤인〉　120

[ㅂ]

박지은　102
박찬욱　64~65, 137, 139, 238,
반독점법　44
방송법 (개정)　70, 84, 93~94, 96~97,
　　126~127, 156, 243
방송심의　19, 126
방송통신위원회(방통위)　121~123,
　　126, 192, 244
〈범인은 바로 너〉　114~115
〈별에서 온 그대〉　48, 102
봉준호　65, 110, 112, 119, 137, 238, 240
분업구조　220~221
불평등 교환　221
블록세일(일괄매각)　214
비선형 편집　191
빈지워칭　143, 146~148, 150

[ㅅ]

〈사랑의 불시착〉　117
사전심의제　56
사회적 자아　22
삼화네트웍스　75,. 101, 105
상징적 신용　20, 203~205
생산과정의 수익성　220
생산요소　48, 81, 86, 87, 92, 102, 229
생태계　94, 146, 174, 181, 215, 233,
　　242~244, 250
선정성　121~122
세계체제　16, 20~21, 219~225, 229, 237
손익분기점　213
〈쉬리〉　57, 64~65, 246
스튜디오드래곤　49, 100~103, 109, 117
스튜디오화　16, 50, 226, 229, 251
스트리밍　10~11, 16, 113, 126, 231,
　　237~238
〈슬기로운 의사생활〉　117, 147
승자의 저주　80
시의성　165, 192~193
시즌제　12, 114, 124, 139, 143~147,
　　162
신경제　62~63
신원호　87~89
신자유주의　57
신지식인　58~59
실리우드　45~46
실리콘밸리　45

[ㅇ]
아이치이(iQIYI) 100
알고리즘 35~36, 208~209, 212~213, 217, 232, 236, 252
양극화(제작 인력) 13
양면시장 190
어빙 고프먼 22
에미상 203~205
엑소더스 83, 88, 91, 228
엔터테인먼트 19, 43, 56, 86, 100, 103, 118, 136, 207~208, 217
연상호 137
영세성 77, 83, 154, 229~231
〈오징어 게임〉 7, 9~12, 15~16, 130, 69, 173, 183~184, 201, 205, 212, 232, 239, 249
〈옥자〉 12, 110~114, 123, 166, 168, 238, 240
〈올인〉 77
외주제작사 19, 42, 46~49, 69~70, 75, 77~81, 83, 87, 94~97, 101, 103, 105, 115, 138, 225, 227
〈용가리〉 56, 58
웨이브 20, 117, 170, 196~199, 230, 232, 234, 241
웰메이드 드라마 77, 111
유연성 123, 176
유통 에이전시 245, 252
윤신애 120
윤태호 90

〈응답하라 1994〉 88
이론적 포화 25
이매뉴얼 월러스틴 20, 220
이명한 85, 88
이우정 88
이장수 81, 83
이정재 10, 81, 183~184, 187
이중구조(노동시장) 50, 145, 225
이창동 65, 252
〈이태원 클라쓰〉 117, 156
〈인간수업〉 120, 122

[ㅈ]
자막 118, 160, 166~167, 191~192, 194, 247
자물쇠 효과 36
자유주의 34, 123, 220
자율성 13~15, 19, 30~31, 49, 65, 86, 90, 92, 119, 121~123, 125~128, 134, 136, 166~169, 181, 212, 226~230, 242,
장혁재 114
재상영분배금 184, 237~242
저작권 78, 92, 94~97, 99, 101, 174, 185, 236, 238~241
전략적 행위장 40~41, 128
전문가적 자율성 30
정보제국주의 234~235
정체성 노동 30~31

제작비 36, 43, 47~48, 50, 65, 69, 71, 77~78, 80, 90, 93, 95~96, 98~99, 109, 110, 113, 117,
제작비 쿼터제 71
젠트리피케이션 188, 191, 193
조효진 114
존 랜드그래프 195
좀비 118, 120, 156,
종합편성채널 16, 48, 75, 84, 105, 110, 156
〈좋아하면 울리는〉 117,
〈주몽〉 77
주철환 85
지수함수 211
지식기반경제 63
지적재산권/지식재산권(IP) 10~11, 166, 170, 173~174, 176, 182, 217, 226, 241

[ㅊ]
창의노동자 29~31
체화된 이해 38
초록뱀 75, 77
최완규 77
〈추노〉 77, 99
출연료 79, 95~96, 125, 133, 174, 176~178, 182~188
취향 35, 116, 140, 157, 208, 214, 217~218, 236

[ㅋ]
캘리포니아 이데올로기 37, 251
케빈 스페이시 216~217
케이블 채널 48, 87, 101, 124, 195, 239
코리안 뉴웨이브 18, 50~51
콘텐츠 품질관리(QC) 142, 164, 168
〈킹덤〉 12, 113, 118~119, 122~123, 136, 148, 150, 156, 233

[ㅌ]
〈타이타닉〉 65
〈태양의 후예〉 97~100, 103, 156, 245
테드 사란도스 111, 113
텐트폴 110, 119
토마스 볼머 179
특수관계자 92~94, 96
티빙 20, 132, 170, 196~197, 199, 230, 232, 234

[ㅍ]
파라마운트 소송 44
파이프라인 233
팬엔터테인먼트 70, 75
퍼널 분석 210
프로덕션 69, 81, 135, 142, 159~162, 250
프로듀서 130, 135~136, 161~162, 173, 192

프로젝트 파이낸싱　98
플랫폼 아비투스　121, 123, 136, 174, 180, 207, 229, 251
플릭스패트롤　9, 147, 149, 214
피에르 부르디외　31~33, 39, 41
〈피지컬 100〉　150

[ㅎ]
〈하우스 오브 카드〉　146, 208, 216
한국영화감독조합　238
한준희　137
한한령　100, 175, 177~178
할리우드　43~46, 50, 53, 56, 65, 72, 174, 203, 237, 240
홀드백　111~113, 172
홍상수　65
황동혁　137, 239
횡재세　185~187
〈흑백요리사〉　150
히피　33, 37

[기타]
1차시장　133, 144~145, 172, 225, 229~230, 239, 243
2차시장　145, 172, 225, 229, 239~240, 243
4K　163~165, 190, 246
A급 (배우/생산요소/피디)　87, 182, 252
CJ ENM　87~89, 101~103, 110~111, 124~125, 196~197, 233
IHQ　75, 78
IMF　18, 39, 51~52, 54, 57, 59~60, 63, 250
J. O. 보이드배럿　235
JTBC　49, 84~85, 87~88, 97, 105~106, 110, 124~125, 156, 196, 233, 245
KBS　69~70, 79, 85~86, 88, 94, 97~99, 103, 130, 155~156, 189, 196, 245
MBC　15, 69~70, 79, 83, 85, 93, 105~106, 124, 130, 181, 189, 196, 227
NEW(영화제작사)　98~100, 103, 112, 132
SBS　61, 69~70, 79, 101, 114, 196, 197
tvN　87~91, 111, 117, 124, 147~148, 181, 196, 245

넷플릭스 딜레마
한국은 어떻게 넷플릭스의 하위 파트너가 되었는가

1판 1쇄 2025년 11월 30일

지은이 김아영
펴낸이 김수기

펴낸곳 현실문화연구
등록   1999년 4월 23일 | 제2015-000091호
주소   서울시 은평구 불광로 128, 302호

전화 02-393-1125 | 팩스 02-393-1128 | 전자우편 hyunsilbook@daum.net
ⓗ blog.naver.com/hyunsilbook   ⓕ hyunsilbook   ⓧ hyunsilbook

ISBN   978-89-6564-315-9 (93680)

이 저서는 MBC재단 방송문화진흥회의 지원을 받아 수행된 연구임.

『넷플릭스 딜레마』는 'K-콘텐츠의 전성시대'라는 말 뒤에 가려진 불편한 진실을 정면으로 마주하게 한다. 책은 넷플릭스의 성공 신화가 어떻게 한국 방송영상산업의 구조적 위기와 연결되어 있는지, 그리고 우리가 '글로벌 진출'이라는 이름 아래 무엇을 잃어가고 있는지를 탁월한 분석력으로 드러낸다. 저자는 날카로운 문화연구적 통찰과 다수의 제작자 인터뷰에 바탕해, 넷플릭스가 만들어낸 새로운 지배 체제, '넷플릭스화'의 실체를 치밀하게 추적한다. 이 책은 단지 플랫폼 비즈니스에 대한 비판이 아니라, 한국 콘텐츠 생태계의 재생산 기반과 문화적 다양성을 어떻게 회복할 것인가라는 절실한 질문을 던진다. 『넷플릭스 딜레마』는 한류와 K-콘텐츠의 미래를 진지하게 고민하는 모든 연구자, 제작자, 정책입안자에게 일독을 권할 만한, 드물게 균형 잡힌 비평서다.

심두보(성신여자대학교 미디어커뮤니케이션학과 교수)

이 세계의 변화가 너무 숨 가쁘게 느껴진다면, 그 거센 흐름 속에서 나와 내가 처한 일터가, 내가 소비주체로 활동하는 시장이, 어느 방향으로 가는지 알 수 없을 때가 있다. 그럴수록 한발 뒤로 물러서서 우리가 선 그 필드의 역사를 찬찬히 짚어볼 필요가 있다. 그 산업이 어떻게 성장하고, 다른 산업 혹은 주체들과 어떤 방식으로 얽혀왔는지를 시간의 가속화와 공간의 팽창이라는 두 조건 속에서 관조할 때, 급격한 재편의 궤적이 보다 명징하게 드러난다. 이 책은 이러한 역사적 분석의 시선을 통해 한국 영상 산업의 성장, 글로벌 OTT와의 협업, 글로벌 영상산업 밸류 체인(세계체제)으로의 편입이라는 거대한 변동을 설득력 있게, 무엇보다 흥미롭게, 설명해낸다. 김아영 작가는 이 책을 통해 한국의 영상 및 방송산업이 한국 자본주의의 성장과 궤를 같이하면서 넷플릭스로 대표되는 글로벌 플랫폼 비즈니스에 올라타며 맞닥뜨린 기회와 한계를 예리한 사회과학의 통찰로 해부한다. 한국 영상산업의 성장과 굴곡을 생산자 혹은 소비자로서 함께해온 독자라면, 이 한 편의 정교하게 직조된 다큐멘터리 속에서 우리가 기억하는 수많은 위대한 콘텐츠들이 어떻게 생산되고 유통되어 소비되어왔는지, 그리고 그 경로가 어떻게 변하고 있는지를 가슴 벅차게, 그러나 동시에 안타깝고 씁쓸하게 마주하게 될 것이다.

이철승(서강대학교 사회학과 교수)